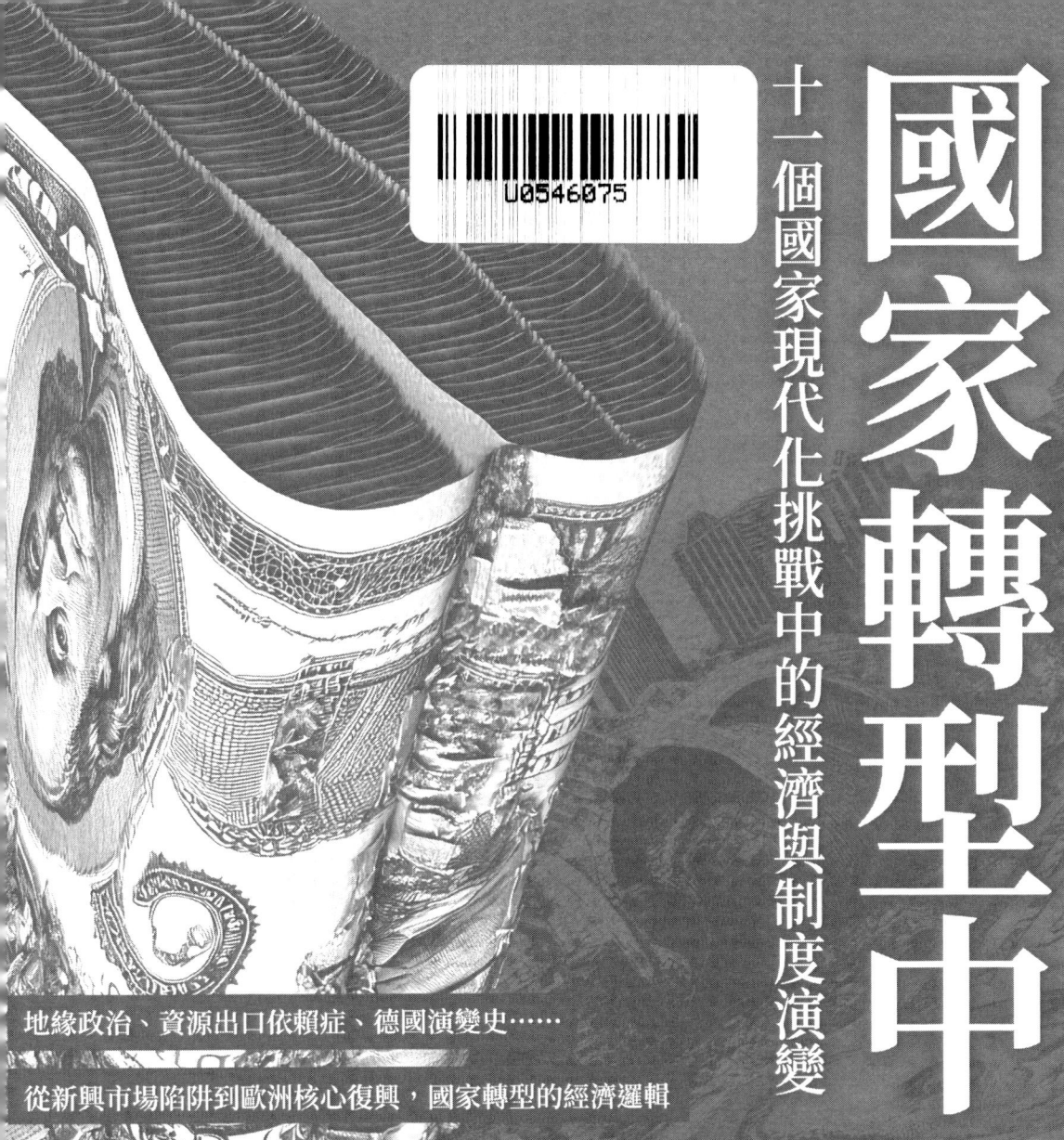

國家轉型中

十一個國家現代化挑戰中的經濟與制度演變

地緣政治、資源出口依賴症、德國演變史……
從新興市場陷阱到歐洲核心復興,國家轉型的經濟邏輯

TRANSFORMING NATIONS

資源詛咒、人口危機、貧富不均……
從震盪中的新興國家到穩步復興的歐洲核心
兼顧學術性與通俗性,探討全球化經濟成長背後的邏輯

智本社 著

目 錄

序：追問　　005

前言　　007

東亞正規化：現代化的挑戰　　009

艱難之路：新興國家的困境　　067

震盪之地：地緣政治的影響　　131

德國三部曲：從 19 世紀至今　　199

大家治學：經濟學家的世界　　267

思想市場：現代社會的問題　　287

目錄

序：追問

在這個時代，提出一個好問題比解惑更為珍貴。

2008年以來，我們經歷了什麼？金融危機、債務危機、政治民粹運動、貿易摩擦及逆向全球化、COVID-19疫情大流行、史詩級股災、供應鏈危機、生育率斷崖式下降及人口危機、國家衝突及戰爭、能源危機、糧食危機、國際秩序崩壞……世界，正滑入「馬爾薩斯災難」嗎？

每一個大問題都攸關人類的前途和個人的處境。但是，現代人追問能力的退化及網路傳播下資訊的氾濫，讓問題變得複雜與神祕。

金融危機為何爆發，是美國聯準會升息所致還是降息所致？是葛林斯潘（Alan Greenspan）的問題還是聯準會的問題？是聯準會的政策問題還是制度問題？是監督制度問題還是全球央行及法定貨幣制度問題？全球央行及法定貨幣制度問題的本質又是什麼？貨幣理論是否有問題？

顯然，後危機時代，我們並未深刻意識到這些問題，以致金融體系不可挽回地惡化，貨幣淪為「公地悲劇」（Tragedy of the commons）。集體行動如何避免「公地悲劇」？國家組織扮演了進步角色還是成為始作俑者？國家為何陷入「諾斯悖論」？

法國大革命後，民族主權國家成為人類進步的重要力量，國家現代化已是大勢所趨。在全球化時代，民族主權國家與經濟全球化是否會產生矛盾？當下，國家衝突是否與這一矛盾有關？全球化的認知是否有誤？未來，國家組織如何演變？

為何有些國家經濟成長快，有些國家則陷入停滯？為何有些國家的

序：追問

經濟成長快但家庭財富卻成長慢？這種經濟成長模式是否永續？當貨幣增速長期大於經濟增速時，經濟將走向何方？當經濟增速長期大於家庭收入增速時，經濟又將如何演變？

貧富不均是這個時代不可迴避的問題。貧富差距的原因是什麼？正當性和不正當性在何處？貨幣政策是否加劇了不平等？福利主義是否破壞了公平競爭？

人口危機又是一大社會焦慮。生育率下降的合理因素是什麼？

生育是否是必需品？額外因素是否增加了生育成本？高齡化的問題是養老問題、成長問題還是制度問題？通貨膨脹、公共養老制度是否惡化了養老問題？

困惑，亦是我寫下百萬字且繼續寫作的動力。長期以來，我追問的線索是經濟學的思維，即個人經濟行為。不過，經濟學「埋雷」無數，同樣需要不停地追問。

追問不止，筆耕不息。智本社，與思想者同行。

清和

前言

本書以國家的現代化轉型之路為線索，關注了 11 個國家的現代化之路：或如奮起直追的東亞正規化；或如深陷「資源詛咒」，被宗教、地緣等不穩定因素困擾的新興國家；或如經歷了戰火淬鍊，繼而成為歐洲核心的德國。在對這些國家的歷史追溯中，經濟制度的變遷演變成為本書的一個重要觀察視角。除了依靠國家的歷史記載，本書也結合歷史人物小傳、經濟學家的重要理論來分析國家轉型。

本書嘗試從歷史、現實及理論的角度為國家的現代化之路總結規律。雖然不同國家的實際發展情況各不相同，但也正因如此，剖析、總結和對比不同國家的發展邏輯也成為本書試圖帶給讀者的閱讀樂趣之一。

全書分為 6 章：東亞正規化、艱難之路、震盪之地、德國三部曲、大家治學、思想市場。

第一章為「東亞正規化」。透過對日本、韓國、越南三個典型東亞國家經濟發展史的記敘與分析，本章試圖為東亞正規化找到幾個關鍵字。儘管這 3 個國家現代化水準不同，但存在著東亞正規化的共同點，即如何從封閉走向開放，如何促進產業更新，如何推動制度變遷。

第二章為「艱難之路」。全球化飛速發展，但是一些新興國家並沒有透過全球化完成產業與制度更新，或患上「資源出口依賴症」，或持續堆積債務泡沫，在全球緊縮週期中反覆陷入貨幣或債務危機。本章關注的這 4 個國家，阿根廷、智利、泰國及土耳其就曾經或者正在經歷上述問題。

前言

　　第三章為「震盪之地」。本章關注3個國家：阿富汗、伊朗、沙烏地阿拉伯。一些國家因特殊的地理位置與政治宗教因素，現代化之路舉步維艱。同時，國家衝突伴隨著一些國家的歷史程序，對國際地緣政治產生了重大影響。

　　第四章為「德國三部曲」。本章關注19世紀初至今200年間的德國演變史。3篇文章分別聚焦不同時期的德國，西元1815-1945年、1945-1990年、1990-2022年，從而觀察不同歷史時代沉澱後的德國特質。

　　德國，曾經在極端的國家主義觀念下挑起戰爭，造成了令全人類悲痛的災難。而後，這個國家在分裂中重建，透過對法治、自由和人權的重新審視，在社會市場經濟改革中逐漸重建、穩固與崛起。1990年兩德統一，兩極局勢瓦解，德國成為歐洲整合的主心骨。不過，當今全球局勢震動，時代仍然需要德國應對新的挑戰。

　　「大家治學」、「思想市場」是本書的最後兩個板塊。「大家治學」這一章主要為經濟學家作傳，透過對其生平、經濟學研究成就、治學方法論的記錄和闡述，讓讀者感受到幾分經濟學大師們思考問題的方式，為現實生活中的各種選擇帶來啟發。本書的「大家治學」關注經濟學大家亞當斯密的生平與貢獻。

　　「思想市場」這一章主要聚焦於社會文化、思想，探討和記錄屬於時代的各類社會問題，更試圖以經濟學邏輯來分析那些常在生活中引發爭論與困惑的社會焦點。本書的「思想市場」關注資訊繭房現象。

　　最後，希望讀者能夠在本書中獲得知識與樂趣，以經濟學的思維思考工作和生活中的現象與問題。本書難免有疏漏之處，還望讀者給予批評指正。

東亞正規化：現代化的挑戰

　　第二次世界大戰後的亞洲，主旋律是奮起直追。第二次世界大戰後，日本、韓國也是全球少有的拿到發達經濟體入場券的國家。

　　東亞之歌，唱響在太平洋一岸。

　　如果要為東亞正規化找一個關鍵字，那就是對外開放。

　　19世紀中期，盤踞在亞洲大陸的一些國家開始被迫開放，摒棄孤立、封閉。20世紀中後期，政治改革與經濟改革互為表裡，雖有禁錮，但在向前。

　　日本、韓國、越南這三個國家，又呈現出三種維度的東亞正規化。

◆ 東亞正規化：現代化的挑戰

平成 30 年：櫻花落盡，默語重生

「消失」的這些年，日本做什麼去了？

日本在 1990 年泡沫經濟破滅之後，陷入了持續的經濟蕭條。

平成 30 年，「消失的日本」成為大眾茶餘飯後的話題，也是 21 世紀經濟學的一個重要謎題。

第二次世界大戰後，作為戰敗國，日本從廢墟中快速復興，到 1970、1980 年代，一躍成為全球第二大經濟強國，大有超越美國之勢。

「賣掉××，買下紐約」，成為一種標準的泡沫體。

然而，這只是一場金色的大國美夢。

總以過去的增速，丈量未來的高度；總以膨脹的心態，藐視美國的餘暉。這是日本當年犯下的最大錯誤。

泡沫經濟破滅之後，當年的膨脹、狂妄與輕蔑蕩然無存。從鉑金巧克力到 Uniqlo，從出門打車到擠地鐵，日本社會經歷了一場脫胎換骨般的磨練，以及無聲無息的轉型。

外人長期沉醉在櫻花崩於富士山之巔的大片既視感之中，然而 30 年後，這個「消失」的國家，依然還站在世界之巔，只是經濟數據沒那麼耀眼，行為不再張揚，做事顯得低調，民風回歸內斂，畫風更加質樸。

規模在縮水，結構在進化；數量在減少，品質在提升。

30 年前，日本是金庸筆下的吐蕃國師鳩摩智，武藝高強，野心膨脹，張牙舞爪，橫行中原興風作浪，挑戰「南慕容北喬峰」，單挑少林三位玄字輩高僧，以小無相功擊敗玄慈方丈的袈裟伏魔功。正當鳩摩智與慕容氏父子攪局少林之際，掃地僧低調出場，擊碎了鳩摩智逐鹿中原的

稱霸美夢。

真正重傷鳩摩智的還是他自己。那些年，鳩摩智習武成癮，急於求成，強練「七十二絕技」，最終走火入魔，急火攻心，「每日子午十分，痛入骨髓，大難將至」。日本與鳩摩智類似，在走火入魔之時被打入深井。

此後30年，日本強去泡沫，艱難轉型，化毒排膿，重讀《法華經》，苦修佛法以化解心中的戾氣以及殺人的法門。

這種轉變有些讓人難以接受，甚至日本人都感到不適應。暴發戶般的生活可以肆無忌憚，但泡沫回歸後只能精打細算。

從經濟規模上來看，日本這30年幾乎是停滯的；但從經濟品質上來看，經濟結構更合理，技術底蘊更厚實，社會風尚更健康，全球化程度更高。如今的「鳩摩智」不再是當年肥頭大耳、驕橫跋扈的「胖子」，而是形如掃地僧般清瘦，實如虛竹般穩健。

對如今的日本，不能追捧為「王者歸來」、「再度崛起」，也不能簡單貶低為「衰落」、「消失」，可以理解為「浴火重生」、「結構性轉型更新」——從數量型成長向品質型成長轉變，從本土化向全球化邁進。

在泡沫經濟崩潰之際，美日貿易戰持續之時，日本經濟強行去槓桿，產業被迫轉型，強迫技術更新。研究日本經濟轉型更新，與關注日本泡沫經濟崩塌一樣有意義。日本如何轉型更新？日本人苦修的「佛法」是什麼？如何習得「法華經」的真諦？

以日為鑑，關注泡沫，警示之意；研究轉型，建設之用。

01　消失的日企　隱藏的技術

2018年的一次外賓參訪，日本東芝能源系統社長講述了這段艱難的轉型歷史。

◆ 東亞正規化：現代化的挑戰

過去十幾年，日本東芝、索尼、夏普等白色家電（White Goods）在中國大敗退，這被理解為「日本消失」的鐵證。

事實確實如此。東芝能源系統社長介紹，東芝當年做白色家電年營收最高達 4,000 億元人民幣。但泡沫經濟崩潰後，東芝逐漸退出了電視和白色家電產業，將相關技術轉讓給了中國的海信和美的。

如今中國的白色家電市場，幾乎被美的、格力、海爾等掌控。

日本企業全面大潰敗，在中國已很難覓得東芝、索尼等日本品牌的身影。不過，據東芝能源系統社長介紹，2017 年東芝在中國的營收達到 2,400 億元人民幣，利潤達到 40 億元人民幣。預計到 2019 年，東芝的年營收就能恢復到 3,000 億元人民幣或更高。

東芝能源系統社長向去日本考察的企業家介紹，企業困難的那幾年幾乎年年虧損，所以必須痛下決心把家電業轉出去。其實日本松下、日立這些企業已轉型成功。轉型慢了一步的夏普遇到了問題，被富士康收購了；索尼轉型不夠堅決，還處於不穩定狀態。

從規模上來看，東芝的營收規模不如巔峰時期，終端市場的統治力被大大削弱。但是，東芝何以起死回生、轉虧為盈？剝離了家電業務，如今的東芝靠什麼生存？

東芝完全退出白色家電領域後，進入大型核電、新能源和氫燃料電池電站業務領域，雖然發生福島核電廠洩漏事件使東芝雪上加霜，但其積極向海外擴張，在海外市場中站穩了腳步。這得益於東芝多年國際市場的營運管理經驗。目前，支撐東芝的核心業務是全球化布局的上游重工業務以及核電、新能源、氫燃料電池技術。這樣的東芝不再為人所熟知，也沒有當年的規模，但重工技術的底子更加厚實。

從前線市場消失，在上游市場站穩腳跟。東芝的成功轉型，可以說

是日本經濟轉型更新的縮影。遭遇泡沫經濟打擊、在終端市場上敗退的日本企業，從 2000 年開始經由以下兩條路徑轉型：

一是從數量型成長向品質型成長轉型——採取收縮策略，推行瘦身革命，切割家電、電子等終端及虧損業務，向上游關鍵技術及重工技術領域轉型，注重現金流、利潤率以及技術掌控力。

二是從國內市場再次向國際市場轉移——這是第二次世界大戰後日本從第一次全球化產業轉移向第二次全球化產業轉移邁進，採取有效布局策略，深耕需要工業級技術及商務級服務的國際市場。

1970、1980 年代，日本經濟快速成長，電子產業抓住技術革命良機快速崛起。日本的電子錶、電子遊戲機、彩色電視機、冰箱、冷氣、按鍵手機等白色家電和電子產品風靡全球。

但是，1990 年泡沫危機爆發後，日本不少企業陷入經營困境。多家新崛起的家電企業憑藉性價比優勢逐漸搶占市場，松下、東芝等日企逐漸在終端市場黯然退出。韓國三星、LG 崛起，取代索尼、夏普成為全球最大的彩色電視機供應商。

在網路及資訊科技領域，日本電子產業錯過了向數位化、網路化、智慧化轉型的最佳時機。美國微軟、Google、蘋果、英特爾、高通等牢牢掌握技術標準和控制權。

最近 30 年，日本家電及電子產業幾乎面臨絕境，前有美國科技企業壓制，後有中國廉價產品大舉搶占市場，還有後來居上的韓國技術襲擊。

整個 1990 年代，日本企業陷入艱難、猶豫的境地，市場規模及利潤都大幅度下滑，甚至陷入虧損狀態。2003 年，索尼大幅虧損的財報一公布，立即重創日經指數，引發了「索尼震撼」（Sony Shock）。

◆ 東亞正規化：現代化的挑戰

索尼危機引發了強烈的市場反應，日本企業非常悲觀，國民陷入焦慮和徬徨。泡沫危機已過去十多年，日本依然處於泥沼之中。當時，「消失的十年」言論在日本乃至全球都廣為流傳。

不過，「窮則思變」，日本企業界開始了大量的反思、改革，索尼提出復興計畫，東芝、松下等紛紛切割家電業務，豐田、本田大力拓展國際市場。

這些企業都向上游關鍵零組件和商用領域轉型，有不少企業從B2C領域轉到B2B領域。松下從家電擴展至汽車電子、住宅能源、商務解決方案等領域；夏普轉向健康醫療、機器人、智慧住宅、汽車、空氣安全技術領域；東芝進入大型核電、新能源和氫燃料電池電站業務領域。

經過十年努力，不少企業都已經轉虧為盈，業務穩步復甦，技術更加扎實。最不穩定的卻是索尼。

索尼擁有龐大的終端市場業務，產品包括電視機、手機、遊戲機、音響製品、電腦等。這家公司雖然高喊復興口號，試圖大刀闊斧地改革，但是始終無法放棄終端市場，沒能堅決地向上游技術領域轉型。

2001年索尼與愛立信合資推出索尼愛立信（Sony Ericsson）手機。當時，Sony Ericsson手機因設計時尚、音樂及拍照功能出色，受到大眾的喜愛。但是，風靡一時的Sony Ericsson手機，既無法與Nokia抗衡，又錯過了智慧手機發展良機，很快衰落。2011年，索尼以10.5億歐元收購愛立信持有的50%股份，至此索尼愛立信又變成了索尼，但已回天乏術。

電視業務是索尼的根據地，索尼一直不肯放棄這塊市場。在豪賭電漿電視失敗後，索尼於2011年開始對電視業務實施瘦身計畫。可惜的是，索尼不僅削減了大量的電視機產品型號以及財務預算，還錯誤地切

割了上游技術業務。索尼以 9.4 億美元將與三星共同投資的 S-LCD 面板公司的 50%股權出售給三星；2012 年 5 月，索尼退出與夏普共同合資的面板企業。

2013 年，索尼營收較去年同期成長了 14.3%，卻虧損 12.5 億美元。從 2002 年至今，索尼的轉型不算成功，營收及利潤一直不穩定。

當年，松下 CEO 津賀一宏在看過索尼的 CES 展示臺後說：「如今誰都能做電視機，但智慧型手機也會出現這種情況。不只是電視機。」

這句話道出了索尼的問題，也說出了日本企業轉型的趨勢。

在當時，隨著家電及電子技術的普及，日本企業的位置極為尷尬，成本優勢上不如中國，尖端技術及金融優勢不如美國。所以，陷入盈利困境的日本企業的最佳選擇是抽離終端業務。

2002 年，松下已連續兩年虧損，這直接導致松下前任社長大坪文雄的下臺和松下從紐約證交所下市（2013 年）。津賀一宏臨危受命接任社長後，果斷放棄連續投資了 12 年的電漿電視業務，對集團業務進行大規模重組。津賀一宏砍掉了不少家電終端業務，改革後的松下集團分設住宅設備機器、環境方案、汽車電子和機電系統以及互聯解決方案四大公司。

2013 年，松下轉虧為盈，實現淨利潤將近 12 億美元。此後，松下在津賀一宏領導下成功轉型，平穩發展。

2018 年，松下營業收入和利潤分別達到 7.98 兆日圓和 3,800 億日圓。這是松下最近七年來最好成績。

如今，家電事業部門收入規模依然最大，占據松下總收入的 32%。但是，津賀一宏明確表示，傳統家電業務已飽和。松下在策略上大力發展汽車電子和機電系統業務，這一業務規模已占總收入的 29%。在這項

業務上，松下與特斯拉共同投資了動力電池工廠。

另外，環境領域，尤其是節能、環保及安全技術，是松下發展的重點。津賀一宏表示，為了解決環境問題，預計各國在氫氣、水、空氣三個領域的投資，到 2030 年達到 1 億日圓的規模。

日本企業從一般終端市場逐漸退出後，逐漸向上游技術產業轉型。如今，夏普的液晶面板、松下的鋰離子電池、索尼的攝影機、旭硝子的面板玻璃等關鍵零組件隱藏在各個品牌的智慧型手機、超大螢幕電視、平板電腦、電動汽車等裡面。

在經濟蕭條的陰影下，不僅是家電及電子公司，還有不少其他日企均加強了上游及關鍵技術的投資。

例如，日立較早向商用領域轉型，如今智慧電網、電梯等基礎設備業績平穩成長，同時，日立的核電技術水準較高。又如，三菱發力氫燃料電池，豐田的氫燃料電池汽車逐漸步入商業化階段。日本企業在大型的太陽能氫燃料電池發電領域累積了相當的技術，商業化潛力巨大。幾經波折的索尼，在參股奧林巴斯後，雙方聯合研發醫療內窺鏡，已在該領域占據全球 80%～ 90%的市場占有率。

近幾年，日本機器人在全球國際展會中大放異彩。日本機器人企業在全球產業機器人市場中所占份額已經超過 50%。日本安川電機原來是馬達、引擎的製造商，現在已轉型成為全球四大機器人企業之一。其主要機器人產品包括銲接、點焊、噴塗、組裝等各種工業機器人，主要用於汽車、電機和半導體生產等。

這些年，日本機器人產業已從工業機器人向服務機器人擴展，以適應高齡化社會的需求。安川電機擁有機器人伺服器等關鍵技術，還在發展用於醫院等領域的服務機器人。

1970、1980 年代，受石油危機及美日貿易戰影響，日本成功由煤炭、鋼鐵、石化、造船等重工產業轉向汽車、半導體、通用機械、家電、電子等產業。日本家電及電子產業霸占終端市場，一直延續到泡沫危機之後的 90 年代。

　　隨著經濟蕭條持續、新興國家崛起，日本企業被迫向上游及核心領域轉型。如今，日本企業告別了終端家電、電子市場，在商用領域的大型核電、新能源、氫燃料電池、電力電網、醫療技術、能源儲存技術、生物科技、機器人研發等高精技術方面建立了全球競爭優勢。

　　日本企業的轉型軌跡，是日本經濟結構轉型更新之路，也是日本企業技術進化之路。

　　產業上游領域的關鍵技術，乃國之重器。核電、晶片、精密製造、生物科技、氫燃料、新能源、機器人等，才是一個產業技術的關鍵，一個國家的命脈所在。

　　當人口紅利消失、全球技術紅利吃盡，競爭強迫企業走向上游關鍵技術及基礎科學領域，依靠自力更生、自主研發，也就成了必然趨勢。

　　綜觀全球，德國的西門子、博世、巴伐利亞、蒂森克虜伯、德馬吉森精機、大陸集團、舍弗勒集團，以及美國的 AT&T、IBM、英特爾、威訊、惠普、甲骨文、思科、奇異、亞馬遜、Google、蘋果、康卡斯特，都掌握了上游關鍵技術。不同的是，強大的美國企業上下游通吃。

　　2000 年之後，日本經濟增加值雖然沒有顯著提升，但是日本掌握著全世界眾多產業的上游關鍵技術。日本在工業前端的十幾個領域穩居前三名，在科技界連續十八年有人獲得諾貝爾獎。與 1980 年代相比，日本企業的營收規模或許沒有太大的變化，但日本的技術實力更強勁、底蘊更深厚。

東亞正規化：現代化的挑戰

如今的日本，是一個真正掌控全球關鍵技術的國家。

這是一種結構性的變化，也是一種國家競爭力的提升。

02　本土化利空　國際化利多

1982 年，中曾根康弘成為日本首相。他提出日本的國際化策略，試圖讓日圓升值，幫助日本企業走向國際，在海外市場進行大規模收購和擴張，促進日本產業結構調整，形成國際化經濟局勢。

日本首相為什麼要提出國際化策略呢？

當時大致有以下幾點考慮：

一是隨著國內勞動力及土地價格上漲，人口紅利消失，國內市場飽和，低階產能嚴重過剩，日本政府開始推動產業結構轉型，希望把一些低階製造業轉移到海外，改進全球資產配置，促進技術產業演進更新。

二是第二次世界大戰之後，在產業政策扶植下，日本經濟及企業在低匯率及相對封閉的市場保護下快速興起。在 1970、1980 年代，伴隨著經濟進步，日本民族情緒水漲船高，試圖邁向國際一展身手。

三是美日貿易戰持續深入，美國迫使日本紡織、鋼鐵、汽車、金融、電子等領域開放市場。

與其被動開放，不如有節奏地主動開放。在這種背景下，日本政府提出國際化策略，甚至主動提升日圓匯率，幫助日本企業在全世界擴張。

所以，在民族自信心和國際化策略的驅動下，美日之間在日圓升值這一點上達成了默契，這才有了 1985 年的五國廣場協議。

親身參與了廣場會議報導的日經新聞記者瀧田洋一於 2006 年出版了

《美日貨幣談判——內幕20年》一書，詳細地還原了當時日本的民族心態和國家策略。

關於廣場協議是否存在美國霸權或陰謀，很難確定。但是，可以肯定的是，至少存在陽謀，美國占據了主動權。有以下幾個資訊值得關注：

一是1980年前後，美國保羅·沃克（Paul Volcker）掌管聯準會期間，為了控制持續多年的高通膨，在短時間內大幅度提升美元利率，導致美元對外快速升值，美元被嚴重高估。

1982年後，美國擺脫了停滯性通膨危機，大量國際資本流入美國，日本、德國、法國、英國陷入美元通縮，美國政府及貿易赤字持續擴大。在這種情況下，美國決定協商調整國際匯率，提升其他四國貨幣價格，以壓低美元匯價。這是廣場協議的國際背景。

根據威廉·希爾伯（William L. Silber）的《逆轉效應》(The Power of Nothing to Lose)一書中的描述，當時沃克及聯準會並不希望美元貶值太多，主導這次美元貶值的主要是雷根（Ronald Reagan）政府的財政部。當時雷根總統已連任，為了扭轉赤字，他希望利率下降，但掌管聯準會的沃克擔心通膨反彈拒絕接受。於是，雷根指派財長貝克（James Baker）降低美元匯率以達到目的。這是廣場協議的美國政治背景。

二是日本主動提出提升日圓匯率。

根據1995年日本經濟刊物《經濟學人》(The Economist)上發表的一篇文章，日本財長竹下登承認，是他主動提議召開這次廣場會議，而非美國財長貝克。在廣場會議上，竹下登表示日本願意協助美國採取入市干預的手段，以壓低美元匯價，甚至說「日圓升值20%，OK」。

在協議發表後的記者招待會上，有記者提問：「日本為什麼會容忍日圓升值？」

竹下登打趣地回答：「因為我的名字叫『登』啊。」（「登」與「升」在日語中同音）

後來，聯準會主席保羅・沃克和日本大藏省副首長行天豐雄共同撰寫了《時運變遷》（*Changing Fortunes*）一書，詳細地回憶了這段歷史，描述了日本與美國在日圓升值上的共識。

三是廣場協議簽署後，各國開始拋售美元，繼而形成國際市場投資者的拋售狂潮，導致美元持續大幅度貶值，美國很快就受不了了。

到1986年末，美國對外淨債務總額達2,636億美元，已是當時世界上最大的淨債務國。美元貶值並沒有改善美國的貿易收支，反而導致貿易赤字進一步擴大。這種現象在經濟學中叫滯後效應。

廣場協議簽署後不到一年半時間，即1987年2月，美國、日本、德國等七國財長和央行行長在巴黎的羅浮宮達成協議，一致同意七個國家合作干預外匯市場，保持美元匯率在當時水準上的基本穩定。此次會議協議史稱「羅浮宮協議」。此後幾年，國際匯率包括日圓對美元匯率保持相對穩定。

所以，廣場協議的簽署，並不是簡單的「貨幣戰爭式」演繹的匯率狙擊。它包含當時美元被高估，迫切需要改變國際匯率混亂狀態的客觀要求，也包含五國利益角力、美元霸權主導的殘酷現實，還包含日本主動求變，以日圓升值支持國際化策略的雄心壯志。

日本這次國際化策略，成敗幾何？

1980年代，日本經濟起飛，在日圓升值和國際化策略的推動下，日本開啟了全球化投資、收購企業，將大量資金和大型製造業轉移到海外，這是日本戰後第一次全球化產業大轉移。

日本的國際化策略本身沒有問題，也幾乎是日本唯一的策略選擇。

日本的泡沫經濟問題，不在策略上，而在策略及執行上。廣場協議簽署後，日圓、英鎊、馬克、法郎同時對美元升值，但日本政府及貨幣當局在當時「米德衝突」（Meade's Conflict）之下執行了錯誤的貨幣政策。

當時，日圓升值，日本邁向國際化市場，日本政府缺乏在開放經濟體中管理市場的經驗。他們高估了日圓升值對本土製造業及出口的打擊，同時低估了貨幣擴張對金融市場的衝擊。

為了幫助國內製造企業抵禦日圓升值帶來的成本壓力，日本貨幣當局調降了利率，以更多的流動性政策支持日本企業。但是，他們沒有想到的是，大量的貨幣並未流入製造業，而是進入房地產及金融市場，催生出房地產泡沫。

美國要求日本在日圓升值的同時加大對美國商品的進口，以縮小美對日的貿易逆差。但是日本政府的策略是，不希望拿出外匯儲備來直接採購美國商品，而是透過降低利率、擴張貨幣，釋放更多的貨幣增加進口（當時日本外匯和匯率非完全市場化）。如此一來，進一步釋放了流動性，推升了房價，助長了炒房投機。

另外，日圓固定對美元升值，導致大量國際熱錢流入日本投機市場。這對日本房地產及金融市場來說，無疑是推波助瀾。

幾個因素加起來，從 1985 年到 1990 年，短短幾年內，日本房地產及股票價格暴漲。到 1990 年，資產泡沫危機一觸即發。此時，日本央行意識到危險，快速提升利率，市場立即陷入流動性危機，日經指數暴跌，房市崩盤，日本經濟泡沫破滅。

我們回過頭來看看日本全球化的情況。

當時日本企業藉助日圓升值的浪潮，對美國進行大規模的投資和收購，買下了美國的土地、礦山、農場、工廠、企業、銀行、旅館、摩天

大樓、商業中心、高爾夫球場以及大半個好萊塢等。

1989年10月，日本泡沫經濟達到鼎盛時期，日本三菱以8.46億美元的價格購買了洛克斐勒中心的擁有者洛克斐勒集團51%的股權，從而取得了洛克斐勒中心的控制權。美國報紙刊登的大幅漫畫是豐田汽車從天而降，漫畫名字叫「虎、虎、虎」，這正是日本偷襲珍珠港投彈的暗語。

日本人的「買、買、買」，令美國人大為震驚，也令日本本土民族情緒爆棚。當時，很多日本人認為，買下美國、超越美國只是時間問題，而且這一天很快就會到來。

泡沫危機爆發後，日本國內資產受到擠泡沫、去槓桿的嚴重打壓，企業長時間沒有緩過神來。日本企業經歷了十年左右的掙扎、徬徨，全球化策略大幅度回撤。

隨後，1997年亞洲金融風暴爆發，迅速波及日本本土市場。無路可退的日本企業重拾全球化擴張之路，將包括製造業、物流業等在內的產業外移，形成了第二次大規模產業策略轉移。

2000年以後，日本企業在海外的收購數量和單筆的金額遠遠高於1980年代的對外收購。日本歷史上金額最大的10個跨國收購案都是2000年以後發生的，日本企業開始成為貨真價實的跨國企業。

怎麼評價這兩次產業大轉移？

1980年代，日本經濟乘著日圓升值的東風，向全球大肆擴張，實現了第一次產業全球化大規模轉移與布局。這次大轉移，帶著巨大的泡沫以及野蠻生長的衝動。泡沫經濟破裂後，日本很多國外產業被迫低價出售，彷彿一夕之間回到原點。不過，這次大轉移為其日後的國際化奠定了一定的基礎。

以汽車業為例。美日兩國政府從 1979 年開始圍繞汽車貿易問題進行談判，美國強烈要求日本對美實行自願出口限制、日本車廠到美國投資設廠以及開放日本的汽車市場等。

從 1982 年開始，在美日貿易戰和日本國際化策略的背景下，豐田、日產、本田、三菱、富士重工等日本汽車公司相繼在美國投資生產。

開始時，日本企業遭受不小壓力，成本增加，規模銳減，但日本汽車製造商還是頑強地在美國生存下來，並逐步建立競爭優勢。日本在美國本地生產的汽車數量，從 1983 年的 6 萬輛、1984 年的 24 萬輛、1985 年的 36 萬輛猛增至 1987 年的 74 萬輛、1988 年的 89 萬輛、1989 年的 125 萬輛。

這次被動或主動的國際化，雖然艱難甚至凶險，卻強迫豐田、本田、日產、三菱、富士重工等日本汽車公司成長為國際化的車企。美國原三大汽車製造商只剩下兩家，豐田一度超過通用成為全球第一大汽車製造商，且具有相當大的技術競爭力。

2000 年之後，日本掀起了第二次全球化浪潮。這次全球化促使日本海外資產大規模成長，總資產甚至超過日本本土 GDP 總量。

2001 年，日本海外總資產達到 2.9 兆美元，相當於國內經濟規模的 75%；海外淨資產達到 1.5 兆美元。2011 年，日本的海外資產和海外產業相當於日本本土的 1.8 倍。其中，日本三井物產、三菱商事等七大綜合商社在 2011 年對外投資總額達 397.5 億美元，大幅超過歷史高點 293.8 億美元。

這兩次全球化布局，鑄就了現在日本龐大的離岸經濟。

很多人說，日本在海外還藏著大約兩個「日本」的經濟規模，說明日本並沒有衰落。其實，這種觀點並不成立。因為日本在海外有資產，美

國、歐盟在日本也有資產，資產規模有所抵消。

日本龐大的離岸經濟能說明什麼？

日本企業向上游關鍵技術領域轉型，說明日本的產業結構在進化。日本企業向國際擴張，形成龐大的離岸經濟，說明日本經濟國際布局的進步。

如今的日本，是亞洲唯一深度全球化的經濟體，是一個貨真價實的全球化先進國家。

日本已從一個本土經濟大國，轉變為一個全球化的經濟強國。從規模上看，日本是萎縮了，但從品質上看，完全不在同一個等級。

一個全球化發達經濟體至少具備三種意義：

一是企業從本土企業晉升為跨國企業，這是一種品質的大幅提升。

跨國企業具備全球採購、生產、投資、資產配置以及國際化管理的能力，具有更強的國際資源整合能力，以及應對國際市場風險的能力。

過去的企業在日本本土設廠、生產，然後出口到美國、歐盟。如今的跨國企業在美國設廠、投資以及進行資產管理。豐田、日立、三菱等日本企業失去了國內市場的保護，與歐美企業同臺競爭，反而提升了其國際競爭力。

二是全球化開放經濟體下，日本的資產得到國際市場的檢驗。

這一點極為關鍵。從 GDP、產業規模、企業營收等任何一個數據指標來看，日本在過去 30 年都幾乎沒有成長。從這個角度來說，日本依然處於經濟蕭條狀態。

但是，有一個前提容易被人忽略。30 年前的日本經濟處於相對封閉的狀態，其經濟規模、產值是「虛胖」的，實際上沒有這麼大的規模。

如今日本是一個全球開放經濟體，日本的房產、股票、債券以及金融資產，都在國際市場自由競爭中被重新估價。如今的資產規模是被去蕪存菁的，是相對真實的。所以，表面上日本的經濟規模沒有成長，但資產實際上在增加，真實的競爭力也在增強。

就像同是 75 公斤的人，一個病態虛胖，一個精幹強壯，兩者的真實實力完全不同。這其實就是從數量型成長向品質型成長蛻變。國際競爭為日本經濟刮去泡沫，強迫其提升關鍵技術、國際化營運管理等核心競爭力。

三是從貿易國際化轉向要素國際化、金融國際化，從互補型貿易向產業內貿易轉變。

第二次世界大戰之後，尤其是自 1970 年代開始，跨國公司崛起，國際投資興起，再加上網路及電腦浪潮，三股強大的動能推動經濟全球化從貿易國際化向生產要素全球化、金融全球化轉變。

一方面，經濟全球化風格有巨大轉變，日本企業不得不順應趨勢，從對外貿易轉變為海外投資、設廠以及資產管理；另一方面，互補型貿易導致美日貿易衝突日益嚴重，日本跨國企業推動美日貿易向產業內貿易轉變，極大地減少了國際交易成本。

日本汽車製造商在美國投資建廠後，本土生產數量日益增加。同時，日本對美國出口汽車數量明顯下降，從 1986 年的 343 萬輛逐年遞減到 1989 年的 243 萬輛。

如今日本的跨國公司不再是本土生產及貿易公司，而是全球生產要素配置公司，在美國、歐盟管理著規模龐大的資產。

日本是亞洲最強的全球化國家，但其國內依然保持著獨特的民族文化。是日本的國際化成就了這種自信，還是封閉保護了它的文化？

在泡沫經濟破滅的背景下，美日貿易戰「強化」，韓國、中國強勢追趕，日本企業及經濟對內轉型更新，對外競爭求生。日本企業及社會失去了很多，如今不少企業再難回巔峰，受薪階級承受著全球最大的加班壓力。這一殘酷的磨礪過程，算是對過去暢飲泡沫的一種懲罰。

如果要問，日本在泡沫破滅中失去了什麼，日本失去的最重要的東西不是 GDP 的成長，而是百年一遇的資訊科技革命的主導權。

03　基礎科學研究計畫　經濟制度改革

日本企業及經濟對內轉型更新和對外求生都離不開政府的政策及制度改革：

一是「科學技術基本計畫」；二是金融及經濟制度改革。

掌握關鍵技術，不是請客吃飯那麼簡單。

日本擁有重視教育及科學研究的傳統。自從 1980 年代開始，日圓鈔票上不再印天皇，光榮上榜的有日本教育之父福澤諭吉、女作家樋口一葉、生物學家野口英世、文學家夏目漱石。從 1990 年起，日本對研發的投入占 GDP 的比重在先進國家中便是最高的，到了 2015 年更是接近政府財政收入的 3.5%。

不過，在泡沫破滅後，由於資產和市場萎縮，企業在技術投資方面遭受打擊。在經歷 1990 年代的低迷、摸索和徘徊期後，日本政府開始大力支持科技研發，日本企業也加快了技術演進步伐。

需要注意的是，日本政府重點扶植基礎科學及關鍵技術。1990 年代，日本企業已經吃盡了全球技術紅利，企業競爭逐步轉向關鍵技術及基礎科學領域。

為了打破基礎科學研究的瓶頸，日本政府於 1995 年制定了第一期科學技術基本計畫，提出著重增加有競爭力課題所需經費，和培養 1 萬名課題研究青年負責人。

2000 年日本政府制定第二期科學技術基本計畫，提出「未來 50 年獲得 30 個諾貝爾獎」的宏偉目標時，世界輿論曾一片譁然。然而近幾年來，日本平均每年都有一位科學家獲得諾貝爾獎。

在第三期科學技術基本計畫（2006-2010 年）中，日本政府把重視人才培育作為基本理念，強調將研發投資重點從「物」轉移到「人」上，在發展科學研究基礎設施的同時，吸引和培養國內外一流科技人才。

2011-2015 年實施第四期科學技術基本計畫時，日本政府將加強基礎研究與人才培育喻為「車之兩輪」，強調以此實現永續成長和社會發展，並提出著重培養具有獨創性的優秀研究人才。

2015 年，日本政府的在科技方面的投入約為 3.4 兆日圓，大部分流向公共科學研究機構和大學。國立、公立大學支出研發經費 1.77 兆日圓，國立、公立及獨立行政法人科學研究機構支出 1.45 兆日圓。

日本政府對基礎研究的投入每年保持 20% 左右的成長，與美國相差不大。日本大學對基礎研究的投入占預算的 50% 以上。

科學技術基本計畫對基礎科學研究的支持，與日本企業轉型更新的方向一致。政府對基礎科學研究的投入，與企業向上游關鍵技術轉移相互合作。

但是，這些並沒有帶來經濟規模遞增。為什麼？

這裡存在一個未知因素是，技術可能帶來了規模效應，但依然沒有超過過去泡沫經濟的規模，因此感覺不到技術進步帶來的規模遞增。

另外一個原因是，技術累積的過程中，規模遞增並不明顯。比如美國汽車產業早已進入市場飽和狀態，在過去 20 年銷售規模都沒有明顯增加，在 2008 年金融危機期間還大幅度收縮。但是，汽車技術一直都在進步，比如舒適度、安全效能、駕駛感受等。只是這些技術累積不足以觸發汽車產業的技術革命，因此整個產業規模沒有遞增。若無人駕駛技術革命爆發，汽車產業將會迎來規模遞增效應。

所以，技術進步帶來的規模遞增並不是平滑的，而是波浪式的、脈衝式的。

在這輪經濟結構轉型更新過程中，日本的大多數企業都走向了專精技術領域，甚至基礎科學。基礎科學研究需要長時間的累積和大規模的投入，目前日本不少技術還處於累積階段，尚未商用量產。

例如，日本打算將機器人技術廣泛應用於養老市場，以家用機器人提供更好的養老服務。當前，日本高齡化嚴重，1.27 億人口中，每 4 個人中就有 1 個是 65 歲及以上的老年人，養老看護需求迅速上升。

運用機械外骨骼技術，可以研發出病人和老年人「穿戴」的機械外衣，用以輔助病人和虛弱老年人行走活動；運用人工智慧和動力設備改造老年人常用的購物小車，可以使購物車自行伴隨老年人活動，甚至輔助老年人行走；家中的看護機器人還可以透過影片監測、智慧辨識和分析系統，判斷出老年人是否跌倒摔傷或突發疾病，並且立即通知醫護人員。

日本的高齡化正在強迫技術革新。目前，日本維持極低的生育率，但生活品質比較高。日本是全球人均壽命最長的國家，也是生活品質最高的國家之一。

日本政府對基礎科學的長時間投入，以及轉型的企業在上游關鍵技

術的累積，到某一技術臨界點或迎來規模遞增效應。

除了科學技術基本計畫外，日本還對金融及相關經濟制度進行了大幅改革。日本學界及政界在反思經濟泡沫危機時發現，日本這套金融及經濟制度難以適應國際競爭、國際匯率的變化，以至於方寸大亂、患得患失，最終釀成不可挽回的危機。

日本在明治維新時期就建立了比較完善的資本主義制度體系。第二次世界大戰後，日本接受了美國的改造，其政治制度、法律體系取得了很大的進步。但是，一直到1990年代，日本的制度都沒有發生太大的變化，這與日本相對封閉的文化傳統有關。

日本學者調侃這套制度為1940年體制。1996年橋本龍太郎內閣誕生，開始著手改革。1998年6月，日本國會通過了《中央省廳等改革基本法》。1996-2010年，日本實施了一系列的法律修訂，其結果是幾乎修改了所有的法律。

修改的方向和藍圖明顯是美國的體系，其中包括引入美國的陪審團制度。日本這次制度改革，讓自己成了一個在制度上距離歐美國家更近的國家，被一些學者稱為明治維新以來的第三次開國。

日本泡沫經濟崩潰主要源於金融體系。金融政策失誤製造了金融泡沫，大量企業、資金、個人瘋狂投機炒房，導致資金空轉、經濟空虛、技術荒廢。

所以，這次改革從金融制度開始。日本政府提出的是金融大改格，並提出建設「free fair global」的東京金融市場的口號。這是在模仿1980年代後期英國的資本市場改革。

1997年日本通過了修訂的《日本銀行法》，該法案是日本規範央行的方案，1942年成立以來就沒有修改過。1998年，日本通過了《關於為了

整備金融系統改革相關法律的法案》。2001年,《司法制度改革推進法》頒布。

日本改革了第二次世界大戰後60年基本未變動的司法體系。2005年,日本把原來分散在商法、有限公司法等法律中的內容擷取出來,形成了公司法,並在2006年開始實施。2006年,將《證券交易法》修改為《金融商品交易法》。

1997年以後,幾乎對所有與金融相關的法律如《保險法》、《保險業法》、《信託法》、《信託業法》等進行了大幅度的修改。

修改法律的同時,日本也在大力推進金融業整合。1945年以後,日本形成了著名的六大集團,分別為三井、三菱、住友、芙蓉、三和、第一勸業,這六大集團的核心企業為銀行和綜合商社。

1996年,日本的集團銀行三菱銀行和外匯專業銀行東京銀行合併,成為當時資產規模全世界第一的大銀行,拉開了日本銀行業整合的序幕。

2000年,第一勸業銀行、富士銀行、日本興業銀行宣布合併,成立瑞穗金融控股集團。

2001年,櫻花銀行和住友銀行宣布合併。同年,三和銀行和東海銀行等合併,成立了UFJ控股。2006年,東京三菱銀行和UFJ合併,成立三菱東京UFJ金融控股。

日本的財產保險產業也發生了大規模的企業合併,形成了三大財產保險集團。

2001年,三井海上火災保險和住友海上火災保險合併。2004年,東京海上火災保險和日動火災海上保險合併。2010年,日本財產保險公司

和日本興亞財產保險公司合併。

不僅僅是金融產業，鋼鐵產業方面，2002 年，日本鋼管和川崎製鐵合併成立 JFE 集團；2012 年，新日本製鐵和住友金融宣布合併。

日本政府透過合併形成大規模集團，不擔心出現壟斷和內幕交易，削弱競爭、阻礙創新嗎？

這就需要上面修改的法律發揮監管作用。另外，1998 年 6 月，日本成立了金融監督廳。金融監管廳成立，強化了金融監管，打破了第二次世界大戰後形成的「護送船團方式」的金融體制。

所謂「護送船團方式」，就是不允許有發展過快或者破產的金融機構，即「大到不能倒」。

1997 年 11 月，日本四大證券公司之一的山一證券、日本大型銀行之一的北海道拓殖銀行宣告破產。這兩家大型金融機構的破產，終結了「護送船團方式」，第二次世界大戰後的舊金融體制崩潰，一個更加強調經營效率和風險監管的新制度誕生。

日本執著於金融體制改革的另外一個原因是 1997 年爆發亞洲金融風暴後，日本看到東南亞國家因金融體系的脆弱性而爆發了一場巨大的災難，而自己也難以倖免。金融制度和法律的完善，是日本走出經濟衰退、完成經濟結構轉型更新的內在基礎。

歷經泡沫經濟之後，日本從一個青澀、血氣方剛的年輕人蛻變為一個成熟、穩重的中年人。如今的日本在規模上不能和過去相提並論，甚至機床、半導體、化工、電子等重要領域也在逐漸下滑。但是，我們看到一個巨大的泡沫退去，無數關鍵技術回歸。一面是規模的縮小，一面是結構的改善、品質的提升。

這一蛻變如浴火重生，痛苦但是必須承受。如今我們看到的日本是一個去除 1980 年代的驕傲與浮躁，更加踏實、低調、沉穩、韜光養晦的日本；一個正在從傳統的封閉、刻板走向開放、合作的日本；一個上游關鍵技術底蘊更加深厚、更加全球化的日本。

　　平成 30 年，櫻花落盡，默語重生。

參考文獻

[1] 宋志平。吃驚之後看日本 [J]。中國建材，2018（12）。

[2] 趙偉團隊。轉型得與失 ——「結構主義・轉型為鑑」系列之日本篇 [EB/OL]。長江宏觀，2018。

[3] 保羅・沃克、行天豐雄。時運變遷 [M]。於傑，譯。北京：中信出版社，2016。

韓國，一種典型的東亞正規化

　　韓國獨立於李承晚，發展於朴正熙。

　　1961年，軍人出身的朴正熙發動政變，推翻了李承晚政權。在美國總統甘迺迪（John Kennedy）採用經濟手段施加的壓力下，朴正熙結束了軍政府統治，成了韓國第三任總統，其後連任5屆總統，執掌青瓦臺達18年之久。

　　朴正熙接手的韓國，比當時的北韓貧弱許多。好在朴正熙並非一介武夫，他善於觀察時局，以實際行動振興國家，締造了「漢江奇蹟」。

　　朴正熙在美蘇爭霸的局勢下吸收了來自美國的援助紅利，同時在美日貿易戰中左右逢源。

　　1965年，在美國的撮合下，日韓經過七輪談判最終實現外交正常化，並簽署了「日韓請求權協定」。根據這一協定，日本向韓國提供5億美元經濟援助。

　　尼克森（Richard Nixon）上臺後，美國在越南戰爭中盡顯疲態。1969年7月5日，擅長外交的尼克森在關島提出了美國在東亞的新政策，即「尼克森主義」（關島主義）。尼克森希望緩和東亞局勢，與日本結為「夥伴關係」，聯合韓國，拉攏中國，共同對抗蘇聯。

　　如此，韓國如今日之越南，處於一個極其有利的國際局勢之中。

　　本節以財閥經濟為切入點，分析韓國現代化之路，思考其背後的東亞正規化。

◆ 東亞正規化：現代化的挑戰

01　漢江奇蹟與財閥經濟

　　1973 年 1 月 12 日，朴正熙在新年記者招待會上發表了「重工業化宣言」，宣稱 1980 年代初韓國人均國民收入將達到 1,000 美元。

　　同月 31 日，朴正熙聽取了經濟第二首席祕書官吳源哲的報告，報告指出：要改造工業結構，壯大工業基礎；發展化學、造船、機械工業，以及敏感的原子能等國防工業；引進新技術，建設大型工廠，超越北韓。

　　會議持續了四小時，朴正熙最後下了指示：「要引進必要的外資！」

　　這是改變韓國命運的一次會議。

　　朴正熙繼承了張勉政府的韓元貶值策略，限制外商投資，建立科技研究院，以提升出口製造業的競爭力。

　　朴正熙的祕書長金正濂和重化工業企劃團長吳源哲提出，各領域選定一兩個私人企業，在選址、公路、資金等方面給予全力支持。朴正熙政府每個月都會召集企業家開出口政策例會，為出口製造業排除政策障礙。

　　這就是韓國財閥經濟的開端。

　　今天韓國經濟最大的特色──財閥經濟，起源於日據時期，崛起於朴正熙時代。

　　1973 年 7 月 3 日，韓國浦項鋼廠竣工投產，當第一爐鐵水流出時，其總經理樸泰俊高呼萬歲、熱淚盈眶。

　　1978 年，浦項鋼廠的產量達 550 萬噸，1981 年增至 850 萬噸。這家當年韓國政府扶植的指標企業，如今已成為全球最大的鋼鐵集團之一。旗下光陽鋼鐵廠、浦項製鐵廠的產量分別居世界第一、第二位。

　　這家成立於 1968 年的鋼鐵廠是韓國重化工業的開端，是韓國工業經

濟的象徵，也是韓國十大財閥之一。

當時，朴正熙出師不利，剛剛啟動工業化便遭遇第一次石油危機，出口業岌岌可危。

1974年10月，三星和大宇提出參照日本建立綜合商社，並向韓國商工部提交韓國綜合商社育成方案。朴正熙政府批准了綜合商社，相當於確立了財閥制度，直接將韓國經濟推向財閥經濟。

朴正熙希望組建大集團來抵禦危機及快速崛起。韓國政府給予綜合商社出口貸款優惠，支持其兼併中小企業。三星物產登記為第1號綜合商社，隨後大宇、雙龍、三和、錦湖實業、現代等逐一登記，並快速發展成為跨界財閥。

當時，現代、三星、LG、SK等大財閥獲得的金融機構貸款一度超過韓國信貸總量的70%。1970-1975年，現代、大宇和雙龍的成長速度分別達到33%、35%和34%。

典型的案例便是現代集團。當時，現代集團的總裁鄭周永考慮到石油危機的嚴峻形勢，試圖放棄造船計畫。但朴正熙極力推動，他對鄭周永說：「這怎麼行，難道坐在我面前的人是當年建設京釜高速公路的那個人嗎？」

當時現代集團的核心業務是基建設施，建設了京釜高速、泰國的那拉特高速公路以及越南的一個港口。朴正熙讓政府撥付了一筆貸款給現代集團，支持其造船業務。

1975年，現代造船廠竣工，但國際船運市場低迷。於是，樸正熙令國會制定一項法律，對使用韓國遊輪向韓國運輸石油的公司給予特殊優惠。現代集團藉此機會進一步拓展國際航運業務，逐漸發展成為集造船與航運於一體的大集團。如今，韓國成了全球造船大國。

現代集團另外一個雄心勃勃的計畫是造車。

1967年，現代汽車與美國福特汽車公司合作，引進福特技術生產「CORTINA」牌小轎車。1974年，現代汽車首款量產自主車型「現代Pony」問世，並首次出口到國外。現代第一臺汽車、第一條生產線的關鍵技術，都是由美國福特汽車公司提供的。

「現代Pony」是亞洲第二款自主研發的車型（第一個由日本自主研發）。它的問世，象徵著韓國邁入汽車工業國家行列。

受益於美日貿易戰，現代汽車先與豐田公司合作，後與三菱汽車結盟，生產現代Pony汽車並出口至美國。現代汽車第一年（1986年）投入美國市場，就創下16萬輛的銷售奇蹟，奠定了現代汽車的國際地位。如今現代汽車成為韓國第一大汽車品牌，是世界二十大汽車廠商之一，也是韓國十大財閥之一。

不過，真正為韓國帶來繁榮的應該是電子產業。

1970年代，日本彩色電視機全面超越美國，巔峰時對美國出口占彩色電視機出口的90%，囊括三成美國市場占有率。80年代，日本半導體及電子產業對美國造成巨大衝擊。

美國分別對日本彩色電視機、半導體及電子產業發動貿易制裁，限制日本彩色電視機出口數量，對日本出口到美國的晶片及相關產品發起301調查，徵收反傾銷稅，設定美半導體在日占有率指標。

1987年，日本東芝公司向蘇聯出售違禁機床產品，美國對東芝公司進行制裁，禁止其產品對美出口長達三年。

如此，日本家電、半導體及電子產業逐漸下滑，直至衰落；而韓國的電子產業卻快速崛起，並成為國內首屈一指的主導產業。

在美日貿易衝突的夾縫中，韓國利用財閥模式抓住了這次產業轉移

和貿易替代的歷史性機遇。韓國三星、LG、現代以及大宇四大財閥先主動吸收、模仿美日技術，後加強對設備及人才的投資，從而在技術上建立了競爭優勢。

在美國的幫助下，韓國科學技術研究所（KIST）於 1965 年 5 月成立。韓國政府透過建立合資企業推動了歐美先進國家的直接投資。Komi、快捷半導體、Signetics、摩托羅拉公司先後投資韓國，韓國的半導體封裝和測試設備業務迅速崛起。

1967 年 8 月，哥倫比亞大學電子學教授 Kim Wan-Hee 訪問韓國，建議韓國政府重視電子產業發展，呼籲韓國公司加入全球電子產業發展的策略中。

這是一個具有超越性的建議。

韓國政府很快將電子產品的定位上升為六大策略出口產業之一，並於 1969 年 1 月通過了「電子業促進法案」，給出了一系列真金白銀的補貼和出口刺激措施。

此時，三星創始人李秉喆抓住這一改變韓國國運的機遇，成立三星電子，宣布進入電子產業。LG 的前身 GoldStar 是韓國電子產業的開拓者，三星則是集大成者。

三星公司只有 137 名員工時，李秉喆就派遣了多人前往日本學習電視和真空管生產技術。三星公司成立第二年，在日本合作夥伴的幫助下，三星電子設計生產了第一支真空電子管和第一臺 12 吋的黑白電視機。

而真正讓三星在半導體領域建立主導優勢的是韓國半導體。就在三星電子成立之際，前摩托羅拉（當時世界上最大的分立式電晶體公司之一）韓裔工程師康博士，與他的同學 Harry Cho，還有著名無線電網路營

運專家金教授，一起成立了一家公司，叫積體電路國際公司（ICII）。

ICII 設計的晶片極為成功，甚至供不應求。為了解決產能不足的問題，三人決定將晶片製造轉移到韓國，並成立了一家新公司，叫做韓國半導體。

不過，在籌建韓國半導體的晶圓廠時，世界石油危機爆發，韓國半導體資金告急。

此時，李秉喆及其兒子李健熙看到這家公司的技術實力，繞過猶豫不決的三星領導層，以家族的名義支援韓國半導體，於 1977 年完全吞併韓國半導體公司，並將其更名為三星半導體。幾年後，三星電子整合了三星半導體。

1979 年，韓國政府試圖圍繞著生產 16K DRAM 的 VLSI 晶圓廠構築一個龐大的財閥體系，其中包括三星、大宇、GoldStar 和現代。

為了獲得先進的技術支援，三星在美國加州設立了分公司，專門尋求 DRAM 技術的許可。不過，摩托羅拉、日立、東芝、德州儀器都拒絕了三星。所幸的是，美光科技向三星敞開了大門，同意向三星授權它的 64K DRAM 設計。

這是三星向成為全球最大晶片廠商邁出的關鍵一步。

如今，三星已超越英特爾成為全球第一大半導體企業。韓國成為半導體製造大國，擁有全球 22% 的半導體市場占有率，僅次於美國。

在朴正熙時代，韓國經濟起飛與財閥高度綁。1979 年，韓國 GDP 從 1962 年的全球第 101 位躍居到第 49 位，人均 GDP 從 1965 年的 108 美元提升至 1,783 美元，電視、冰箱、洗衣機在韓國都市家庭中已極為普遍。

1980年，韓國前十大財閥營收占GDP比重達48.1%，財閥根深葉茂、富可敵國。

就在韓國經濟起飛的1979年，朴正熙被其心腹、中央情報部部長金載圭槍殺。

朴正熙死後，韓軍保安司令、陸軍中將全斗煥發動政變奪權，全斗煥、盧泰愚先後執掌韓國。這兩位都曾經是朴正熙的警衛，他們掌權後依然按照朴正熙的經濟理念往前走。

02　軍政倒臺與歷史跨越

在警衛執政時代，韓國經濟和財閥持續高歌猛進，創造了震驚世界的「漢江奇蹟」。韓國人均GDP從1980年的1,715美元增加至1989年的5,817美元，1992年居民可支配收入為1963年的9倍。

該如何評價「漢江奇蹟」？是政治強人和財閥經濟的勝利，還是發展自由市場的結果？

朴正熙政府及韓國財閥是韓國市場經濟啟動的重要力量，但「漢江奇蹟」的內在動力來自國際技術及資本的轉移。

在美蘇爭霸和美日貿易戰的局勢下，亞洲工業經濟呈現「雁行產業發展模式」（日本經濟學家赤松要），朴正熙懂得小國生存之道，獲得了美日轉移而來的大量現成技術和國際資金。

但是，「漢江奇蹟」的背景依然是軍政府支撐的國家資本主義。政治強人倒臺後，韓國維新體制與自由市場的矛盾愈演愈烈。這是所有傳統國家發展自由市場都將面臨的一項挑戰。

1972年，朴正熙宣布《維新憲法》，禁止一切政黨及全體國民的政治

活動，實施新聞審查，推行維新體制。

《維新憲法》釋出後，高麗大學學生爆發示威遊行運動。朴正熙簽署「緊急措施7號命令」，派軍隊占領高麗大學，禁止學生遊行示威，逮捕反抗學生，不經過法院直接判決三年以上十年以下徒刑。

朴正熙被刺殺後，崔圭夏擔任代理總統，韓國民主化運動崛起，一度出現「漢城之春」。但是，一個多月後，全斗煥發動肅軍政變成功奪權。金大中、金泳三率領民主人士發表《民主化國民宣言》，引爆大規模的示威運動，要求全斗煥下臺。

1980年5月，全斗煥宣布緊急戒嚴令，禁止一切政治活動，逮捕了金大中、金泳三等人，造成4,000多人傷亡。這就是著名的光州事件。

儘管經濟持續成長，但朴正熙和全斗煥政府都面臨政權合法性的挑戰。為了強化民族認同感和國家榮耀感，以掩蓋政權合法性問題，全斗煥成功舉辦1988年漢城奧運。但是，令全斗煥沒想到的是，漢城奧運給了韓國民主化運動一個千載難逢的契機。

1987年6月，因漢城大學學生樸鍾哲被拷打致死事件，韓國掀起了民主化運動的高潮。國際媒體高度關注，全斗煥政府面臨巨大壓力。國際奧委會給韓國政府發出取消韓國奧運主辦權的警告。

這時，全斗煥不得不退居幕後，推舉盧泰愚出面平息事端，並讓其參選下一屆總統。

6月29日，無路可退的盧泰愚面對記者們宣布一系列妥協措施，包括：修改憲法，實行總統直接選舉制；赦免金大中；保障民權；主張言論自由。這就是六二九民主化宣言。

這屆奧運，改變了韓國的命運。

1988年漢城奧運如期召開。這一年，韓國修訂憲法，規定經濟自由化和民主化，向財閥經濟發起了挑戰。

1988年是韓國歷史上最重要的一年。人類歷史上，各個國家的演進都面臨一次歷史性跨越，即從自然國向法治國跨越。在1990年前後，國際局勢動盪，很多國家都迎來了這種機會。但目前，多數國家尚未完成這一過程。韓國是幸運的，他們藉助奧運改變了國家的歷史。

韓國軍政府的遭遇與伊朗巴勒維王朝是一樣的，即獨裁政府的現代化改革悖論。

美國社會學家戴維斯（James Davies）在1962年提出關於「革命何時爆發」的「革命的J曲線」。戴維斯認為，貧窮本身不足以引發革命，最容易爆發革命的國家不是封閉國家，也不是開放國家，而是處於現代化進程中的國家。

獨裁君主的國家現代化之路，是一個自毀「江山」的過程。改革中的獨裁君主制，只是國家現代化程序中的臨時制度。

在這種國家，隨著改革開放，社會穩定性降低，經濟持續成長，而後一旦經濟失速，可能導致現實與期望的失調。這種心理挫折感，及開放後對不公平的低容忍度，是滋生革命的土壤。

但是，韓國軍政府及韓國國運與巴勒維王朝及伊朗是完全不同的。盧泰愚選擇自我革命，而巴勒維則是被革命。韓國邁向法治國，伊朗則倒退到政教合一的統治。

這種差異值得我們深思。僅從經濟的角度來分析，朴正熙推動的國家資本主義，雖以財閥經濟為內涵，但也是外向型經濟，經濟利益惠及範圍更為廣泛。巴勒維王朝發展的石油經濟，與伊斯蘭民眾的利益關係不大，大部分伊朗民眾不依靠國際市場生存。相比較而言，韓國走向開

放經濟體的趨勢很難被逆轉。

1990年,盧泰愚試圖抑制財閥經濟以緩和政治壓力,財閥勢力則激烈反抗。1992年1月8日,現代集團的鄭周永對外公布,自朴正熙政府以來,現代集團每年向當局繳納數十億韓元的政治資金。

這一政治醜聞嚴重地打擊了盧泰愚政府的威望。兩天後,鄭周永宣布成立韓國國民黨,親自參加韓國大選。

1992年大選,鄭周永敗北,金泳三當選總統。

這次大選具有代表性意義。金泳三是韓國第一位非軍人總統,他的上臺是民主化運動的勝利。不過,韓國剛剛送走了軍人總統,又迎來了財閥政黨的直接競爭。鄭周永是韓國第一個參選總統的財閥。鄭周永建黨參選,象徵著韓國財閥透過合法手段,直接參與國家最高權力的爭奪。

從此,韓國平民勢力與財閥勢力在總統舞臺上激烈交鋒,血腥爭鬥,一次次上演「青瓦臺詛咒」。

輿論開放讓財閥政治陷入被動,財閥的政治醜聞、性醜聞被曝光,甚至被拍成影視作品。金泳三上臺後徹查了全斗煥和盧泰愚時期的政治資金問題,將全盧二人關入大牢。

同時,金泳三推動韓國經濟全球化,逐步開放金融市場,加入經濟合作暨發展組織(OECD);廢除了「經濟計畫」,推動國家資本主義轉向國際化自由經濟。

03　民運總統與財閥政治

1997年,亞洲金融風暴爆發,重創韓國經濟。

次年,韓國經濟增速大跌至-5.13％。要知道,在「漢江奇蹟」時代,韓國經濟增速在大部分年分都超過8％。

這場危機差點讓韓國破產。1998年，韓國非金融企業部門槓桿率達到歷史最高點110%，企業平均負債比率超過400%。韓國違約企業數量高達22,828家，債務風險影響到銀行系統，銀行不良貸款率快速攀升。

危機爆發時，韓國的外匯存底只有50億美元，而短期外債高達583.7億美元，匯率市場岌岌可危。

韓國政府緊急向國際貨幣基金組織（IMF）尋求援助。後者為韓國政府提供了570億美元的貸款計畫，將韓國從破產的邊緣拉了回來。

不過，國際貨幣基金組織的條件是：改革財閥體系，整頓金融系統，開放外商投資。

當時，韓國輿論就此展開激烈爭論，一部分民眾認為，透過經濟開放，可藉助外部勢力終結財閥壟斷、割除經濟頑疾；另一部分民眾則認為，這是喪權辱國的合作。

韓國政府與國際貨幣基金組織的合作嚴重地損害了財閥的利益，後者試圖揮起民族主義的大棒抗拒改革，大力抨擊金泳三的自由主義改革。

這場金融危機屬於外溢性風險，韓國之所以遭受重創，不是開放經濟、發展自由市場的問題，而是財閥經濟及其負債型經濟早已埋下了禍根。

韓國商業銀行與財閥的關係錯綜複雜，為財閥企業提供大規模的貸款，風控體系極為脆弱。1997年，位列韓國前三十的財閥的債務權益比高達518%，其中有5家甚至超過了1000%。

國際貨幣基金組織要求韓國政府關閉向財閥輸送利益的商業銀行，以強化韓國金融體系的穩定性，還要求韓國將利率提升到30%。此時，外資銀行乘機進入，財閥企業遭受打擊。

這場危機導致大批財閥企業破產，前30家大財閥中有一半被破產清算、併購。其中，第二大財閥大宇集團倒下，終結了財閥「大到不能倒」的歷史。

韓國經濟學家、現任駐華大使張夏成寫過一本書，名叫《韓式資本主義》。對於這場危機所引發的爭論，張大使在書中指出：「如果說西方先進國家的問題是市場本位主義的產物，那麼韓國的問題則因沒有正確樹立市場經濟規範而導致。」

張大使認為，韓式資本主義類似於馬克斯·韋伯（Max Weber）所說的「賤民資本主義」（pariah capitalism），表現出任人唯親、裙帶關係、小團體主義、地方保護主義、貪汙受賄等特徵。

韓國經濟需要更加開放與自由的環境，不能懷念或回到政府高度干預經濟生產、統領一切的「朴正熙時代」。

金泳三下臺後，金大中上臺。「兩金」皆為平民總統，延續了自由化、國際化改革。金大中政府修改金融法案，清理整頓了600家金融機構，關閉了11家自有資本率不到8%的銀行；禁止集團旗下公司之間相互提供貸款擔保；注入公共資金，幫助金融系統「排毒」；切斷政府對商業銀行的信貸干預；開放金融市場，實施外匯交易自由化。

1999年，韓國經濟強勢反彈，經濟成長率高達11.47%，2000年維持在9.06%，避免了國家破產，走出了危機陰霾。

外資進入銀行系統，美國資本相繼收購韓國第一銀行、韓國外匯銀行，限制了財閥勢力對銀行的控制，提升了銀行的風控水準。

2001年韓國金融系統的不良貸款率下降到3%左右。

2003年，又一位平民總統上臺，他就是盧武鉉。

這一年,韓國經濟告別了高成長,進入中速成長階段。盧總統繼承了金大中的陽光政策,推動社會民主化及經濟自由化。

不過,盧武鉉政府在2008年遭遇了全球金融危機,匯市、股市大跌。這場危機給財閥勢力提供了反敗為勝的良機,他們大力批判金大中和盧武鉉推行的自由主義。

這年大選,李明博成功入主青瓦臺。李明博早在1965年便進入鄭周永的現代集團,36歲擔任現代建設的執行總裁,為現代建設效力長達27年。當年鄭周永競選總統失敗,16年後李明博幫助財閥勢力重奪大權。李明博政府的重任是救市,而基於寬鬆政策的救市最有利於財閥勢力。

盧武鉉下臺後便遭到調查,並且承認了部分受賄指控。2009年5月,盧武鉉在私宅後山貓頭鷹巖跳崖自殺。

「青瓦臺詛咒」更新,李明博卸任後,保守派朴槿惠接任。朴槿惠是朴正熙的女兒,也是韓國歷史上第一位女總統。朴槿惠修改了政黨名稱,試圖擺脫李明博「親財閥」的形象,打出「經濟民主化和福利主義」的口號。2008年後,韓國經濟持續低迷,一些民眾期望朴槿惠能夠帶領韓國重現「漢江奇蹟」。

然而,2016年,朴槿惠因閨密干政事件被國會彈劾。

2017年大選,平民總統文在寅贏得勝利,民運派再次奪回政治權力。文在寅在大學期間被朴正熙關入大牢,因此被學校開除。他還是盧武鉉的政治盟友,對保守派恨之入骨。

文在寅上臺後迅速啟動對朴槿惠的司法調查。案件撲朔迷離,檢察院以受賄罪和濫用職權罪對朴槿惠提起公訴。法院二審判處朴槿惠25年有期徒刑,幾天後終審又撤銷了二審判決。2020年7月,朴槿惠最終獲刑20年。

◆ 東亞正規化：現代化的挑戰

在調查朴槿惠的同時，文在寅還成功搞定了前總統李明博。李明博家族及親信捲入一系列的貪腐案，李明博認為其遭到政治報復。2020年2月，李明博被判處有期徒刑17年。

文在寅以為民除害的形象示人，他下令調查張紫妍案、李勝利夜店事件等。他強調：「如果不能查明發生在社會特權階層的這些事件的真相，我們就無法談論正義的社會。」

朴槿惠案和李明博案牽涉到一大堆集團，三星、現代汽車、SK、LG、樂天、韓華等九大集團被集體調查。三星家族的李在鎔因行賄罪被判處有期徒刑五年。不過二審改成兩年半，緩刑四年，當庭釋放。

「青瓦臺詛咒」的背後，是財閥勢力與平民勢力的賽局，是保守派與民運派的鬥爭。

自金泳三以來，韓國走上了政治民主化、經濟自由化之路，財閥勢力也在不斷適應來自政治及國際化的挑戰。2017年韓國六大財閥總營收約為9,420億美元，占韓國年度GDP比重超過60%，其中僅三星集團年營收占韓國GDP比重就超過20%。

與全球趨勢一致，韓國貧富差距日益加大，居民實際可支配收入成長率、實際薪資成長率均低於人均GDP成長率。

韓國人對財閥的態度是矛盾的，他們渴望進入企業獲得更高的收入，同時希望破除財閥對經濟的控制。

韓國會走向衰落嗎？

經濟學家曼瑟・奧爾森（Mancur Olson）在《國家的興衰》（*The Rise and Decline of Nations*）中認為，大量分利集團（遊說政府、干預政策的利益集團）的存在可能會成為一個國家衰落的充分必要條件，但不存在大量分利集團卻似乎不能夠成為一個國家繁榮的充分條件，充其量只是一個

必要條件。

儘管「青瓦臺詛咒」是赤裸裸存在的，但韓國社會卻是在進步的。韓國達成了歷史性跨越，拿到了先進國家的門票，是東亞文化圈中的傑出代表。

韓國的發展之路是東亞國家現代化的典型路徑嗎？

日本走的是英國保守主義路線，韓國的發展顯然更符合東亞文化，伊朗和印度沒有東亞文化根基。

韓國的現代化受東亞「有為政治」的驅動，開展經濟改革，用政策扶持經濟勢力，吸收外來資本與技術；然後，開放經濟與保守政治發生衝突，在外部壓力下，推動言論自由化和政治民主化，實現歷史性跨越（多數無法完成）；最後，既得勢力與民運勢力展開曠日持久的政治鬥爭。

韓國（朴正熙）、新加坡（李光耀）及臺灣（蔣經國）的現代化之路類似，只是財閥勢力、既得勢力與經濟政治捆綁的程度有差異。那麼，經濟和政治正快速發展的越南，是否會打破這種東亞正規化？

2020年7月，首爾市市長朴元淳（當時被認為是下一任總統的最佳候選人）自殺身亡，文在寅及民運派失去了一位關鍵政治人物，「青瓦臺詛咒」還將繼續，但韓國仍是幸運的。行至中途而內鬥化，才是真正的殘酷。

參考文獻

[1] 慕峰。鐵打的財閥，流水的總統：韓國財閥經濟對中國的啟示 [EB/OL]。撲克投資家，2018。

[2] 趙偉團隊。1997 年，韓國如何處理債務違約 [EB/OL]。長江宏觀，2018。

[3] 張夏成。韓國式資本主義 [M]。邢麗菊、許萌，譯。北京：中信出版社，2018。

[4] 阿暉。迷霧重重黑幕不斷的韓國政壇 [J]。新民週刊，2019（12）。

[5] 曼瑟爾·奧爾森。國家的興衰 [M]。李增剛，譯。上海：上海人民出版社，2007。

越南，有機會嗎？

近幾年，越南逐漸進入了世界的視線。

2019 年前 4 個月，越南外貿進出口總額 1,546 億美元。

越南的手機出口總額已占到全球的十分之一，全球每 10 臺手機中就有一臺是「越南製造」。

1990 年，越南人均 GDP 只有 96 美元。2017 年，越南人均 GDP 達到 2,300 多美元。1990 年，人均 GDP 方面，馬來西亞是越南的 25 倍，菲律賓是越南的 8 倍。2015 年，越南人均 GDP 與這兩個國家的差距大幅度縮小，馬來西亞人均 GDP 只有越南的 4.6 倍，菲律賓只有越南的 1.4 倍。

2018 年中國 GDP 增速為 6.6%，印度為 7.4%，而越南高達 7.08%。越南的 GDP 增速超過了中國，成為亞洲增速第二快的國家。最近 20 年，越南經濟增速都維持在 5% 以上，成為經濟成長最快、最穩定的新興國家之一。

2021 年 2 月 19 日，越南總理阮春福視察越南計劃投資部時，提出了越南 2045 年的國家願景，即越南在獨立 100 週年之際發展成為高收入先進國家。

阮春福將越南的總體願景分為兩個策略步驟：第一步，到 2030 年，實現個人所得 18,000 美元，使越南進入高收入國家行列。第二步，努力到 2045 年國家獨立 100 週年之際，將越南建設成一個富強、繁榮、穩定的先進國家。

越南總理阮春福提出這一目標時，正值「川金會談」召開之際，越南

抓住機會向世界展示了其改革開放與快速發展的前景。

越南這個曾經飽受戰亂之苦的東南亞國家，如今獲得了難得的發展機遇，其經濟成長就像爆發一樣，一發不可收拾。。

在全球化大倒退的時代，越南持續對外開放，積極融入國際秩序，他們正在利用美中關係僵化的特殊時期，獲取全球產業大量移轉的外部紅利，製造業及外向型經濟快速成長。

2018年，越南GDP總量為2,425億美元。如今，越南人均GDP雖比不過發達國家，但若以當前的增速，再過10幾年，越南的人均GDP將可達到發達國家的水準。

預計，越南超越亞洲四小虎（泰國、馬來西亞、菲律賓和印尼）已無太大懸念。那麼，它到底有多大的發展空間？能否如越南領導人所願在其國家獨立百年之際，成為令人矚目的先進國家？

01　開放　追逐實用外交

越南這個國家，我們既熟悉又陌生。

歷史上，越南北部長期以來是中國的領土。西元968年，在中國五代十國混亂時期，越南脫離了中國獨立建國。不過，後來越南依然是中國的藩屬國，採用中國的官僚制度，使用漢字，沿用漢人習俗。

晚清時期，清政府四面受敵、無暇顧及，與法國簽署條約，放棄了對越南的宗主權，從此越南淪為法國的殖民地。

第二次世界大戰期間，越南被日本占領。1945年，日本無條件投降，胡志明發動八月革命，宣布越南獨立。但是，同年，法國再次入侵越南，不願放棄對越南的殖民統治。此後，越南與法國展開了長達9年的戰爭。

1954年,「奠邊府戰役」後,戰爭終於結束了,越南南方由法國統治,後成立南越政府。

1965年,越南捲入冷戰最前沿的代理人戰爭。美國支持的南越與蘇聯支持的北越展開了曠日持久的戰爭。這場戰爭持續了將近十年,1975年5月,美國徹底放棄了在越利益,越南得以解放。次年,越南正式全國統一,定國名為越南社會主義共和國。

越南長期飽受戰亂之苦,在大國之間周旋卻屢屢掉進火坑。到了1980年代,越南總算獲得了比較獨立自主的發展機會。

1986年12月,越南召開共產黨第六次全國代表大會,正式提出革新開放的國策,主張發展市場經濟和實施對外開放政策。

但是,最初十年,越南的革新開放之路並不順利。在1980年代後期以及整個90年代,越南高層就發展路線展開激烈鬥爭,改革推進緩慢且反反覆覆,國內通貨膨脹率一直居高不下,經濟成長緩慢。

整個90年代被越南稱為「保衛社會主義的十年」,越南的經濟發展受意識形態及政治賽局牽絆。

不過這十年,越南依然在市場化改革方面做了一些嘗試:打破了計劃經濟的產銷指令,促使國有企業轉變為自負盈虧的市場主體;取消了價格管制,採取商品市場定價;允許私營銀行、股份制銀行與國有銀行共同發展;將農業土地讓渡給農民,促進土地私有化。

2001年4月,召開了越南共產黨第九次全國代表大會,農德孟取代黎可漂當選為中央總書記。這是一個關鍵轉捩點。

農德孟放棄了以前的錯誤政策,採取政治與經濟共同改革、同步推進的政策,加強了政治革新的力度,加強了民主監督,將國家的重心撥回到經濟發展上。

所以，越南的發展相對滯後，其真正革新開放以及經濟成長是從農德孟時期開始的。

在農德孟執政的十年，越南的經濟策略是發展外向型經濟。越南確定了三大外交目標：積極融入國際秩序、發展大國關係和發展周邊關係。

成功而實用的外交政策，是越南經濟快速發展的關鍵。發展外向型經濟是很多小國採取的重要策略，本質上是藉著全球化浪潮，獲得國際貿易、產業轉移的全球化紅利。泰國、墨西哥、菲律賓、臺灣、香港等，都曾因採取這一策略獲益匪淺，如今越南也不例外。

在冷戰時期，越南與東協國家長期對立。蘇聯解體之後，越南調整了外交政策，積極融入東協（ASEAN），並於1995年成功加入東協。這為其發展周邊關係破除了障礙。

此後，越南與美國實現關係正常化，其國際處境可謂空前地開闊與友好。1998年，越南加入APEC，這成為其融入國際社會的重要轉捩點。

進入21世紀之後，越南積極融入全球自由貿易市場，先後與其他國家簽署了16個自由貿易協定，尤其是與歐盟、日本、韓國等先進國家和地區均簽署了FTA。一系列自由貿易協定的簽署，表明了越南對外開放的決心，同時也強迫越南加快內部改革。

2006年，越南發表了《投資法》，宣布對國內與外商投資實施統一管理，取消了此前《外國投資法》的諸多限制，進一步開放了市場。

這一年，越南成功加入WTO。加入WTO後，越南的對外經濟獲得了絕佳的發展機會。越南提出「擴大對外關係，積極主動融入國際經濟」策略，鼓勵發展私有經濟。2007年，越南非國有經濟的增速開始超過國有部門，市場活力開始釋放，私有企業及外商投資逐漸成為經濟成長的重要力量。

在 21 世紀頭十年，越南經濟保持了 6% 左右的增速。這個增速長期位於聯合國教科文組織統計數據中亞洲國家前三，在中國、印度之後。2001 年越南人均 GDP 只有 388 美元，但 2008 年已達到 1,024 美元，不到十年便摘掉了低收入國家的帽子。

越南推行政治與經濟改革並進的路線。同一時期，越南的政治革新也取得了不錯的成果。

2007 年，越南第 12 屆國會首次採用實質性的差額選舉和自薦候選人制度。越南選民從 875 名候選人中選出 493 名國會代表，淘汰率高達 43.7%，以越南中央書記處常務書記張晉創為代表的大批高官落選。同時，有多達 30 名沒有獲得官方提名的參選者，利用自薦候選人制度獲得候選人資格，並最終有 1 人當選國會代表。

這項改革在相當程度上穩定了國內政治，改變了越南的政治生態。2011 年阮富仲當選越共中央總書記後，越南上下都將精力集中到了經濟發展以及對外開放上。

2015 年，為了進一步融入國際秩序，適應 TPP 等國際貿易及投資規則，越南對《投資法》進行了較大範圍的補充修改，發表了新的《投資法》。新的《投資法》對外商投資給予了更大的優惠。

2019 年，《跨太平洋夥伴全面進步協定》（CPTPP）在越南正式生效，越南對外貿易獲得了更為廣闊的發展機遇。

2011 年 1 月，越南共產黨第十一次全國代表大會召開，在《2011-2020 年社會經濟發展計畫》中明確提出，到 2020 年要實現人均國內生產總值（GDP）3,000 美元，基本上達成工業化和現代化。

十一大之後，受 2008 年全球金融危機的衝擊，越南經濟增速有所放緩，但整體增速還維持在 5% 以上，是亞洲成長最強勁的國家之一。

從 2012 年到 2018 年，越南 GDP 增速逐年提升，從 5.03％成長到 7.08％，大有持續成長之勢。

過去越南在大國夾縫中屢當炮灰，吃了不少虧，而冷戰之後，越南的外交政策成功而實用。到目前為止，越南已與中國、美國、印度、俄羅斯等 180 多個國家建交。越南的外交層次、局勢極為明確，與周邊尤其是東協其他國家確立穩定關係，然後與美、中、日交好，並在大國賽局間獲得利益。

2013 年 7 月，美越雙方確定更新為全面夥伴關係，越南對美貿易大幅度擴張。2018 年，利用美中特殊關係，越南獲得貿易替代、產業轉移的紅利。2019 年，越南正式加入 CPTPP，在太平洋貿易圈，尤其是與日本貿易關係方面逐漸打開局面。

目前來看，越南國內政治與經濟改革並進，取得了不錯的成果。

從最近十幾年的發展來看，越南表現出極強的求生欲和發展欲。這一時期的越南心無旁騖，努力賺錢，一心只想發展經濟。越南曾經有過野心，但如今我們看到的是，他們更想融入全球化，加入國際秩序，抓住全球化正在消失的紅利，快速地壯大自己。

政策紅利、全球化紅利，可以在短時間內改變這個國家的貧窮面貌。

越南，到底有多大的想像空間呢？

02　人口　放大「7 年級」紅利

越南國土形態南北狹長，長達 1,650 公里，東西最狹處只有 48 公里寬；擁有 3,260 多公里的海岸線，面向西南太平洋，地理位置極佳。

越南國土面積大約 33 萬平方公里，人口 9300 萬人左右，人口密度很高。

目前，越南分為 8 個區、58 個省、5 個直轄市，其中 5 個直轄市分別為芹苴市、峴港市、海防市、河內市、胡志明市。

越南南方經濟相對發達，北方經濟相對落後，南方經濟實力較強，與北方形成制衡。南方的經濟強市胡志明市，又稱柴棍、西貢，是越南第一大城市。

胡志明市是越南全國的經濟中心、最大的港口、人口最多（超過 1,300 萬人）的城市。其 GDP 總量占越南全國的 22.6%，處於絕對的龍頭地位。這座城市發展迅速，城內高樓林立，基礎設施較好，房價也不低。

河內是越南的首都，其城市建設尚在開發階段。海防為越南北部最大港口城市。峴港是越南中部重要的工業城市和海港。芹苴是湄公河三角洲上最大的城市，是南部湄公河三角洲農產品集散地和輕工業基地。

總體上來說，越南從南到北都有港口城市為依託，這是其發展外向型經濟的優質條件。

越南人以京族為主，其占總人口比重達 86.2%。越南語也稱為京語，京語屬於漢語系還是南亞語系，目前還有爭論。與之相鄰的廣西防城港也有一兩萬京族人，一些去越南做生意的商人會僱用防城港的京族人，與他們一同前往。

目前，越南擁有約 9,300 萬人，這是促進其經濟發展的重要力量。由於長期戰亂，越南在 1980 年代初只有 5,000 多萬人，其中男性偏少。到了八九十年代，越南迎來嬰兒潮，人口大規模成長。

目前，越南擁有5,400多萬青壯年勞動力，其中大部分為二三十歲的「7年級」、「8年級」。2017年的預估數據顯示，越南的人口年齡中位數僅有30.5歲，而越南勞動者的基本薪資卻非常低。所以，越南的人口結構非常優質，人口紅利是越南發展外向型經濟以及加工製造業的重要優勢。

不過，需要注意的是，經過十多年的發展，越南勞動者的基本薪資也在上漲，僅在2018年就上漲了6.5%。從2016年開始，越南政府要求企業為員工繳納社會保險等費用，企業的成本有所提升。

與其他東南亞國家相比，越南還是具備一定的勞動力價格優勢的。

為了降低企業的成本，越南在稅收方面實施了不少優惠政策。越南財政部於2016年10月向國會提交減稅計畫草案，提出降低中小型企業和初創企業的企業所得稅稅率，2017年至2020年適用稅率由此前的20%下調至17%。在此稅收優惠條件下，年營業額不超過1,000億越南盾的企業可以享受免稅優惠。

同時，越南學習其他國家，大力發展經濟園區，並為園區企業提供優惠政策。2016年初，越南政府批准了建立三個經濟特區（SEZ）的計畫，經濟特區中的園區企業在進出口稅收、企業所得稅等方面享受減免，在土地租金、貸款配給方面享受優惠。

目前，越南80%的人口依然從事農業活動，不過工業生產總值所占比重在快速增加。與泰國、緬甸不同，越南大力發展製造業，試圖以工業立國。這種做法與中國類似，有別於大多數東南亞國家。

2018年，越南工業生產指數成長9.4%，其中製造業成長14.5%，電力生產和供應成長9.4%，自來水供應和廢水處理成長8.7%。

2018年，越南引進外國直接投資170億美元，目前日韓在越南都有

大量的直接投資。2018年，日本、韓國、新加坡對越南的投資都超過了40億美元。

目前，越南的製造業以貿易出口為導向。2018年，越南全年進出口總額創下4,822億美元的新紀錄，貿易順差達72億美元，是有史以來貿易順差最大的一年。

中國、韓國、美國、東協、日本、歐盟是越南六大出口市場。美國是越南第一大出口國，但是越南的出口結構相對合理，不嚴重依賴於某一市場。目前，越南對美國、歐盟、中國三大市場的出口規模相對均衡。

越南出口產品主要包括電話及零組件、機械設備及配件、電子產品及配件、紡織、鞋類、水產。主要進口產品為紡織鞋帽原輔料、常見金屬、塑膠、鋼鐵、布匹、電話及配件、機械設備及配件、電子產品及配件。

從進出口品類可以看出，越南主要發展勞動密集型工業，充分發揮其廉價勞動力的天然稟賦優勢。

不過，越南的加工貿易目前還尚屬落後，由於國內缺乏產業配套以及設備製造產業落後，越南需要向國外大量進口機器設備及配件，以原料加工為主，向日韓進口設備及材料，加工後再出口。

由於越南經濟被看好，房產投資對外開放後，越南房價上漲速度加快。2016年，胡志明市公寓總成交量達到30,972套，2017年成交量躍升至47,163套，成長率達52%。

胡志明市房價每坪約臺幣30～45萬元左右。在越南投資房地產的韓國人最多，中國投資者也在增加。越南本地人購房享受永久產權，但外國人可以購買公寓，產權只有50年，到期之後可以續約，其他限制相對較少。

滙豐銀行 2016 年公布的《對接東南亞》研究報告稱，預計到 2020 年，越南中產階級人口將增加至 3,300 萬人。

越南經濟持續看好、人口眾多、中產階級的興起以及較低的城市化比率，是外界看好越南地產的重要原因。

2018 年，越南旅遊業表現不俗，國際遊客達到創紀錄的 1,550 萬人次，比 2017 年成長了 19.9%（遊客數量增加超過 260 萬人）。其中，亞洲遊客是主體，達到 1,207.55 萬人次，比上一年度成長 23.7%。

越南海岸線達 3,260 公里，擁有良好的冬季旅遊資源。下龍灣是越南北方廣寧省的一個海灣，於 2011 年被聯合國教科文組織列為「世界新七大自然奇觀」之一。越南的旅遊業具有相當的發展潛力。

越南的創業活力也很強。2016 年，新成立企業超過 11 萬家；2017 年，新設企業近 12.7 萬家；2018 年全國新註冊企業 13.13 萬家，註冊資本總額為 1,478.1 兆越南盾（約 642 億美元）。如果考慮到新的註冊資本和額外增加投入的資本，2018 年，企業為經濟發展增加了近 3,900 兆越南盾（1,695 億美元）的資金。

2018 年，外商直接投資了 3,046 個新專案，註冊資本為 179.76 億美元，與 2017 年同期相比，專案數量增加 17.6%，註冊資本減少 15.5%。

通貨膨脹曾經是越南經濟的「程咬金」。最近十幾年，越南的通貨膨脹率控制得還不錯。與 2017 年相比，2018 年的平均基本通膨率僅增加了 1.48%。

近幾年，越南個人所得成長也很快。2018 年，人均月收入約為 376 萬越南盾，比 2016 年高出 66 萬越南盾。2016-2018 年越南的人均月收入成長率是 10.2%。

03　機遇　全球產業鏈重組

越南的真正機遇，實際上在美中角力以及全球產業大轉移中。

每一次全球產業大轉移，都會誕生一批重要製造業及外貿出口國。1950、1960 年代，美國將鋼鐵、紡織等傳統產業向日本、德國轉移，促使日本、德國經濟快速復甦，日本製造、德國製造獲得發展先機。

1960、1970 年代，美日貿易衝突加劇，日本、德國國內產業飽和，逐漸將勞動密集型產業向「亞洲四小龍」韓國、臺灣、香港、新加坡轉移。

到了 80 年代，歐美國家、日本、韓國以及「亞洲四小龍」把勞動密集型以及高耗能產業向「亞洲四小虎」菲律賓、泰國、馬來西亞、印尼以及中國轉移。

「亞洲四小虎」的發展被 1997 年亞洲金融風暴終結，中國則成為這次產業大轉移的最大獲益者，成就了「中國製造」。

一些日本學者根據日本經濟學家赤松要的「雁行產業發展形態論」，將以上產業轉移概括為「雁行模式」。

第二次世界大戰後，東亞工業經濟的產業大轉移，以日本為「領頭雁」，依次向「亞洲四小龍」轉移，後者又將成熟的產業向「亞洲四小虎」以及中國轉移。最近幾十年的產業大轉移，勾勒出以日本為「領頭雁」的雁行遷移的模式。

如今，這一雁行遷移的模式繼續延伸，勞動密集型產業逐漸從中國轉移到越南。

需要注意的是，在這個過程中，日本與美國持續發生貿易衝突，而美日貿易衝突加速了雁行產業遷移。1950、1960 年代，美國對日本發動

紡織與鋼鐵貿易戰爭，日本被迫將這兩大飽和優勢產業往外遷移。

到了七八十年代，日本電子產業、汽車產業崛起，美國又對日本的這兩大產業發起貿易制裁。而韓國、臺灣則抓住了這一次產業遷移的機會，韓國在電子產業、汽車產業上建立了全球競爭優勢，臺灣則在電子及半導體代工方面形成了明顯優勢。

以半導體為例，1980年代，為了抑制日本半導體產業發展，美國開始支持韓國、臺灣的半導體製造。

早在1960年代，國外廠商就在韓國建立了半導體製造廠，利用當地廉價的勞動力，進行簡單的零件組裝。但是，韓國半導體真正發展起來是在1980年代。

在美日貿易衝突的夾縫中，韓國利用集團模式抓住了這次產業轉移和貿易替代的歷史性機遇。韓國三星、LG、現代以及大宇四大集團，主動吸收、模仿美日技術，加強了對設備及人才的投資，從而在技術上建立了競爭優勢。

如今，韓國擁有全球22%的半導體市場占有率，已成為半導體製造大國，僅次於美國。三星已超越英特爾成為全球第一大半導體企業。

臺灣的承接模式與韓國不一樣。由於缺乏大型集團的資金支持，臺灣的半導體產業的轉移承接基本上由市場及中小企業來完成。在新竹產業園區的支撐下，臺灣中小企業利用廉價勞動力的優勢從代工做起，逐漸發展成為全球半導體「代工王國」，占據了全球76%的半導體代工市場。台積電成為全球頂級的半導體製造商。

越南能否成為下一個韓國或臺灣？

從產業轉移的角度看，越南具備這樣的機遇。美中特殊關係定然會

持續多年，這對越南來說是極佳的發展機遇。美中兩個大國的貿易角力必然促進全球產業鏈重組以及產業遷移，與泰國、印尼、菲律賓、馬來西亞等相比，越南更具備產業承接的優勢。

當前，越南的勞動力價格優勢明顯，三星已經在越南布局，將部分工廠從中國遷移到越南。

三星自 2008 年開始對越南投資，投資金額為 6.7 億美元，截至 2018 年 4 月，三星對越南投資總額增至 173 億美元。三星目前在越南各地共設 8 個廠房，主要生產手機與電子零件等。以前這些工廠都在中國大陸。

三星越南公司 2017 年出口金額高達 540 億美元，2018 年出口金額增至逾 600 億美元，這兩年都占越南出口總額的 25%。三星的投資帶動了越南手機及電子產業的發展，有助於越南形成手機及周邊配件的產業網路。

除了三星，LG 和微軟也在 2017 年分別對越南投資 15 億美元和 3.2 億美元，蘋果公司更是將部分亞洲研發中心設置在越南，臺灣企業富士康也進駐越南設廠。

除了三星及電子產業之外，紡織及鞋帽也是「越南製造」的主導產業。越南外向型經濟的第一桶金就是從紡織出口中賺來的。

目前 Nike 主力代工廠豐泰，2018 年成品鞋生產總量逾 1.14 億雙，其中，中國廠區產量 1,150 萬雙，占 10%；越南廠區產量 6,000 萬雙，占 52%。越南產區穩居豐泰第一大製造基地，豐泰還將在越南春祿工業區擴建新生產線。

越南到底能在這次產業轉移中達到什麼樣的高度，能否實現成為先進國家的策略構想，主要取決於以下幾個方面：

一是越南能否以更加開放的姿態及有為的外交策略迎接產業轉移。

從目前來看，越南政府渴望對外開放，他們與美國交好，抓住了「川金會談」召開的歷史機遇，向世界展示了越南對外開放的姿態和信心。

另外，CPTPP、EVFTA（歐盟與越南自由貿易協定）等一系列自由貿易協定也將促使越南經濟更加開放，同時吸引更多的外資進入越南。

2019年CPTPP生效後，越南的出口效應已經顯現出來。2019年第一季度越南對日本市場出口達到了46.2億美元，比前一年成長了6.68%，每個月越南對日本的出口金額不斷成長。越南對日本出口最多的是紡織品、運輸工具及配件和水產。

除了CPTPP外，越南還與日本單獨簽署了越南-日本自由貿易協定，根據該協定，日本對越南的大部分水產取消進口關稅。日本是食品、紡織品、水產品以及農產品進口大國，而越南正好能在紡織品及水產品方面給予日本支持。目前日本第一大零售商永旺集團已將越南列入全球採購名單。預計越南對東亞尤其是日本的出口將持續擴大。

二是越南能否將勞動力價格優勢轉變為產業網路及配套優勢。

勞動力價格優勢只是基礎，製造業大國的真正優勢是產業網路及配套優勢。中國幾乎建立了製造業全產業鏈網路，這是全球罕見的競爭優勢。越南不太可能建立全產業鏈網路，但可以像韓國、臺灣一樣，選擇幾個主導產業，如電子、汽車、紡織等，建立產業網路及配套。

目前，越南整體的產業配套還偏向落後，一些產業的設備及零組件要從中國進口。越南只有建立從上游原輔料、零組件、元件、機械設備到下游港口、鐵路、機場、高速、電信、電力等基礎設施網路，才能真正建立這一產業的全球競爭優勢。

越南政府對基礎設施的投入值得關注。越南建設部國際合作司專家阮青山表示，越南已把大量資金投入基礎設施建設，為外國投資商創造良好投資環境。到2020年，越南基礎設施建設所需資金為4,800億美元。

2019年，越南政府啟動後江省後江電廠計畫、諒山-北江BOT高速公路計畫以及順化高速公路計畫。

胡志明市新山機場2016年旅客吞吐量達到3,250萬人次，較去年同期成長22.4%。胡志明市正在新建機場，設計年吞吐量達1億人次。

根據世界銀行報告，2018年越南物流績效指數在160個國家中列第39位，與2016年相比上升25位，位列東協國家第三，第一、第二為新加坡（第7位）、泰國（第32位）。

2018年，為加快國內電商和物流轉型發展的步伐，越南政府頒布了《對外貿易管理法》、《海關法》和其他物流法，簡化海關程序，創立一站式機制，以適應國際經濟整合的發展趨勢。

另外，越南的海防港、胡志明港等港口優勢，是其外向型經濟發展的重要基礎。

三是越南能否持續推進改革，保持合理的貨幣、財政及外匯政策。

一個國家在幾十年時間裡經濟政策不走偏並不太容易。對於越南這種國家，政府政策發揮著重要作用。

越南發展外向型經濟，其中外匯政策極為重要。目前，越南採取的是有管制的浮動匯率，匯價綁定美元，本國貨幣一直處於貶值狀態，預計未來貨幣會升值。

越南盾的升值必然會使本國產品的出口價格提升，一定程度上會削弱本國製造出口競爭力。匯率改革若能平穩過渡，越南製造可以獲得緩衝時間。

2012-2014年，越南處於貿易逆差狀態，但從2015年開始，每年都可以實現二三十億美元的順差。目前越南的外匯存底已經超過600億美元。從規模來看，越南的外匯存底不算太高，但具備一定的抵禦外匯風險的能力。隨著出口創匯能力增強，越南的外債風險和貨幣風險會下降。

從新興國家的發展經驗來看，越南需要避免財政擴張和貨幣擴張的風險。越南大力推行基礎設施及產業園區建設，需要大量的資金，財政擴張容易堆高政府債務。2018年，越南的公共債務總額占GDP的61.3%，越南政府債務餘額占GDP的52%，國家外債餘額占GDP的49.7%。總體上債務比重不低，但這些年債務增速控制得相對較好。

2010年，越南通過了《中央銀行法》，規定越南國家銀行是越南國家層面的貨幣政策主管機構，主要透過確定貨幣政策工具並採取相應措施達到穩定本幣幣值和保持合理通貨膨脹的目的。

越南央行確定以控制通貨膨脹率為貨幣政策目標之後，越南的通膨率大幅度下降，最近十年越南都維持較低的通膨率。對於新興國家來說，這是極為難得的。

若越南能夠持續保持對外開放，不斷地融入全球秩序，那麼國際規則有助於其開展國內改革以及保持穩定的經濟政策。

目前，越南的國內政治形勢、對外政策、勞動力優勢以及國際產業轉移，對其發展外向型經濟以及製造業都極為有利。

預計越南將很快達到「亞洲四小虎」的級別，但能否躍升至「亞洲四小龍」等級尚存諸多不確定因素。畢竟第二次世界大戰之後，只有日本、韓國、新加坡、臺灣拿到了發達經濟體的入場券。大多數國家，包括拉美的墨西哥、巴西、阿根廷以及「亞洲四小虎」，都在「中等收入陷

阱」中掙扎。

越南要進入先進國家的行列，需要加大教育與科技投入，提升越南人口素養以及科技研發水準。目前，越南教育支出占 GDP 的 5.7%，在全球 126 個國家中排第 29 名。

同時，作為人口密集的國家，越南必須在房地產及金融市場上保持適度發展。另外，外向型經濟的最大風險是國際金融衝擊，所以越南還需要一點點好運。

參考文獻

[1] 李超。飽經戰亂後的年輕與活力 [EB/OL]。華泰證券，2019。

[2] 趙衛華。2045 年，越南能否成為先進國家？ [J]。世界知識，2019（7）。

[3] 焦點視界編輯部。中國工廠遷往越南？ [Z]。焦點視界，2018。

[4] 連一席，謝嘉琪。全球半導體產業轉移啟示錄 [Z]。恆大智庫，2018。

[5] 朱茜。百年工業史：全球製造業遷徙啟示錄 [Z]。前瞻產業研究院，2019。

◆ 東亞正規化：現代化的挑戰

艱難之路：新興國家的困境

　　當美元成為世界的美元，也就成了世界的麻煩。

　　一些資源出口型國家跌入外匯陷阱，一步步淪為債務的奴隸。

　　或許，美元大放水只是外部問題。更糟糕的是，這些國家內部的封建、宗教、官僚腐敗力量盤根錯節，不自知地或者惡意地顛倒經濟規律，通膨從此成為居民的噩夢。

　　通往繁榮之路，是一條需要尊重制度、尊重人民、尊重規律的路，是一條艱難而簡單的路。

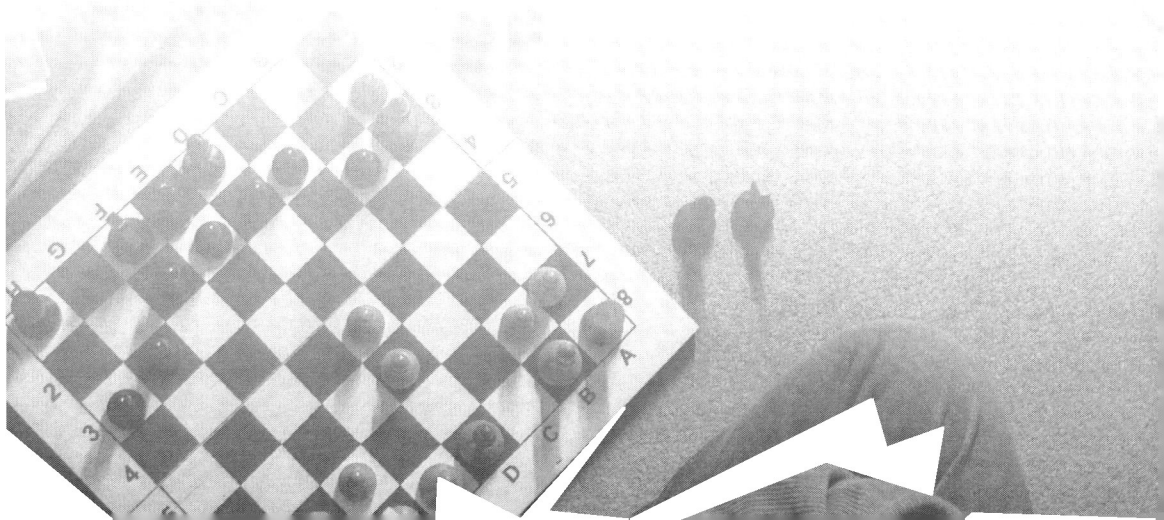

◆ 艱難之路：新興國家的困境

誰殺死了潘帕斯雄鷹？

2019 年，阿根廷經濟遭遇了史詩級大崩盤。

8 月 11 日 22 時 30 分，阿根廷現任總統毛里西奧・馬克里（Mauricio Macri）宣布連任初選落敗。

這一意外消息，立即演化為「黑天鵝」重創阿根廷金融市場：阿根廷披索兌美元匯率狂跌 25%。

股票市場集體雪崩，主要股指暴跌 38%，阿根廷在美股上市企業集體暴跌，其中 EDN 跌 59.3%、Loma Negra 跌 57.3%、BBVA 銀行跌 55.85%。

阿根廷 100 年期「世紀債券」價格跌 27% 至 54.66 美分；信用違約交換（CDS）的資料數據顯示，阿根廷在未來五年發生債務違約的可能性為 72%。

阿根廷遭遇了新興國家經典的「股匯債三殺」。

近幾年，阿根廷披索如自由落體般墜落，兌美元匯率 2014 年為 8：1，2018 年初為 18：1，2018 年 5 月為 38：1，2019 年 8 月為 57：1。

這是什麼概念？

就是說阿根廷國民的財富，在過去五年大幅縮水。過去 8 披索可以買到一袋美國的葵花籽，如今要 57 披索。

這一次，潘帕斯雄鷹折翼，南美蝴蝶翅膀搧動，波及全球金融市場，其美中股道瓊指數 12 日大跌 389.73 點，跌幅達 1.48%。

阿根廷是一個早已被世人遺忘的國家。這些年，除了足球，也只有

不斷突發的貨幣危機才能讓它在全球刷刷存在感。

本以為馬克里總統連任十拿九穩，怎料到初戰失利。

馬克里組合的「變革聯盟」只得到32.23%的選票，而左翼候選人費南德茲（Alberto Fernández）組成的「全民陣線」贏得了47.37%的選票。

市場再一次感受到民粹主義勢力的威脅，擔心左翼政黨上臺後扭轉馬克里任內親市場、親商業的諸多政策。

左右政治勢力的對決，與阿根廷過去40年持續爆發的貨幣危機深度糾纏。

自1982年拉美債務危機以來，阿根廷爆發了9次金融危機。這個曾經快速成長的新興國家，最近幾十年反覆踏進同一條歷史河流，在貨幣及債務危機的泥沼中無法自拔。

不僅阿根廷如此，巴西、墨西哥等拉丁美洲國家也如此。

拉丁美洲國家曾經是新興國家的希望，在1960、1970年代快速崛起，之後卻掉入「中等收入陷阱」，再也沒能拿到先進國家的入場券。

這難道是一種宿命？

01　牛皮文明　一群封建農場主的後代

潘帕斯，是阿根廷人遼闊的精神家園。

「潘帕斯」源於印第安丘克亞語，意為「沒有樹木的大草原」。

這片一望無垠的大草原，面朝大西洋，夏熱冬溫，氣候溼潤，黑土肥沃，水系發達，港口優良，是上帝賜予印第安人的絕美牧場，是南美及歐洲的糧倉。

最早開闢新航路的葡萄牙、西班牙占據了南美這塊風水寶地，遲到

的法國、英國只能去寒冷的北美開發。

早期此地的南美印第安人多以遊獵為生，西班牙殖民者到來後，用鐵絲網將這片荒野圍起來變成牧場。

後來，西班牙移民者與印第安人長期融合形成了高喬人。他們以畜牧為生，信奉天主教，也保留了印第安文化傳統。他們成了潘帕斯草原的主人，為歐洲乃至全世界供應最鮮嫩的牛肉和國際 A 級的牛皮。

在美利堅獨立 40 年後的西元 1816 年，阿根廷也獨立了。

1960 年代，在結束了長期內戰後，阿根廷人過上了鄉野農村的快活日子。

阿根廷人非常自豪：「我們的平原從大西洋起，一犁頭耕到安第斯山麓，都不會碰到一塊石頭。」

整個 19 世紀，阿根廷坐擁世上最肥美的牧場，創造了令北美、歐洲都矚目的「牛皮文明」。

20 世紀初，憑藉大量糧食和牛肉出口，阿根廷已成為世界經濟大國，被譽為「世界的糧倉和肉庫」。

1913 年，阿根廷的個人所得為 3,797 美元，僅次於英國、美國、義大利，高於法國的 3,485 美元和德國的 3,648 美元，遠超日本、芬蘭、挪威。當時，歐洲流行一句話形容富得流油的人：「他像阿根廷人一樣富有。」

阿根廷首都布宜諾斯艾利斯則被視作「南美洲的巴黎」，豪放健美的探戈舞姿和彪悍的高喬牛仔文化風靡全球。

但是，1929 年世界性經濟危機終結了阿根廷人悠然自得的美夢。1930 年，牛肉、牛皮及農產品出口大幅度下跌，農場鉅虧，工人失業，經濟蕭條。此時，一場政變打破了阿根廷近 70 年的政治穩定，改變了這

個國家的國運。

此後半個世紀,阿根廷政局極為動盪,政府更迭多達 25 次。左翼傾向的軍政府與右翼傾向的文人政府長期鬥爭、輪番上臺,國家政策多被財閥勢力所綁架。

1930 年代,經濟大蕭條讓阿根廷政府意識到發展工業的重要性。到了 40 年代初,工業產值已經超過了農業產值。但是,這時的工業主要是食品加工和簡單的裝配製造業。

到了 1950 年代,政府開始重視重工業、化學工業和機械工業。政府為了扶持製造業發展,採取了幼稚工業保護政策,大幅度提升了貿易障礙,導致阿根廷自主生產的汽車、化工及重工產品的價格比國際上高幾倍,在品質上也毫無競爭力。

如此,阿根廷在第二次世界大戰後錯過了絕佳的工業化機會。

要知道,在 1950 年,阿根廷的個人所得還高於日本、德國,遠超韓國。但是,日本、德國、韓國都在第二次世界大戰後以工業立國,最終脫穎而出。

阿根廷人選錯了賽道:阿根廷是農業大國,卻是工業弱國。在近代,工業不興,國則不強。

但其實,根本原因是,阿根廷從來就沒有一場徹底的制度革命。

阿根廷人是一群封建農場主的後代。他們一出生就掉進了米缸裡,缺乏動力投資重型工業、發展自由市場、建設合理制度。

誠然,北美的華盛頓(George Washington)、傑佛遜(Thomas Jefferson)也是農場主的後代。但是,由於北美受英法殖民,華盛頓、傑佛遜、漢彌爾頓(Alexander Hamilton)等開國者都具備良好的民主思想、自

由精神的修養。這群開國者努力建立了一個沒有集權統治的聯邦共和政體。而受西班牙統治的阿根廷人則不具備這種修養。

雖然傑佛遜也極力反對發展工業，試圖將美利堅建設成為一個農牧業的合眾國。但是，在華盛頓的暗中支持下，漢彌爾頓為美國打下了工業根基。

傑佛遜們開創了政體與制度，漢彌爾頓們開創了工業與市場。

美利堅與阿根廷幾乎同時結束了內戰，但是美利堅徹底清除了工業和制度障礙，阿根廷則維持了農業發展的平穩政局。

美利堅與阿根廷，一個「北喬峰」，一個「南慕容」，同樣地廣人稀，多歐洲移民，但隨著時間的推移，更加寒冷的北美的制度優勢愈加明顯。

到了西元1894年，美國一躍成為世界第一大工業國，阿根廷則成為世界第一大農業國。

孰強孰弱？

1929年這場世界性經濟危機就像鳩摩智，成為偽強國的測試機。

阿根廷在危機面前徹底「裸泳」，軍政府上臺，國家制度劣勢暴露無遺。制度的落後，阻礙了這個國家從農業向工業轉型。

再看美國，大蕭條對美國的重創前所未有。但是，美國憑藉制度優勢，選舉小羅斯福總統上臺實施新政，避免了政局動亂，結束了經濟恐慌，國家逐漸恢復了元氣。

縱然如今各界對新政效果的評價不一，但不可否認的是，這種競爭性制度對社會具有極強的修復作用。

分別跟北喬峰、南慕容過招後，鳩摩智直截了當地戳破江湖傳言：

「南慕容不過是浪得虛名，跟閣下齊名實在是有辱閣下的身分。」

這說法雖然有點粗糙，但十分有理。更糟糕的是，從此之後，阿根廷的制度劣勢對經濟的侵蝕變本加厲。

第二次世界大戰後，阿根廷表面上發展重工業，實際上是換了一種方式吃祖宗的老本。

阿根廷不但牧場資源優越，礦產資源也極為豐富。石油、天然氣儲量巨大，銅、金、銀、鋰、鉛、鋅、鐵等金屬礦產豐富。其中，鈹的儲藏量居世界第二，鈾礦資源儲藏量名列拉丁美州之首。除此之外，阿根廷還擁有5,000多公里長的海岸線，擁有眾多海灣和氣候溫和的不凍港。這些都是阿根廷發展重工業的絕佳條件。但是，阿根廷人選擇用最簡單粗暴的方式賺錢，那就是利用優良港口出口礦產資源。

從出口農產品，到出口礦產資源，阿根廷的政治勢力，從農場主演變為資源掠奪者、壟斷者——軍政府。

這就是阿根廷沒能發展起重工業的根本原因。

美國漢彌爾頓是幼稚工業政策的開創者，之後德國、日本都實行過幼稚工業保護政策，結果或多或少都促進了重工業體系的建立。

為何阿根廷的工業一直是扶不起的阿斗？

且慢……

第二次世界大戰後的阿根廷還是風光過一把的。

02　債務危機　一個飄蕩在拉美上空的幽靈

1973年10月，第四次中東戰爭爆發，國際油價大幅度飆升，美國及歐洲立即陷入停滯性通膨危機，國際資本紛紛尋求大宗商品避險，大

宗商品價格快速走高。

受大宗商品出口價格刺激，阿根廷經濟逆勢反彈。

1972 年，阿根廷經濟持續走低，成長率下跌到 1.63%。石油危機爆發後，1974 年，成長率反彈到 5.53%。

從第二次世界大戰後到 1960 年代，在歐美經濟全面復興的帶動下，阿根廷大量出口石油、大宗商品，經濟持續成長。

進入 1970 年代，阿根廷還曾經風光一時。兩次石油危機，國際油價及大宗商品價格大漲，阿根廷依靠資源賺得盆滿缽滿。

走同樣路線的還有巴西、墨西哥、蘇聯，他們都在這兩次石油危機中大出風頭。其中，石油危機為蘇聯續命 20 年，蘇聯也趁機主動出擊，在美蘇爭霸中打得美國步步退讓。

阿根廷、巴西、墨西哥一度成為新興國家崛起的典範，潘帕斯雄鷹翱翔於世界經濟上空。但是，當世界以為南美大陸即將崛起時，債務危機爆發了！

1982 年 8 月 12 日，墨西哥因外匯存底已降到危險線以下，無法償還公共外債本息（268.3 億美元），不得不無限期關閉全部匯兌市場，暫停償付外債。

墨西哥的債務違約引發了西洋骨牌效應，繼墨西哥後，巴西、委內瑞拉、阿根廷、祕魯、智利等拉丁美洲國家紛紛宣布終止或推遲償還外債。其中，墨西哥、巴西、阿根廷等拉丁美洲國家外債負擔最為沉重。

拉丁美洲國家集體賴帳，這是怎麼回事？

要知道，1979 年阿根廷的經濟成長率高達 10.22%，次年也有 4.15%，為什麼這個國家的經濟突然崩盤了呢？

實際上，1970年代後，拉美經濟模式（巴西、阿根廷、墨西哥）已經淪為典型的資源出口型經濟。阿根廷的經濟波動劇烈，走勢基本與大宗商品價格相同。每當石油價格上漲時，阿根廷經濟成長快速，創造了不少外匯；每當油價下跌時，經濟立即陷入低迷，外匯存底嚴重不足。

第一次石油危機緩解後的幾年，阿根廷經濟陷入低成長，1978年成長率甚至為-4.51%。

1979年第二次石油危機爆發，阿根廷的經濟成長率反彈至10.22%。幾年後，國際油價下跌，經濟成長率又暴跌至負數。

整個80年代，阿根廷經濟極為糟糕，被稱為「失去的十年」。

1991年，波斯灣戰爭爆發，國際油價大幅度上漲，再次為阿根廷輸血續命。1991年、1992年阿根廷的經濟成長率從負數反彈至進入21世紀，在2008年之前，國際油價持續上漲，阿根廷經濟一度出現復興的希望，連續五年成長率都在8%以上。

但是，2008年金融危機後，國際油價暴跌，阿根廷徹底跌入低成長陷阱。

1982年的拉美債務危機，打破了拉美成長神話，從此阿根廷、墨西哥、巴西反覆跌入債務危機、貨幣危機的泥沼。每一次危機都讓這些國家的經濟陷入谷底，反覆衝擊下，這些國家的經濟持續低迷，最終走入破產的境地。

拉丁美洲國家的遭遇，被認為是跌入了所謂的「中等收入陷阱」。

事實上，第二次世界大戰後，也只有日本、韓國、新加坡、臺灣、香港這幾個地方拿到了發達經濟體的入場券。曾經的拉丁美洲國家、「亞洲四小虎」，如今的金磚國家，都尚未真正跨越「中等收入陷阱」。

◆ 艱難之路：新興國家的困境

如此，阿根廷的案例顯得頗耐玩味。

市場上一個流行的說法是，拉丁美洲國家掉入了「美元陷阱」。自 1982 年以來，每當美元進入緊縮週期時，拉丁美洲國家及新興國家就會爆發金融危機。

1982 年是貨幣史上非常著名的一次緊縮事件。

美國最偉大的聯準會主席保羅・沃克為了抗擊通貨膨脹，大幅度提升聯邦資金利率，一度高達 22%，外匯市場風聲鶴唳，他國貨幣大幅度貶值，直接造成拉丁美洲國家的債務危機和貨幣危機。

1986 年，聯準會打開新一輪的緊縮通道，拉美債務危機持續惡化。

1994 年，聯準會再次升息，引爆墨西哥經濟危機，引發龍舌蘭危機，拉丁美洲國家再次遭受衝擊。

這輪緊縮行動力度不大，但持續時間長，1997 年泰銖難以為繼最終崩盤，亞洲金融風暴爆發。

2002 年前後，美元尚未進入緊縮週期，阿根廷就爆發了一次嚴重的債務危機。隨著 2003 年美元開始升息，阿根廷一直沒能走出危機泥淖。

2015 年底，聯準會再次升息，阿根廷立即爆發貨幣危機和債務危機。這場危機一直持續到今天。俄羅斯、土耳其、印尼、南非等大部分新興國家都受到程度不等的衝擊。即使 2019 年 8 月，聯準會正式開始降息週期，但潘帕斯上空依然布滿陰霾。

於是，很多人將矛頭指向聯準會。但是，其實聯準會只是壓垮駱駝的最後一根稻草。核心問題在拉丁美洲國家自身，尤其是債務負擔。

1982 年，拉丁美洲國家的外債總額是 1970 年的 14 倍，達到 3,153 億美元。到 1986 年底，拉丁美洲國家債務總額飆升到 10,350 億美元，

債務高度集中，短期貸款、浮動利率貸款及外債比重過大。

為什麼拉丁美洲國家債務負擔如此沉重？外債規模如此巨大？

債務規模與經濟結構和儲蓄率有關，外債負擔與外匯存底直接相關。

受上帝眷顧，墨西哥、阿根廷、巴西等拉丁美洲國家都在吃老本，發展資源出口經濟，不願發展製造業，出口創匯依賴於礦產資源及初級產品。

阿根廷出口的礦產資源及初級產品占出口總量的比重超過 40%，如此依賴資源及初級產品出口，使得阿根廷經濟容易受到外部環境衝擊。當石油及大宗商品價格下跌時，出口創匯非常少，經常出現貿易逆差。阿根廷政府及企業不得不向美國借入大量美元外債，以支持進口和維持外匯穩定。

1969 年，阿根廷財政赤字僅占國內 GDP 的 1.2%，此後不斷增加，在 1975 年達到了 10%。墨西哥經濟在 1975 年出現下滑，政府財政赤字占 GDP 比重由 1971 年的 1% 上升到了 1975 年的 5%。

在 1960、1970 年代，聯準會長期執行寬鬆政策，拉丁美洲國家容易獲得美元信貸。當時華爾街瘋狂向拉丁美洲國家、開發中國家提供貸款。花旗銀行主席華特・裡斯頓長期以來一直鼓吹向非先進國家放貸是安全的：「國家不會破產。」正因如此，危機爆發後，花旗銀行的損失最大。

保羅・沃克凶猛升息，是誘發拉美債務危機的導火線。

因為聯準會大幅度升息，美元飆升，而拉丁美洲國家缺乏足夠的外匯存底，墨西哥、阿根廷披索最終崩盤。

墨西哥披索對美元匯率在1984年降至1980年的約10%，而阿根廷披索大約僅相當於1980年水準的千分之一。

貨幣危機爆發後，披索大貶值，拉丁美洲國家外債負擔大幅度上升，觸發了債務危機。這就是貨幣與債務聯動的邏輯。

美國聯邦政府及聯準會也啟動了援助方案，以防止拉美債務崩盤傳染到本國金融體系。隨後幾年，布雷迪計劃發表，近40個拉丁美洲國家、開發中國家的債務獲得重組。

引發拉美債務危機的原因，從表面上看是聯準會升息，深入點看是債務問題，再深入則發現是拉丁美洲國家自身經濟結構的問題。

為什麼拉丁美洲國家都不願發展製造業創匯？

除了上帝眷顧了「富家子弟」外，還有一隻可怕的「灰色的馬」。

03　灰色的馬　誰殺死了潘帕斯雄鷹

不少人將阿根廷乃至拉美的失敗歸結於新自由主義。其實，「灰色的馬」才是殺死潘帕斯雄鷹的罪魁禍首。

前面我們講到，阿根廷是封建農場主的後代，這個國家最終獨立，但並沒有徹底地進行過一次革命。從農業到所謂的工業，不過是農場主和「灰色的馬」共同爭奪經濟資源罷了。

1982年4月2日，阿根廷軍政府派4,000名軍人，試圖收復馬爾維納斯群島，結果敗給了剛上任的英國「鐵娘子」柴契爾夫人（Margaret Thatcher）。

戰敗的消息傳來，早已忍無可忍的阿根廷民眾聚眾抗議，迫使軍政府將政權交給文人。

自1930年軍政府上臺以來，阿根廷人告別了悠閒的生活。第二次世界大戰後，軍人出身的胡安・裴隆 (Juan Perón) 在工會及第二任妻子伊娃・裴隆 (Eva Perón) 的簇擁下上臺。

這個納粹主義政治家上臺後喊出了動聽的口號「政治主權、經濟獨立和社會正義」，認為阿根廷應該走介於資本主義和社會主義之間的「第三條道路」。這就是所謂的「裴隆主義」。

其實，阿根廷的政治，不過是軍人及政客角逐利益的舞臺。

裴隆上臺後，為了讓自己能夠連任，修改了憲法，牢牢掌控了軍隊和工會。他提供了一些社會福利以獲取底層民眾支持，然後大規模地吞食工業蛋糕。他進行了兩個「五年計畫」，推動國家的工業化。裴隆的措施並不是發展工業市場經濟，而是將工業經濟國有化。

從1946年到1948年，裴隆高價購買了大批外資企業。如以1.5億英鎊的代價購買了英資在阿根廷的24,000公里鐵路及其各種附屬公司；以1,100萬英鎊購買了法資在阿根廷的鐵路公司；以3.19億披索購買了美資在阿根廷的電信公司。

裴隆還壟斷了阿根廷石油開採，成立了貿易壟斷機構，獲得鉅額外匯。這些國有化行動導致外資在總投資中的比重從1930年的30%下降到1949年的5%。

裴隆在第一個「五年計畫」中，投資了66億多披索發展鋼鐵、化工、水泥及輕工業，修建了1,000公里的煤氣管道。

裴隆的執政，受到了來自美國和蘇聯兩大陣營的批判。美國國務院罵裴隆是「納粹法西斯在南美的橋頭堡」。而裴隆確實在第二次世界大戰後收留了很多納粹分子。

蘇聯學者則認為裴隆在搞「親法西斯的軍事獨裁」，「竭力玩弄欺騙、賄賂、施捨小恩小惠以及其他手段以騙取群眾支持」。

蘇聯及西方學者認為，裴隆不過是犧牲農牧民利益，用軍政府的手段攫取礦產自然資源及政治資本。

裴隆收購英資鐵路公司的價格，比實際價格高出 5,000 萬英鎊。在收購美資電信公司的合約中竟規定，10 年內阿根廷所需要的電訊器材必須向美國奇異公司購買。

這些國有化政策，導致極度的政治腐敗。裴隆的措施表面上帶來經濟規模成長，但其實經濟效率極為低下。

阿根廷所謂的「幼稚產業」政策都用在了養尊處優的國企身上，這些虧損嚴重、缺乏創新動力的國企並未給阿根廷建立製造業競爭優勢。

更要命的是，裴隆的這種粗暴政策是建立在過度發行貨幣基礎上的。裴隆大量印刷貨幣，導致物價快速上漲。

1951 年裴隆獲得連任，次年阿根廷通膨率達 30%，生活費用增加 73%，食品和房租的價格迅速上漲，國內通貨膨脹爆發。

伊娃・裴隆（被尊為阿根廷國母）去世後，國內民眾不再買裴隆的帳，更無法忍受快速上漲的物價和極度腐敗的政府。1955 年，裴隆在軍事政變中被迫下臺，流亡到巴拉圭。

軍政府統治一直延續到 1982 年。軍政府在 1970 年代的兩次石油危機中獲利頗豐。

裴隆及軍政府利用民粹主義，製造了嚴重的政府赤字和通貨膨脹。直到 1982 年債務危機前夕，阿根廷外債總量已經達到了 GDP 總量的 51.96%。債務危機爆發後，通膨水準最高時達到了驚人的 20,000%。

軍政府粗暴干預經濟，大肆印鈔，製造大規模赤字和債務，是阿根廷1982年債務危機爆發的根本原因。

當時的聯準會主席保羅・沃克是這次拉美債務危機的間接製造者。他在其回憶錄《主席先生》(Keeping At It)中這樣反思這次危機：「墨西哥、阿根廷、厄瓜多和委內瑞拉都實施了強而有力的改革方案，似乎一度取得了成功。經濟成長確實緩慢，這是多年來大量過度借貸和半社會主義、半封閉的專制體製造成的，不可避免。」

此後一年多內，阿根廷民粹主義氾濫，政局極為動盪，更換了5位總統和7名經濟部長。

1983年12月，第一位民選總統阿方辛（Raúl Alfonsín）上臺，開啟了文人政治。但是，阿根廷軍人多次發動政變試圖奪權，政治鬥爭迫使阿方辛在第二任期提前五個月下臺。

阿方辛試圖推行反通膨的「奧斯特拉爾計畫」，發行新貨幣奧斯特拉爾，回收之前軍政府發行的新新披索。

但是，這一政策未能奏效。1989年阿根廷外債總額高達640億美元，相當於國內生產總值的84%，通貨膨脹更是達到駭人聽聞的5,000%。

他無奈地說：我們（指兩大政黨）都敲過軍隊的大門。軍政府的背後，仍然是傳統的政治力量和經濟實權派。

整個80年代是阿根廷「失去的十年」，平均經濟成長率為-0.7%，通膨率和負債率居高不下。

1989年，梅南接任阿方辛後，推行了新自由主義改革。他降低了貿易障礙，開放了市場，對裴隆時代的國有企業實行了徹底的私有化。許多阿根廷人批判他把「整個國家都賣了」。

梅南推行的一個爭議巨大的改革就是金融自由化。他放開了對外資的限制，沒有外匯管制和信用狀；同時，實行釘住美元的固定匯率，阿根廷披索與美元以1：1固定掛鉤。

在三元悖論中，阿根廷選擇了固定匯率、資本自由流通、放棄獨立貨幣政策的組合。

梅南的政策收到了立竿見影的奇效：短短幾年就把高達5000%的通貨膨脹率降為0%，大量外資湧入，國家經濟迅速轉好。

這是因為經濟部長卡瓦略（Domingo Cavallo）找到了控制通膨的辦法，那就是鎖死央行發鈔之手，規定在固定匯率下，阿根廷央行不可以隨意過度發行貨幣，每發行1披索，必須拿1美元外匯存底做抵押。同時，規定政府不得利用央行融資。

梅南任期內是阿根廷經濟自債務危機以來最好的時期，平均成長率達5.8%，被稱為「阿根廷奇蹟」。

但是，到了90年代中後期，隨著美元升息提速，梅南（Carlos Menem）執行的固定匯率弊端開始暴露。

由於披索綁定美元，阿根廷央行的貨幣擴張能力被鎖死，梅南政府不得不向國外大量借債。1999年他下臺時，政府支出已達GDP的28.2%，政府累計外債接近1,500億美元，約為GDP的一半。

2000年阿根廷外債總額達1,462億美元，相當於當年外匯收入的4.7倍，當年還本付息占出口收入的38%。

阿根廷政府不得不向國際貨幣基金組織借錢。後者向阿根廷政府提供了低息（2.6%）貸款，條件是阿根廷政府必須降低財政赤字。

但是，2001年，阿根廷財政赤字再創新高，缺口高達110億美元。

國際貨幣基金組織停止輸血，阿根廷只能賴帳，於當年12月23日宣布停止償付所有公債利息和本金，債務危機再次爆發。

2002年1月，披索大幅度貶值，最高時達75%，通膨率迅速上揚，披索貶值後累積的通膨率最高達80%，大批企業倒閉，失業率高達25%。

為什麼阿根廷無法削減赤字？為什麼債務負擔如此之重？

主要有四個原因：

第一是阿根廷國內的儲蓄率低。

由於長期通膨，披索信用掃地，居民不願意存錢；在梅南開放金融市場後，大量資金流入美國，購置美元資產避險。

據美國財政部2012年的統計，阿根廷4,000萬人口人均持有1,500美元左右，是世界上除了美國之外人均持有美元最多的國家，相比之下，鄰國的巴西人均持有6美元。

第二是披索綁定美元，披索被高估，不利於阿根廷出口製造業發展，阿根廷的工業經濟尚未成長，依然是初級資源出口型經濟。

第三是受固定匯率影響，美元升值時，披索必須跟著升值，在1990年代末出現通縮，嚴重打擊了阿根廷的出口，從而導致出口和外匯萎縮。

1997年亞洲金融風暴、1998年俄羅斯金融危機、1999年巴西金融動盪導致拉美及新興國家貨幣大幅度貶值，而披索卻只能跟著美元升值，重創了阿根廷出口製造業，其債務狀況持續惡化。

第四是阿根廷政府被民粹主義綁架，為了博得民眾支持，各政黨及候選人都大力改善社會福利，導致政府支出不斷增加，債務大幅度攀升。

綜上，阿根廷人過著低儲蓄、高消費、高福利的生活，而堆積如山的債務在美元升值中崩盤，最終壓垮了他們的畸形生活及經濟。

債務危機爆發後，阿根廷在 12 天內更換了 5 位總統。政黨利用民粹主義牟取政治利益，卻沒有人真正為這個國家的前途考慮。

阿根廷人自嘲，造物主看到阿根廷有豐富的資源、清新的空氣和肥沃的土地，就說：「你們不能都拿好的東西，也應該拿點壞的東西。」於是，他就讓阿根廷人得到了一個壞政府。

1998 年，阿根廷的人均 GDP 與韓國差不多，分別為 8,030 美元和 8,600 美元。但 2001 年債務危機爆發後，阿根廷的人均 GDP 與韓國差距越來越大。

2008 年金融危機徹底將潘帕斯雄鷹擊落，阿根廷在 1990 年代的改革成果被持續的債務危機毀掉了。

阿根廷曾經是新自由主義的「改革明星」。如今，很多人將阿根廷經濟崩潰歸咎於新自由主義和市場原教旨主義。事實上，新自由主義抑或是國家干預主義，只不過是阿根廷歷屆政府的政治工具。真正殺死潘帕斯雄鷹的是「灰色的馬」。

2008 年金融危機爆發後，阿根廷左翼政黨上臺，大幅度提升社會福利以博取民眾的支持；同時將能源、鐵路等多領域的外資股份強行國有化，阿根廷的國際貿易環境快速惡化，一度遭到超過 40 個 WTO 成員方以共同宣告抗議。

2015 年，以馬克里為代表的右派政府上臺後，一夜之間開放了外匯管制，外匯大幅度流失。馬克里試圖削減公共服務支出以減少政府債務，卻遭到社會的強烈反對。

2019年，左派的費南德茲擊敗了馬克里，經濟又終成為他們手上的政治玩物。

在肥美的潘帕斯草原，這群封建農場主的後代，曾經過著風吹草低見牛羊的生活，沒有建構一個科學的制度。後來，大蕭條終結了阿根廷人田園牧歌式的生活。從此，阿根廷政局風雲突變，「灰色的馬」利用民粹主義，不斷地攫取自然資源和政治資本，製造了一個個「幽靈」，最終殺死了「潘帕斯雄鷹」。

潘帕斯雄鷹墜落史，似乎是新興國家的一種宿命。由此，筆者更加深刻地體悟到道格拉斯·諾思的自然國與法治國之深意。

參考文獻

[1] J．C。布朗。阿根廷史 [M]。左曉園，譯。上海：東方出版中心，2010。

[2] 保羅·沃克，克里斯蒂娜·哈伯。堅定不移：穩健的貨幣與好的政府 [M]。徐忠，等譯。北京：中信出版社，2019。

艱難之路：新興國家的困境

智利，一個特例

智利是一個特殊的案例。

1973 年，皮諾切特（Augusto Pinochet）發動政變，推翻了阿葉德（Salvador Gossens）的民選政府，智利進入了軍政府時代。軍政府僱傭了一批「芝加哥男孩」推行自由經濟改革，這場改革創造了智利經濟奇蹟。皮諾切特最後將軍政府過渡給了民選政府，實現了智利的經濟自由與政治自由。

一些經濟學家將智利視為自由市場改革的典型案例，皮諾切特式「威權資本主義者」被認為是國家轉型的過渡性方案。

但是，皮諾切特維持了 17 年的軍政府統治，其間他對政治對手的打擊極為殘酷。同時，智利經濟繁榮的另外一面是寡頭經濟與貧富懸殊。一些經濟學家和政治學家常常藉此攻擊皮諾切特，否定自由經濟，嘲諷傅利曼（Milton Friedman）與「芝加哥男孩」。

智利是不是一個成功案例？「威權資本主義者」是不是過渡性方案？

智利的故事遠比以上標籤化的認知更加複雜與精采，本節從經濟學的角度分析智利歷史上三個時期的國家命運演變。

01 阿葉德時代　民主政治與計劃經濟的實驗

智利，在南美是一個特例。與阿根廷、巴西等國不同，智利人的種族構成與宗教信仰單一，絕大多數是西班牙後裔，說西班牙語，幾乎都信仰天主教。

這個國家的地形呈南北狹長帶狀，東西平均跨度不到 200 公里，而

南北跨度達4,800公里,接近中國版圖的南北距離。東面是高聳延綿的安第斯山脈,西面是南太平洋,北面是沙漠。在歷史上,智利的政治高度穩定,受鄰國干預少,歷史包袱輕,民族矛盾少,同時自治文化濃厚——「我們智利人知而自治」。

1960年代,智利已經實行了40多年的民主政治,湧現左翼、右翼與中間派三股勢力。哪個勢力執政,取決於中間派支持哪個勢力。當時,左翼與右翼的矛盾尖銳,政策頗為極端。

1964年大選,中間派的弗雷(Frei Montalva)當選總統。弗雷上臺後進行改革,以政府的名義購買了美國商人手中智利銅礦開發公司51%的股權,大量投資基礎教育與基礎設施,還廢除了莊園制度。但是,中間派執政兩邊不討好,左翼痛斥其太軟弱,右翼卻認為其太激進。加上通膨高企,物資短缺,民眾對弗雷頗為不滿。

1970年大選,中間派失利,左翼的阿葉德以微弱的相對多數票(36%)戰勝了右翼(35%)當選總統。阿葉德出生在政治氛圍濃厚的家庭,其父親是共濟會與激進黨成員。阿葉德信奉左翼思想,長期擔任衛生和社會福利部部長,曾多次參選失敗。這次,阿葉德聯合社會黨、激進黨等左翼政黨,以及中間派基督教民主黨組成人民團結陣線才勉強獲勝。在很多人眼中,他是左翼中的溫和派,希望透過民主而不是暴力的手段達成政治目標。

但是,令人沒想到的是,阿葉德上臺後就來了一頓猛烈的操作。他強行實施計劃經濟,將一批大型工商企業國有化,還將智利銅礦公司全部國有化,沒有支付美方投資者一分錢賠償金;徵收大量土地,實施集體合作社;凍結物價對抗通膨;大量印發鈔票,擴張財政赤字,大幅提升工人薪資;將關稅提升到120%,驅逐外資和外部援助。

阿葉德這頓操作引發了嚴重的經濟災難。大量印鈔推升了原本就很高的通膨，凍結價格打擊供給導致物價更高、物資更短缺。工人名義薪資上漲，但扣除通膨後的實際薪資比弗雷時代更低。

阿葉德原本就基礎不牢固，如今原本為數不多的支持者也走到了他的對立面。人民團結陣線瓦解，中間派紛紛離他而去，左翼勢力中的銅礦工人發起全國大罷工，右翼勢力走上街頭控訴阿葉德，社會秩序混亂，經濟系統崩潰，街頭暴力不斷。

但是，阿葉德並不是一個像斯氏、卡氏、切氏那樣的左翼領導人。他是一位民選總統，不是一個革命者，至少不是一個徹底的革命者。他掌握了政權的合法性，努力維護民主制度和自治傳統。在計劃經濟上，也實施異於蘇聯的中央計劃體系。他讓工程師請來了當時英國著名的控制論專家，打造人類歷史上第一個覆蓋全國的實時經濟資訊網路：Cybersyn。這個系統包含了中央控制和地方自治兩部分。在中央控制室中，阿葉德可以掌握全國各種物價的實時資料數據，並設定了預警機制。這個系統還包含分散式構想，阿葉德試圖發揮地方自治優勢，以更好地調控物價以及分配物資。科技史學家梅迪納將阿葉德定義為「控制論革命者」。

如此，民主政治與計劃經濟神奇地走在了一起。人類歷史上僅此一例，這就是阿葉德時代的特殊性。第二次世界大戰後，歐美一些國家的左翼政黨透過民主方式掌權，如英國的工黨執政，也採取了部分國有化政策，但頂多是進行福利國家建設，均未像阿葉德一樣全盤推翻自由經濟，實施計劃主義。

另外，阿葉德公開宣布要在智利建立一個像古巴一樣的政權。阿葉德與古巴的卡斯楚（Fidel Castro）交往甚密。這讓美國人感到恐懼。要知道，就在 1962 年，蘇聯在古巴部署飛彈，差點將世界推向核戰爭。從此

之後，任何一屆美國總統如果放任美洲再次出現類似古巴這樣的政權，都很可能遭到國會的彈劾。

在弗雷時代，智利與美國關係友好，是拉丁美洲中獲得美國經濟支持最多的國家，而阿葉德上臺後硬生生地為智利製造了一個強大的敵人。

不過，這時最大的危險來自國內。阿葉德的極端政策助長了極左勢力的政治野心，他們對智利的國家軍隊極為不信任，發動革命左翼運動，開始囤積武器，試圖跳過阿葉德發動暴力革命，徹底控制智利的國家政權。執政不到三年的阿葉德面臨一觸即發的政治危機。但是，阿葉德選擇信任軍隊，任命皮諾切特為陸軍總司令，試圖拉攏軍方進入內閣。同時，阿葉德試圖以公民投票的方式決定他的去留，但為時已晚。

1973 年 9 月 11 日凌晨 1 時半，軍人發動政變。早在十天前，海陸空三股勢力就已達成共識，身為陸軍總司令的皮諾切特在最後時刻加入了這場政變。當天午夜，原本在太平洋參加演習的海軍艦艇突然返港，陸軍迅速控制各大城市的警察局、政府、銀行、廣播臺及要害部門。

阿葉德早上 6 時多在私人寓所中獲知政變消息。他拒絕出國避難，帶著總統衛隊前往總統府。阿葉德頭戴鋼盔，手握 AK47 自動步槍進入了總統府辦公室。接著，皮諾切特領導的軍政府委員會釋出公告，勒令阿葉德立即辭去總統職務。但是，阿葉德拒絕了。他在憲法廣場上做了最後的演講，痛斥政變軍隊，堅持抗爭到底。當天中午，政變軍隊攻陷了總統府。悲憤的阿葉德在總統府辦公室用那把 AK47 自殺了。槍托上鑲嵌有黃金，上刻「送給我戰鬥中的朋友和同志，斐代爾·卡斯楚贈」。

阿葉德的政治烏托邦以這種悲壯的方式崩塌了，那個超級資訊網路 Cybersyn 也隨之覆滅。歸根結柢，這一政治與技術試驗失敗的原因在於

對經濟規律的錯誤認知。

當新制度經濟學家寇斯（(Ronald Coase)）、威廉森（Oliver Williamson）肯定計劃調節時，經濟學家們頗為擔心大型企業以及超級電腦會以計劃的方式接管經濟。其實，政府、企業、家庭等組織都採用計劃調節資源，但此計劃與計劃經濟是兩個概念。米塞斯對貨幣計算的解釋是技術性的，更為根本的是計劃經濟是統治經濟，消滅自由與競爭，也就消滅或抑制了人類最為本源的創造力。政府、企業、家庭等組織的計畫效率根本上來自外部競爭，如果外部競爭消失，計劃效率也會消失。今天學界討論的量子電腦的計劃經濟，與阿葉德的烏托邦試驗，都是對人類創造源頭的毀滅。

之後，軍政府接管了智利，智利開始進入皮諾切特時代。在這場政變之前，智利的國家軍隊從來沒有插手過政治事務。當時，中間派、右翼以及大部分市民渴望這場政變終結阿葉德帶來的經濟災難與社會混亂。不誇張地說，這場政變拯救了智利，避免了智利變成古巴式的國家，也避免了一觸即發的內戰。

當時，絕大多數智利人認為，軍政府不過是一個過渡政府，最多等兩三年時間軍政府就會主動將政權還給民選政府，畢竟智利是一個擁有民主傳統與自治文化的國家。

但是，令智利民眾沒有想到的是，這一等就是 17 年。

02　皮諾切特時代　軍政府與自由市場的結合

如何評價這場政變？

阿葉德在執政時的許多錯誤決策，導致國家陷入混亂。但是，阿葉德畢竟是民選總統。這時，到底是透過民主的手段終結阿葉德政府，還

是發動軍事政變？軍隊在什麼情況下可以接管政府？這是憲政主義的一個難題。皮諾切特最初有點猶豫，但最後他選擇了後者。皮諾切特自辯要以摧毀民主的方式來挽救這個國家。這是洛克政治理論中的民眾革命權，還是軍事強人的狡辯？

對皮諾切特更大的爭議，來自長達 17 年的軍政府執政。

軍政府掌權後禁止一切政治活動，關閉議會，取締左翼政治黨派，甚至解散了中立派基督教民主黨，接管了阿葉德讀過的智利大學，任命軍官擔任大學校長。皮諾切特大規模逮捕左翼分子，10 萬人倉皇出逃，一些人逃到南美鄰國與歐洲仍被追殺。到 1976 年，皮諾切特囚禁了 13 萬人，相當於智利總人口的 1%。雖然其中絕大多數被釋放，但仍有數千人被殺害。有人甚至將皮諾切特形容為智利的希特勒。

這是皮諾切特專制與威權的一面，而他的另一面又是自由主義。

皮諾切特必須面對一個嚴峻的難題，即經濟系統崩潰。如何快速降低通膨率？如何解決物資短缺難題？如何促進經濟復甦？

1975 年下半年開始，皮諾切特僱傭了一批年輕的經濟學家，讓他們提供經濟改革政策。這群經濟學家後來被稱為「芝加哥男孩」，他們中多數曾在 1955-1964 年到芝加哥大學受過系統的經濟學訓練，並深受傅利曼自由主義的影響。

傅利曼在這一年出訪過智利，與皮諾切特進行了 45 分鐘的談話。他回到美國後還寫了一封很長的信給皮諾切特，內容主要是對經濟改革的建議。

皮諾切特政府否定了阿葉德時代的計劃經濟，推行自由市場改革。他對大批被阿葉德國有化的企業實行私有化；停止對物價、薪資與物資分配的管控，開放了 2,000 多種商品的價格；停止印刷貨幣來支持政府

財政,將政府預算壓縮20%～25%,裁撤數萬公務員;開放自由市場,解除資本管制,吸收國際投資,將進口關稅從之前的120%降到10%;將阿葉德時代被沒收的財產物歸原主。這一系列方法被稱為「休克療法」,傅利曼的價格理論足以對此作出解釋。

「芝加哥男孩」的政策頗為有效,在短短幾年內,智利的年通膨率從阿葉德時期的600%驟降到6%,物資短缺問題徹底解決。物價平穩後,經濟秩序恢復,價格機制奏效,私人投資增加,經濟快速復甦。從1978年至1981年,經濟成長了32%。皮諾切特還改善了智利與美國的關係,外資投資猛漲,出口也增加,製造業因此得以發展。

繼阿葉德時代之後,智利出現了第二個奇特現象:軍政府與自由市場神奇地走在了一起。在南美、非洲、西亞、中亞一些國家,軍政府、獨裁政府都選擇經濟控制與資源壟斷,以鞏固統治的經濟基礎。那麼,皮諾切特為何要發展自由市場?軍政府中也有強烈的反對者,比如空軍總司令古斯塔沃·雷(Gustavo Leigh),但是皮諾切特還是強勢地推動自由市場改革。這或許與他代表的右翼勢力有關。皮諾切特被認為是典型的右翼獨裁者,政治上獨裁,經濟上自由。這種政治人物,有一個專有稱呼,叫威權資本主義者。

這一矛盾也影響了傅利曼的個人聲譽。美國一些學者抨擊傅利曼支持獨裁者,要求芝加哥大學將其除名。1976年,傅利曼獲得諾貝爾經濟學獎,在頒獎典禮上,有人高呼「打倒智利的資本主義與自由」。

然而,皮諾切特時代的前十年,智利洋溢著繁榮與和平的氣氛。很多人已不再提起阿葉德,轉而支持皮諾切特政府,儘管它是一個軍政府。皮諾切特也趁機鞏固政權的合法性。1980年,軍政府修改憲法,由選民投票決定皮諾切特的總統任期是否延長八年。據說,軍政府嚴

控了這次投票，結果大多數選民支持修憲，同意皮諾切特繼續執政到1988年。

但是，1982年，智利爆發了經濟危機。皮諾切特政府實施了大部分自由化改革，但是唯獨保留了固定匯率（需要說明的是，傅利曼主張自由匯率）。與多數拉丁美洲國家類似，當時智利的披索綁定美元。這一年，聯準會主席沃克大幅提升利率，美元迅速升值，拉爆了綁定美元的他國貨幣，墨西哥、阿根廷等拉丁美洲國家無力償還外債，爆發債務危機，外匯動盪，貨幣貶值。智利的情況稍微好一點，政府赤字相對較低，但披索跟隨美元快速升值，貿易赤字擴大，農業及製造業出口遭遇重創。這時，一些支持者站到了皮諾切特的對立面。

不過，皮諾切特政府向國際貨幣基金組織求援，並推行浮動匯率改革，經濟快速復甦。1982年的拉美債務危機終結了墨西哥、阿根廷、巴西的成長奇蹟，智利是個例外。1984年，智利經濟迅速反彈，此後延續強勁成長態勢，1989年成長率高達9.92％。這就是皮諾切特時代的智利經濟奇蹟。

皮諾切特面臨的另一大挑戰來自美國。美國尼克森、福特、卡特三位總統都支持皮諾切特。但是，到了雷根時代，皮諾切特追殺左翼分子的證據被媒體曝光，其中還有一名智利裔美國合法居民被燒死，美國政府對皮諾切特的態度轉向避嫌、施壓與反目。

1988年皮諾切特再次面臨去留的信任投票。美國政府很早就成立了一個「爭取進步聯盟」，支持拉丁美洲國家的中間派，以推動民主化與自由化改革。這時，這個聯盟發揮了作用。中間派舉辦了大規模的競選宣傳，口號簡單粗暴——「No！」。這場運動被稱為「否決運動」。為了避免像上一次一樣被皮諾切特操縱選舉，反對派們號召了92％的潛在投票

者進行登記，大大提升了投票透明度。

結果，58%的選民給皮諾切特投了否決票，皮諾切特無緣再次延長八年任期。但他接受了這一投票結果，並承諾用一年的時間將政權過渡給民選政府。

1990年大選，大量左翼人士時隔17年從歐美、南美重返智利，他們與中間派聯手，聯合17個大小政黨，成功拿下總統大位，帕特里西奧・艾爾文（Patricio Aylwin）成為後皮諾切特時代的首位民選總統。

後皮諾切特時代，左翼與中間派可謂大獲全勝。繼1990年後，他們在1993年、2000年和2006年連續拿下三場大選。其中，2006年大選中獲勝的總統是社會黨的巴舍萊（Michelle Bachelet）──智利首位女性總統。她的父親是一位將軍，曾被皮諾切特的軍政府囚禁，所以，她的角色有點像緬甸的昂山素季。

奪得政權後，他們會復仇嗎？

03　全民智利時代　政治自由與經濟寡頭的鬥爭

後皮諾切特時代，智利是否會重回阿葉德時代，重回那個意識形態激烈鬥爭的動盪時代？

在整個1990年代，這種擔憂就像一種政治陰霾一直籠罩著智利社會。

民選政府執政後不得不面對兩大皮氏遺產：一是經濟遺產，主要是經濟寡頭與貧富懸殊；二是政治遺產。如何處理這兩大遺產，決定著智利的國家前途。

我們先看經濟遺產。是否全面否定皮諾切特的自由經濟？是否重新

回到阿葉德的計畫模式？是否中斷智利與美國的經貿關係？

1982年經濟危機時，智利各界對這些問題還存在相當的爭議，但到了1990年，民選政府已有明確的答案。這是由當時的國際局勢決定的。

1990年前後，蘇聯解體，東歐劇變，一個巨大的陣營瓦解。政治學家法蘭西斯・福山（Francis Fukuyama）宣告「歷史的終結」，智利已經沒有選邊站的機會了，重掌政權的左翼政黨不得不放棄阿葉德時代及激進派的極端意識形態鬥爭。同時，大量從東歐返回智利的左翼親眼看到了極端政治路線的國家命運，而另外一些從英國回來的左翼看到了工黨在英國執政的成功經驗——費邊主義主張以民主獲取政權，進而建設福利國家。

民選政府的壓力來自國內嚴重的貧富懸殊。在一些人看來，貧富懸殊是皮氏失敗的證據，他們以此來諷刺「芝加哥男孩」，否定自由經濟，甚至將智利貼上自由主義的標籤，與失敗的南美自由主義畫等號。

問題是：貧富懸殊是怎麼造成的？是自由經濟造成的，還是軍政府製造的？

自由經濟之下是看得見的貧富差距，人們常以貧富差距來攻擊或否定自由經濟。自由市場主張以機會公平的方式激發人的才能，而人的才能存有差異，由此導致出不均等的財富結果。但是，財富不均等不一定是不公平。機會公平即結果公平，儘管結果是財富不均等。反過來說，財富均等是不是一種公平？財富均等是不是一種更有效率的制度？

但是，皮諾切特治下的智利經濟確實存在問題，主要是寡頭經濟與法治不公。軍政府保護寡頭經濟，官商勾結，政治腐敗；對勞動者的權益缺乏保護，公共資源短缺，社會福利不足，導致勞資收入差距擴大化。智利的貧富差距主要來自軍政府時代的制度問題。

民選政府比一些經濟學家更加明智，他們堅持維護能為社會與民眾

創造財富的自由市場，同時效仿英國的工黨，改革軍政府時代的制度，保護勞動者權益，提升國家福利水準。資料顯示，智利貧困人口比例在皮諾切特執政最後一年是24%，到2003年下降到5%。

另一大皮諾切特時代的遺產是政治遺產。是否清算皮諾切特，審判軍政府時代的暴行？

民選政府並非不想清算皮諾切特，事實上他們也有所行動。皮諾切特下臺後先後遭到了300多次起訴，甚至被剝奪終身參議員所享有的豁免權。民選政府組織了一個「國家真相與和解委員會」調查軍政府的暴行，公開了3,200人被殺害或「被消失」的事實。當年的施暴者，有數十人被審判，其中軍政府的情報局局長被判處526年監禁。皮諾切特的妻子和4個女兒也遭到調查。

1998年，皮諾切特以私人身分出訪英國，被英國警方拘禁，理由是西班牙法官指控他在執政期間涉嫌殺害西班牙人和西班牙後裔，希望英國警方將其引渡到西班牙受審。此後，皮諾切特被軟禁在倫敦一個寓所長達一年多，最終英國政府以健康為由將其釋放。直到2006年去世，皮諾切特也未真正受到任何審判。

實際上，左翼與中間派勢力長期忌憚皮諾切特，擔心軍隊二次政變。

在1988年那場選舉中，皮諾切特雖然失利了，但是依然有42%的支持者。老辣的皮諾切特留下了一些「政治遺產」保護自己平安「落地」。他保留了陸軍總司令的職位，保持著對軍隊的控制權，並將銅礦公司每年10%的銷售額充當軍事費用。1998年，皮諾切特卸任陸軍總司令後，獲得了終身參議員的身分。皮諾切特還在下臺前提升了修憲的難度，民選政府難以修訂憲法徹底消除皮諾切特政治遺產。

這種權力的賽局，影響了民選政府推進公平性改革，但也推進了政

權的平穩過渡,延續了經濟高成長。從1984年到2007年,智利經濟與美國經濟一樣維持了長達10多年的景氣週期。智利沒有陷入拉美式危機和中等收入陷阱。

2010年大選,右翼政黨才贏得執政機會,2014年左翼的巴舍萊再度掌權,2018年政權再度回到右翼政黨。左右翼政黨交替執政,逐漸走出阿葉德與皮諾切特的政治陰影。民選政府打出的口號是「全民的智利」,不是阿葉德的智利,也不是皮諾切特的智利。

2019年10月,智利決定將早晚尖峰時間地鐵票價由800智利披索漲至830智利披索,智利隨即爆發大規模示威,動亂持續數日。

這場動亂說明智利並不完美(公共福利不足),但足夠幸運(政治自由)。擁有政治自由的智利人在政治賽局中逐漸向公民國家回歸。

如何評價皮諾切特?

皮諾切特在卸任時說過:「我接手的是一個滿目瘡痍的國家,而移交的是一個具有堅實基礎、旺盛未來的國家。」

如今,智利依然是南美發展最好的經濟體、個人所得最高的國家,也是經濟最穩定的國家。智利經濟奇蹟是對皮諾切特的肯定,但是軍政府的殘暴又是其不可抹去的另一面。時至今日,智利人對皮諾切特的評價依然是兩極化的。人們將皮諾切特式人物定義為威權資本主義者。

一個威權資本主義者,是不是一個國家通向自由市場與民主政治的過渡方案?

對皮諾切特的支持,被認為是傅利曼職業生涯的汙點。傅利曼試圖辯解,認為皮諾切特避免了智利落入國家悲劇 —— 極權主義與饑荒災難,而支持皮諾切特的邏輯是他在1962年《資本主義與自由》(*Capitalism and Freedom*)中探討的「經濟自由與政治自由的關係」,即「經濟自由本

身是一個目的。其次,經濟自由也是達到政治自由的一個不可缺少的手段」。也就是說,只要持續開放經濟,推動經濟自由,增強市場力量,包括大量企業主與日漸壯大的中產,進而推動法治進步,最終就能達成政治民主。這就是卡爾多-希克斯效率向帕雷托效率遞進的過程。

哈耶克(Friedrich Hayek)是以威權資本主義者作為過渡方案的更為激進的支持者。與歐洲傳統貴族學者(托克維爾等)的思想類似,哈耶克忌憚民主,崇尚自由,反對民粹主義與極權主義,主張自由民主制,即受法律制約的民主。

1977年,皮諾切特邀請哈耶克前往智利,在20分鐘的會晤中,哈耶克強調了強而有力領導的必要性,尤其是在危急時刻。哈耶克當然不會支持獨裁統治,但他認為一個國家在向自由經濟過渡時期實施「臨時」獨裁可能是有必要的。他對媒體說:「我們將目睹從獨裁政府到自由政府的過渡,這對南美,如智利是有效的。」

除了皮諾切特,哈耶克還列舉了一些威權資本主義者的名字,如葡萄牙的安東尼・薩拉查(António Salazar)、英格蘭的克倫威爾(Oliver Cromwell)、西德的康拉德・艾德諾(Konrad Adenauer)和艾哈德(Ludwig Erhard)。類似的人物,還有英格蘭的伊莉莎白一世(Elizabeth I)、德意志的德皇威廉一世(Wilhelm I)與俾斯麥(Otto von Bismarck)、新加坡的李光耀、西班牙的弗朗哥(Francisco Franco)與韓國的朴正熙。

智利的皮諾切特與韓國的朴正熙具有諸多相似之處,他們都是依靠政變上臺的軍事強人。他們都推行經濟改革,發展自由市場與對外貿易,創造了經濟奇蹟。幾乎在同一時期,即1988年,這兩國的軍政府都失去了政權。從軍政府過渡到民選政府後,兩國的經濟依然維持著持續的成長,民選總統與寡頭勢力持續鬥爭。

但是,將一個國家的前途寄託於威權資本主義者,在政治上是不成熟的,在邏輯上是不可靠的。威權資本主義者,作為轉軌型國家的過渡方案,只是經驗之談,並不是一種經濟學或政治學理論。

經驗並非沒有參考價值,只是具有偶然性、不確定性與不可靠性。威權資本主義者的成功,依賴於諸多不可複製的條件,如國際時局、地緣政治、領導意志、本國與美國的關係等。即便如此,威權資本主義者千人千面,李光耀、朴正熙與皮諾切特最終的命運均不一樣,他們的國家前途與民眾福祉也差異巨大。

更糟糕的是,人們根本無法定義與辨識真正的威權資本主義者,這些政治強人以經濟服務於政治,並且半途而廢。遠一點的,德皇威廉一世與俾斯麥發動了三次王朝戰爭,德皇二世開動國家機器發動了第一次世界大戰,德國希特勒與日本王室則發動了第二次世界大戰。近一點的,白俄羅斯的盧卡申科(Alexander Lukashenko)、俄羅斯的普丁(Vladimir Putin)、泰國的王室與軍人集團、沙烏地阿拉伯的王室與石油集團,以及印尼和緬甸的軍政府,他們使國家與民眾的命運擱淺在江河之中。

皮諾切特親手毀了民主與憲政,17 年後又將國家的命運交還給了民主與憲政。這是智利這個國家的皮諾切特的時代遺產,但不是國家轉型的政治遺產。推崇威權資本主義者,與盲目否定智利的自由經濟一樣,都是危險的。

後來,傅利曼在其回憶錄《兩個幸運的人》(Two Lucky People)第 24 章「智利」中指出:「智利的情況是一個例外而不是遵從規律的產物。」他預言:「自由市場經濟不可能持久,除非軍政府被一個信奉自由的民選政府所替代⋯⋯」

智利,是幸運的。

參考文獻

[1] 賈雷德‧戴蒙德。劇變 [M]。曾楚媛，譯。北京：中信出版社，2020。

[2] 伊登‧梅迪納。控制論革命者 [M]。熊節，譯。上海：華東師範大學出版社，2020。

[3] 米爾頓‧傅利曼。資本主義與自由 [M]。張瑞玉，譯。北京：商務印書館，2004。

[4] 米爾頓‧傅利曼、羅斯‧傅利曼。兩個幸運的人 [M]。韓莉、韓曉雯，譯。北京：中信出版社，2004。

泰王的新衣

「我們不需要一個留在德國的國王!」

在曼谷街頭,泰國學生軍團高舉三指手勢,與身穿黃色衣服的保王派激烈鬥爭,甚至爆發流血衝突。總理巴育借疫情順勢推出集會禁令,同時禁止媒體釋出威脅言論。此舉激起群眾憤怒,引發了更大規模的遊行示威。

這一畫面,在泰國過去80多年的街頭政治劇幕上反覆出現。

但是,這次或許不一樣。

學生軍團將鬥爭矛頭從政府轉向國王。抗議群眾發出反國王言論:「泰國不屬於國王。」當皇家轎車前往曼谷大皇宮時,示威群眾不但不行跪拜禮,還大聲辱罵王後。

這是老國王時代從未有過的。

泰國一直保留著《褻瀆王室法》,辱罵國王及王室成員將被判處最高15年的徒刑。在每一個泰國人心中,老國王蒲美蓬·阿杜德是君主立憲制下勤政愛民的「聖君」,保王派及黃衫軍團誓死捍衛王室威嚴及利益。

然而,新國王瑪哈·瓦吉拉隆功繼位以來,比起他的政治作為,國民更關注他風流的私生活。他還貪戀錢財,擴張王權,介入大選,甚至將寵物狗封為泰國的「空軍元帥」。

2021年新冠肺炎疫情重創泰國旅遊業,瓦吉拉隆功居然長居德國躲避,組建20人「後宮團」,這一度成為泰國王室最大的醜聞。

「這樣的國王,留著有甚麼用?」

示威者改喊「人民萬歲」,提出解散國會、限制王權、修改憲法、取

消君主免控權、分解王室財產等政治訴求。

80多年前，經濟大蕭條終結了曼谷王朝的絕對王權；大疫之年，十世而亡？

本節以近80年泰國政治史為主線，探討泰國國家現代化。

01　平靜的革命

1932年6月24日上午，在華欣的海濱聖地，泰王巴差提朴（拉瑪七世）與王后拉拜以及兩名政府官員正在打高爾夫球。這時，一名宮廷官員行色匆匆，穿越球場向他們走來。拉瑪七世在這個皇家高爾夫球場第八洞，意識到他的王朝即將崩塌。

曼谷爆發革命！叛黨已經占領了首都的部分地區，將大部分親王扣為人質。叛黨由軍官及改革派官員組成，他們發表了一篇宣言，譴責泰王專制暴政：

「國王的政府將人民視為奴隸與豬狗，沒有將他們視為人類。也因此，政府沒有幫助人民，只知欺壓人民。大家都看得到，國王每年從人民身上榨取數以百萬計的錢，供他個人揮霍⋯⋯「國王一直謊稱國家是他的，但全國的人們，你們應該知道我們的國家是人民的，不是國王的。」

得知叛亂消息，拉瑪七世顯得異常淡定，他轉身對拉拜王后說：「你看吧，我早就告訴妳了。」並讓她打完這一洞再走。

其實，叛黨只有70個主要人物和幾百名士兵，他們只是控制了幾座重要的大樓和約40名人質。整個過程中，沒有人員傷亡，沒有流血事件，但卻「使一個建了一百五十年的王朝在短短幾小時之間就面臨土崩瓦解的厄運」。

這其實是一場典型的泰式革命。「在整個暹羅（泰國舊稱）史上，統

治者一般不靠蠻力，而是用建立較優越法統的方式取得象徵性勝利，從而解決衝突。」幾百年來，泰國的政治衝突一直保留這種傳統，即權力的競爭甚於殘暴的白刃戰。

泰王為何喪失權力？

19世紀，與東亞諸國的命運類似，暹羅面臨西方列強的入侵。西方殖民主義裹挾的民主政治，對王權的權力構成了威脅。

泰國王室的求生欲極強，拉瑪四世開始穿著西式服飾，在國際外交上行西方禮儀，以示王室開明、開放、與國際接軌的姿態。為了打消西方對獨裁王權的擔憂，拉瑪四世甚至杜撰了一塊神祕的石碑。這塊石碑將泰王朝描述成一個民主政體，人民只要搖一下宮外的鈴，國王就會出來替他們解決問題。在西元1855年的自由貿易談判中，他將這塊石碑的譯本交給英國駐香港總督，以博好感。

但是，「國王的新衣」還是被拆穿，西元1870年拉瑪五世不得不推行現代化改革，史稱朱拉隆功改革。他割讓馬來半島四個邦給英國，放棄邊疆統治權，以確保王權的獨立。西元1885年，日人村島奏請泰王推行立憲改革，內容包括「將絕對王權改為立憲王權」、「建立內閣系統」、「提倡法律面前人人平等」、「提倡言論自由」等九條。

拉瑪五世大力推行改革，包括廢除徭役制度和奴隸制度，發展資本主義經濟，同時他還將子女及官員送往西方國家接受教育。但是，拉瑪五世拒絕王權改革。朱拉隆功改革足夠偉大，在相當程度上阻止了西方列強殖民泰國。泰國是中南半島唯一未被殖民的國家。這被認為是泰國王室的卓越功績——保衛戰爭（力量）是君權權力來源之一。但朱拉隆功改革本質依然是以西方之器鞏固暹羅之本，「改變是為了阻止改變」。

朱拉隆功的繼承人拉瑪六世，曾在英國皇家軍事學院和牛津大學接

受教育。他一副英國紳士形象，大談言論自由，但極力維護王權。拉瑪六世領悟了王權統治的最高靈魂，那就是神祕主義。他在炮製的理論中將國王等同於國家，以混淆視聽，維護王權的權力。

拉瑪六世還是一個不錯的演員，他在曼谷北部建設了一個巨大的「玩具城」。這其實是一個政治劇場，裡面有國會、法院、銀行、宮殿、運河等。他還在劇中扮演了一名平凡的政治人物。如此，王室錢財也被這位業餘演員揮霍一空。這印證了思想家托克維爾（Alexis de Tocqueville）那句話：「對於一個壞政府來說，最危險的時刻通常就是它開始改革的時刻。」

等到拉瑪七世接手泰國時，泰國已是一個爛攤子。拉瑪七世以現代政治人物自居，穿著西裝，平時打高爾夫球，不談王權神祕主義。不幸的是，他上臺沒幾年，歐美世界就爆發了大蕭條，泰國遭受波及，民眾處境堪憂，菁英階層反叛。

主導政變的政治菁英，組建了一個黨派叫人民黨。當時人民黨的成員大多數是泰王在1920年資助留學巴黎的學生。這群學生接受了新思想，回國後擔任軍官及政府官員。當時的王權統治已經岌岌可危，年輕軍官們揭竿而起，曼谷王朝大勢已去。

這次革命直接挑戰了王權的權力，他們聲稱國家主權來自人民，而不是王室。

拉瑪七世為了保留最後的權力，發表聲明稱：「事實上，我們早就在計劃建立君主立憲，人民黨這次的作為非常正確，也獲得我們的支持。」

國王與人民黨開始合作，建立君主立憲制。

1932年頒布的臨時憲法明確泰王是「世界上最偉大的權」，是「聲名遠播的神的轉世」，而且聲稱「這塊土地的最高權力為全民所有」，

但人民黨卻狡辯說，為了有時間讓人民接受教育，以做好民主政治的準備，全面民選的政府要等十年以後才能建立。

這是不是泰國的格林威治時間？

人類社會可以分為前格林威治時間和後格林威治時間，前是指自然狀態，後是指法治狀態。王在法下，是現代國家進入格林威治時間的象徵。英國在西元 1689 年通過《權利法案》，限制王權，實施君主立憲制。英國歷史學家湯瑪士・麥考利（Thomas Macaulay）在其《詹姆斯二世起的英格蘭史》(The History of England from the Accession of James II) 一書中盛讚光榮革命是最成功的妥協，是一次幸福革命，而且是最後一次革命。

不過，泰國顯然沒有這麼幸運。這是一場未完成的革命。泰國雖有憲法，但沒有真正的憲政。泰國憲法沒有真正解決權力來源的根本性問題。泰王丟了江山，但是人民並未主導政權。其中，最大的漏洞是泰國的軍隊非國家化。軍人集團奪走了國王的政權，但並未將其交給人民，這是泰國國家現代化程序中一道極難踰越的坎。

此後，國王（保王黨）、軍人集團（寡頭）與民選政府（人民）三股勢力來回爭奪政權的權力。這是泰國 80 多年國家現代化的主線。

《曼谷每日郵報》這樣描述這場革命：「曼谷今早晨起，發現立國一百五十年來最重大的一次政治事件，已經毫無預警地在黎明前幾小時悄然發生……除了五世宮殿與大皇宮附近有零星民眾以外，一切彷彿風平浪靜，不見半點騷動……」

02　強人的衝擊

拉瑪七世曾密謀反擊，預計在人民黨革命一週年當天逮捕所有成員。但是，因消息走漏，人民黨在 4 天前率先動手，與保王派發生軍事

衝突。反擊失敗後，拉瑪七世以治療眼疾為由前往英國，兩年後在暹羅駐倫敦大使館宣布退位。

1946年6月9日上午，曼谷大皇宮的國王寢宮傳出一聲槍聲，年僅20歲的拉瑪八世頭部中彈身亡。拉瑪八世的死，一直是泰國政治史上的一個謎團。泰國政府對外稱，拉瑪八世把玩手槍時不慎射殺自己。

拉瑪八世9歲繼位，其在位11年間，泰國政權被以鑾披汶·頌堪為首的軍人集團把持。鑾披汶是一名華裔，祖籍廣東潮汕，是泰國史上頗有爭議的政治人物。他出身貧寒，但勤奮好學，在1924年以第一名的成績獲得了去法國楓丹白露軍事學院學習的機會。鑾披汶回國後創立了人民黨，成為該黨六大元老之一。

在1932年的軍事政變成功後，他先後擔任了國防部長、陸軍總司令，並在1938年以壓倒性的選票優勢成為泰國總理。但是，鑾披汶組建的是軍政府，25個內閣成員中有15名是軍人。同時，他上臺第一個月就逮捕了40位政敵，並透過國會投票處死了18人。保王黨四次刺殺鑾披汶都未能成功。

鑾披汶是一個民族主義者，他在1939年廢除了古老的國號暹羅，改為泰國。「泰」在泰語中的意思是自由、獨立。但是，鑾披汶的本意是試圖建立大泰族主義，將「3,000萬有泰族血統的人」全都聯合在「大泰國」之內。雖然鑾披汶是華裔，但他打壓華人，推行民族主義。

1941年12月7日晚上（夏威夷時間為6日），日本大使坪上在使館內設宴邀請泰國政商名流，泰國內閣及國會要員到場，但鑾披汶不在其中。宴會舉行到半夜時，坪上突然關閉使館大門，將泰國的達官顯要全都扣留在使館內，逼迫泰國政府允許其軍隊進駐本土。

第二天清晨，日本海軍偷襲珍珠港，向美國宣戰。幾乎在同一時

間，日軍第15軍團主力越過法屬印度與泰國的邊境，旨在於中南半島打開一條陸路通道。

鑾披汶聞訊趕回曼谷，答應日方要求。鑾披汶與日本大使簽署了攻守同盟協定。日泰結盟一個月後，泰國對英、美宣戰。

泰國為何會倒向日本？

這與鑾披汶長期貫徹的民族主義直接相關。泰國是東南亞唯一一個沒有被西方殖民的國家。但是，長期以來，上至國王下至民眾都對西方殖民心懷恐懼，對西方技術及文化警惕且敬畏。如今，泰國與日本結盟，痛擊英美，收復被割讓的四個邦，主動征戰緬甸，這些讓泰國民族情緒爆棚，鑾披汶聲望鼎盛。

但是兩年後，日本戰局不利，鑾披汶本打算「狡兔三窟」，他跟參謀部長說：「哪一方在戰爭中潰敗，哪一方就是我們的敵人。」

1944年7月，日本東條英機下臺。十多天後，鑾披汶被迫辭去了泰國總理和陸軍司令職位。國會重新選舉了寬‧阿派旺擔任總理。日本投降後，鑾披汶被捕，被列為甲級戰犯。

第二次世界大戰結束後，泰國人極為擔憂泰國的命運。最大的恐懼來自盟軍的制裁。英國是否會像美國接管日本一樣接管泰國？

有趣的是，這時的泰國政府正處在一個權力真空期。

1946年4月，泰國最高法院將鑾披汶無罪釋放。6月，拉瑪八世意外死亡，年僅19歲的蒲美蓬‧阿杜德繼位。這時，自由泰政府把持著泰國的政權，是自由泰政府在關鍵時刻挽救了泰國。

當泰國向美國宣戰時，社尼‧巴莫等民主黨人在美國、英國建立自由泰政府，比裡‧帕儂榮則與國外的自由泰人運動聯合，在國內組織地

下抗日運動。第二次世界大戰結束後，社尼、比裡等控制了泰國政權，博取了美英的同情。

但是，自由泰政府缺乏政治經驗，剛繼位的國王又過於年輕，這給了鑾披汶捲土重來的機會。

1947年11月，鑾披汶與沙立·他那叻等組織的軍人集團政變成功。為了降低阻力，軍人集團開始只讓鑾披汶擔任國防部長，繼續讓寬擔任總理。1948年春，寬試圖修改憲法，以限制軍人的權力。這時，軍人集團又發動政變，寬下臺，鑾披汶再次出任總理。

英國原本想嚴懲泰國和鑾披汶，但是冷戰救了泰國。冷戰爆發後，美國需要一個穩定的泰國和政治強人，穩住中南半島，以抵制蘇聯集團南下。鑾披汶因此得以重回政治中心。

但是，軍人集團內部出現嚴重分裂，政變頻發。最猛烈的一次是1951年的海軍政變。海軍利用一次慶祝活動扣留了鑾披汶，以此逼迫鑾披汶集團交出權力。但是，海軍這招「挾天子」失敗了。

第二天，沙立不顧鑾披汶安全，調集陸軍、空軍與警察同海軍作戰。空軍甚至擊沉了囚禁鑾披汶的「室利·阿育陀耶」號軍艦，鑾披汶泅水而逃。這是泰國歷史上極為罕見的流血政變，造成了1,200多人死亡。

此次政變後，鑾披汶逐漸喪失了政治權力。但是，不甘失敗的鑾披汶試圖另起爐灶重新奪權。他在1955年推動國會開放黨禁，並組建了瑪蘭卡西自由黨。他還在第二年推動國會通過《選舉法》，以加強國會權威。

鑾披汶試圖透過瑪蘭卡西自由黨控制下議院。但是，在1957年的大選中，鑾披汶默許瑪蘭卡西自由黨舞弊和竄改選票，「骯髒的選舉」引發了國內騷亂，而負責維持秩序的沙立縱容了騷亂。無奈之下，鑾披汶扶

持海軍及左翼軍人,並試圖與蘇聯集團聯合。這導致美國徹底放棄了鑾披汶,轉而扶持沙立。沙立成立極右翼基民盟,發動了一場政變,鑾披汶被迫逃亡日本,從此退出了歷史舞臺。

在泰國走接二連三的政變史上,鑾披汶是鮮有能夠留下歷史印記的政治強人。這位政治強人最大的作用是衝擊了曼谷王朝的絕對王權。政治強人倒下後,泰王逐漸回歸。

03　國王的新衣

蒲美蓬·阿杜德(拉瑪九世)在繼位後返回瑞士繼續完成他的學業。這位年輕的新王剛繼位就參與了一次重要的政變。

拉瑪八世意外死亡,保王派指責民選政府隱瞞國王的死因,在國內掀起風浪。1947年,軍人集團乘機發動政變,鑾披汶重回政治舞臺。這場政變是軍人集團與拉瑪九世的首次合作。蒲美蓬在洛桑發表聲明,表示支持這次政變。此次政變摧毀了民選政府,相當於否定了「權力來自人民」的權力,代表民眾利益的自由派勢力從此一蹶不振。

蒲美蓬的第一次出手,是其70年行使王權的一個縮影。民選政府的權力,是泰王和軍人集團的共同威脅。因此,一旦自由派和民選政府抬頭,二者便聯合打壓。而在自由派和民選政府被打趴下後,二者便相互爭鬥。

1949年,保王派率先動手,其成立的民主黨控制著上議院,並透過國會頒布了新憲法。這個憲法規定上議院議員由國王任命,還賦予了上議院拖延立法的權力。國王還有權直接頒布法律,再交由國會討論。這部憲法被認為是保王憲法。

1951年11月,就在蒲美蓬國王重返泰國正式親政的前幾天,鑾披汶

突然下令解散國會，並且廢止了保王憲法。

鑾披汶過於老辣，而蒲美蓬過於稚嫩，國王不是軍人的對手。但是，1957年沙令政變給了蒲美蓬國王機會。沙立的政變計畫預先獲得了保王派的贊同，蒲美蓬國王迅速表態支持沙令。政治觀察家沙克‧恰拉提那指出：「蒲美蓬與軍方的夥伴關係，就從這時起成為二次大戰後泰國歷史的主軸。」

沙立及其繼任者主導的軍政府極為昏庸腐敗。沙立在1963年去世後，家族遺產爭鬥導致他的貪腐帳冊曝光。他侵吞國有資產超過1.4億美元，控制至少四五家大型公司，還養了幾十個情婦。

從1960年代開始，政治腐敗嚴重侵蝕了泰國社會，黑幫、毒品、色情、汙染氾濫，城市烏煙瘴氣，農村極度貧困。但這些給了蒲美蓬國王翻身的機會。蒲美蓬國王沒有了軍權、政權，其唯一可用的便是曼谷王朝延續下來的國王威望。跪久了的泰國民眾有一種期盼明君的思想。經濟學家湯瑪斯‧索維爾（Thomas Sowell）戳中了其中的要害：

「如果世上的任何不便，都成為向某些『救世主』讓渡更多權力的理由，那麼，自由就會被侵蝕殆盡。」

這時，泰王就是苦難民眾心中的救世主。從60年代到80年代，蒲美蓬國王幾乎走遍了泰國的鄉野。有些年分，他在鄉下待的時間長達半年之久。蒲美蓬國王跋涉鄉野，穿越田間，幫助村民解決問題，這些早已是泰國電視上、報紙上的常見畫面。泰王儼然成為泰國民眾心中勤政愛民的「明君」。

但是，這位「明君」似乎沒能阻止泰國社會沉淪。

1971年，軍政府在博他侖省製造了「反共大屠殺」。軍政府逮捕了數以千計的村民，經拷問處死，放進裝滿汽油的大油桶中焚燒，許多村民

還沒死就被丟了進去。

1973年10月，軍政府逮捕了十三名學運分子，徹底引爆了泰國民主浪潮。10月13日，走上曼谷街頭的示威群眾多達50萬——這是泰國史上規模最大的示威遊行，他們強烈要求軍政府下臺。

第二天，蒲美蓬國王出面調解，軍政府迫於壓力下臺。這是泰國歷史上極為重要的民主事件。蒲美蓬國王的威望也因此達到巔峰，泰王成了真正拯救民眾於水火的明君。

不過，令泰王感到擔憂的是，民眾的勝利相當程度上壯大了自由派和民選政府的力量。學運、民運人士組成的自由派的政治訴求突破了泰王的底線。他們與保王派、軍人集團展開激烈角逐，造成了1970年代泰國政局的混亂。1976年，泰國政法大學學生公然辱罵泰王。而泰國保留了《褻瀆王室法》，褻瀆國王及王室成員者將遭嚴懲。當局隨即以某黨分子之名製造了大屠殺事件。

大屠殺事件導致民選政府下臺，保王派扶持的政權很快又被軍人集團發動政變推翻。經過了混亂的70年代，到了80年代，保王派「首席軍師」炳・廷素拉暖掌控了局面，執政長達八年。

這時的泰王不再是英式君主立憲制下的國王——那個威而不強的國家吉祥物。泰王有三大力量：一是《褻瀆王室法》保護的「明君」威望；二是保王黨控制的上議院以及扶持的親王政府；三是數以億計的王室資產。王室財團是泰國最大的公司集團，資產包括大量的土地所有權、泰國商業銀行及幾百家公司。在80年代泰國政治力量中，泰王及保王黨第一，軍人集團第二，自由派第三。

從80年代開始，伴隨著歐美技術遷移，以出口為導向的泰國經濟迎來了持續高速成長。旅遊、農產品出口、電子工業及汽車產業快速興

起，泰國也被譽為「亞洲四小虎」之首。但這波經濟繁榮的背後是一個個官僚資本主義集團。

炳因官僚鉅額貪腐案頻發引發民眾不滿，不得不在 1988 年辭去總理職務。他的繼任者依然未能改變國內的官僚貪腐狀況。

1991 年，蘇欽達領導軍人集團發動政變，並草擬了新憲法，試圖以憲法鞏固軍人政治。11 月 19 日，7 萬多民眾走上街頭抗議新憲法。這次運動的主力軍是中產階級。當時的民調顯示，在 31 萬受訪者中，98.8% 的人反對新憲法。

但是在第二年的國會大選中，軍人集團獲得多數席位，蘇欽達出任總理，並將一些「問題官員」納入內閣。泰國中產階級極為憤怒，20 萬人湧上街頭，並與警方發生正面衝突。警方甚至開槍，打死了幾名示威者。這讓示威群眾更加憤怒，他們點燃了公共汽車和政府大樓。軍隊向 3 萬多群眾開火，造成 30 人死亡，並逮捕了幾千名群眾。

泰國陷入「黑色五月風暴」，這時很多人都在等待一位扭轉乾坤的人出手。

1992 年 5 月 20 日上午 9 時 30 分，泰國電視播出一則新聞。畫面中，蒲美蓬國王身穿暗色西裝，坐在一張沙發上，兩個人先匍匐在國王腳邊，之後畢恭畢敬地跪在地上，聽國王說教。其中一個是蘇欽達，另一個是群眾示威的領袖占隆。

這則新聞很快被世界各國電視臺轉播，而泰國的政局危機也就此化解。

泰王第二次挽救國家於危難，就連西方媒體也對蒲美蓬國王的政治威望及公正無私的立場讚不絕口。

危急之時，國王是政治的最後仲裁者，似乎成了泰國社會約定俗成的規則。此事件發生後，不僅是農民、底層民眾，就連城市中產階級也將蒲美蓬國王視為泰國的守護神，視為對抗軍人和大資本家的民主象徵。

神話又一次戰勝了現實，也又一次掩蓋了問題、拖延了矛盾。泰國民眾很清楚，如果不能維護國會的權力，泰國的政變永遠不會停歇。但是，泰王的介入與調停，壓制了民眾憲政改革的期望。蒲美蓬國王對此事件發表演說稱：「妥協與團結，比運用從外國進口的民主觀念、創一部理想的憲法更為重要。」

身為泰國政治的最後仲裁者，蒲美蓬國王已經將國家的權力據為己有。在君權學說中，國王權力最高源於神祕主義，即君權神授。在這個信奉佛教的國度，幾乎每個家庭都將蒲美蓬國王奉為神明。國王等同於國家，等同於民族，等同於神明。反對保王派，就等於反對國王，就等於反對泰國。這就是神祕主義的統治力，也是國王的新衣。

《褻瀆王室法》是國王權力的一面保護盾。它為泰國社會製造了一個沉默的黑洞和聒噪的舞臺，扭曲了泰國的歷史敘事和現實政治。國王對「褻瀆」的理解囊括三個層次：含沙射影、內心非議和不鼓掌。一位專欄作家寫了一句「在這塊盲人的土地，獨眼人是國王」，結果被判刑四年（蒲美蓬國王因車禍右眼失明）。泰國的小學教科書教導每個學生：「自古以來，泰國國王就都是憂國憂民、愛民如子的賢君⋯⋯我們因此應該永遠崇敬王室。」

蒲美蓬勤政近七十載，可謂盛裝加身，他為國王確立了一個聖君神明的合理統治權。繼承人能否延續這一權力？

04　泰國的前途

事實上，蒲美蓬國王一直為繼承人問題苦惱。老國王唯一的兒子瑪哈·瓦吉拉隆功是王儲，但他的政治才能極為平庸。老國王的女兒瑪哈·扎克里·詩琳通公主精明能幹，是女王儲，也有王位繼承權。在蒲美蓬晚年，幾乎所有的泰國政治力量都捲入了繼承人爭奪戰中。這也導致了泰國王室的分化。保王派的舊部支持女王儲，國王分居20年的王後及新勢力則支持王儲。老國王內心裡支持王儲，但恨其不成器，擔心十世而亡，遲遲不敢退位。

塔克辛也加入了這場繼承人爭奪戰。塔克辛出身於華裔富商家庭，成立了泰愛泰黨，並在2001年國會大選中大獲全勝。塔克辛是泰國史上最深得民心的民選總統。

如何理解塔克辛的崛起？

其實，塔克辛的成功，是泰國王權政治「苟延殘喘」的結果。

自1992年蒲美蓬國王調停後，泰國十多年沒有發生軍事政變。

在國王的權力平衡下，軍人集團與保王派達成了持久的默契。經濟延續著80年代的漲勢，但沒有人意識到泰國經濟正處於崩潰的邊緣。

1997年7月，泰銖暴跌，金融危機爆發。很多人將這場經濟危機歸咎於泰國過度開放的金融政策，但極少有人關注到真正的原因，那就是保王派控制的商業銀行創造了過度氾濫的信貸，透支泰銖信用，最終引爆了貨幣危機。

這場危機終結了泰國乃至亞洲的成長奇蹟。它幾乎導致王室的商業銀行破產，王室資產遭重創，泰國貧困的農民、失業工人怨聲載道，渴望改變現狀。塔克辛領導的泰愛泰黨抓住了這一機會，獲得了為數眾多

的農民的支持。另外，為了獲得保王派支持，塔克辛透過保王黨華裔商人大肆捐錢給王儲瓦吉拉隆功。2005年，塔克辛的泰愛泰黨再次在國會中橫掃民主黨，塔克辛連任總理。

但這股突然崛起的勢力，打破了國王的政治平衡。塔克辛與瓦吉拉隆功的聯合，讓老國王、民主黨以及保王派的舊部極為擔心。蒲美蓬國王深刻地意識到塔克辛的威脅，民選總理塔克辛的強勢存在意味著泰國政權的權力從王室轉移到了人民。

蒲美蓬國王的權力平衡抑制了泰國的權力進步。歷史學家高卡·蘇文納潘指出：「談到泰國的民主，從1932年到1990年間，若往好處看，充其量也只能算是仁慈君主的專政，若往壞處看，根本就是一群貪婪、妄自尊大、厚顏無恥的政客與官僚的權力分贓系統。」蒲美蓬國王這樣的明君，對普通民眾來說，到底意味著什麼？

2005年12月，以林明達為首的保王派舊部開始攻擊塔克辛的貪腐，試圖打擊塔克辛以阻止瓦吉拉隆功繼任。林明達還身穿黃色T恤現身街頭，T恤上面印著「我要為國王而戰」。「黃衫軍」由此誕生。而塔克辛的支持者身穿紅色T恤，也就是「紅衫軍」。

在這個關鍵時刻，塔克辛犯了一個致命錯誤。他將其家族控股的企業以18.8億美元的價格出售給新加坡淡馬錫。這樁交易是泰國有史以來涉及外資最大規模的企業併購案。「黃衫軍」藉此大做文章，指責塔克辛利用政治權力為家族牟利，要求塔克辛下臺。

塔克辛對外稱：「只有一個人能讓我下臺……那就是國王陛下。」保王派借這句話攻擊塔克辛侮辱王室，掀起聲勢浩大的黃衫軍運動。

2006年4月4日，塔克辛覲見蒲美蓬國王，他接受了國王的建議，宣布辭職。但是，由於塔克辛深得民心，泰愛泰黨在國會大選中再次獲

得大多數席位。因此，即使塔克辛辭職，保王黨也無法推舉新總理和組建新內閣。陷入僵局後，泰國法院宣布選舉無效。

9月19日深夜，泰國陸軍總司令頌提突然發動政變，戰車停在政府大樓外面，沒有爆發流血衝突。這次政變獲得了蒲美蓬國王的支持。民選政府再次被「軍王」聯合推翻，塔克辛政權垮臺，塔克辛被迫流亡。

很多泰國人以為，泰國早已結束了軍人接管政治的歷史，畢竟距離上次軍事政變已經過去了15年。但是，令泰國人沒有想到的是，這只是個開始。此後十餘年，泰國街頭政治上演了曠日持久的「黃紅」大戰。塔克辛集團藉助民意支持、國會及「紅衫軍」，大戰保王派控制的民主黨、司法勢力及「黃衫軍」。

保王派透過法庭指控塔克辛貪腐，解散了他領導的泰愛泰黨。泰愛泰黨被解散後，大批黨員加入了各小黨派。塔克辛在國外遙控指揮，支持人民力量黨贏得國會大選，黨魁沙馬於2008年1月出任總理。保王派立即反撲，再次透過法庭驅趕沙馬下臺，只是這次的理由令人啼笑皆非：泰國憲法法院判決沙馬主持烹飪電視節目違反憲法，要求沙馬立即辭去總理職務。

2008年9月，沙馬下臺後，塔克辛的妹夫頌猜在國會選舉中當選了總理。保王黨故伎重演，迫使頌猜下臺。2011年，塔克辛集團重返權力中心，塔克辛的妹妹盈拉領導泰黨在國會中以壓倒性優勢贏得大選，並成為泰國史上首位女總理。但是，四年後，盈拉因稻米瀆職案被國會彈劾。

持續多年的「黃紅」大戰改變了泰國的政治傳統，權力爭奪不再是過去象徵性的舞臺劇，而是無止境的流血暴力衝突。

2014年5月20日深夜，軍人集團透過電視宣告宣布實施戒嚴。兩天

後，軍人集團以召集政治人物和談為由，將他們逮捕。軍方的說辭是政治鬥爭把泰國搞壞了，軍方不得不介入。隨後陸軍司令巴育擔任總理。軍人集團這麼做的真正目的或許是為新泰王鋪路。

2016年10月13日15時52分，蒲美蓬國王駕崩。

蒲美蓬國王走過了其漫長而波瀾壯闊的一生。這位國王是泰國過去半個多世紀的「守護神」，他在無數次政變、街頭暴力中，「扮演好『仲裁者』的角色，使泰國的政治之船安然駛過險灘。68年的歷史經驗似乎說明，泰國不能沒有拉瑪九世。」

蒲美蓬國王贏得了所有泰國民眾的敬仰，以及全世界人的讚譽。泰國學者葛潘‧納卜帕讚美國王：「他（蒲美蓬）是為了每一個子民而呼吸的國王。」為了悼念蒲美蓬，蘋果將其泰國官網的顏色變為黑白。

然而，「當神一樣的泰王亡故時，一切都會崩潰」。

2016年12月1日，瓦吉拉隆功成功繼位，成為拉瑪十世。

新國王早已與軍人集團達成合作。軍人集團傾向於支持一個更容易掌控的國王，新國王則借軍人集團擴張王權。

上任一個月後，瓦吉拉隆功向軍人集團提出修憲。2017年1月，國會以無反對票通過了修憲草案。憲法草案規定，國王是緊急狀態下的最終決策者。這是老國王時代約定俗成的規則，如今被新王以憲法方式確立。憲法還賦予了國王新的權力，國王可以直接控制監督王室事務與王宮安全的5個國家機構，先前是由政府或軍方控制。同時，瓦吉拉隆功還直接掌控了兩支精銳的皇家部隊。同年7月，國會通過法令，宣布將王室掌控的數十億美元的資產劃入國王名下，並且國王直接掌控王室資產管理局。目前，泰國王室資產達到430億美元，相當於英國王室的80倍。

軍方投桃，國王報李。2019 年泰國國會大選，烏汶叻公主決定代表泰愛泰黨參選首相，瓦吉拉隆功迅速以「國王與王室成員應凌駕於政治」為由，否決了長公主的參政資格。此舉可謂一箭三雕：一是使剛重建的泰愛泰黨遭遇滅頂之災；二是打擊了保王派舊部；三是幫助軍人集團的巴育再次擔任總理。

泰國的國家現代化歷程走過了 80 多年，關於權力的爭奪依然在延續。

托克維爾將法國大革命的根源歸於路易十四的成功集權。如果底層社會正在走向開放，而王權卻持續走向集中，這個國家將走向不穩定狀態。一旦強勢的國王駕崩，新王將陷入非常權力的另一面——非常風險。

1950 年，蒲美蓬回國參加登基加冕典禮的旅途中，其岳父納卡拉·曼加拉親王曾給這位年輕的國王一句忠告：「一旦神話破產，一切隨之崩潰。吳哥窟曾是一個偉大帝國的心臟，而今已經爬滿了猴子。」

參考文獻

[1] 安德魯·麥格里高·馬歇爾。泰王的新衣 [M]。譚天，譯。臺灣：麥田出版社，2015。

[2] 托克維爾。舊制度與大革命 [M]。馮棠，譯。北京：商務印書館，2013。

[3] 段立生。泰國通史 [M]。上海：上海社會科學院出版社，2014。

土耳其危機

2021年12月17日，土耳其股市崩盤了。當天下午，土耳其伊斯坦堡交易所觸發第二次熔斷，主要股指收跌8.5%，為3月以來的最大單日跌幅。

這一切似乎都在預料之中。2021年，全球主要國家央行試圖用緊縮政策來抗擊通膨，土耳其央行則反其道而行之。當地時間12月16日，土耳其央行宣布下調基準利率100個基點至14%。消息一出，土耳其里拉立即崩潰。2021年以來，里拉兌美元累計貶值超過50%。如今，里拉危機正在衝擊金融系統，通膨率飆升至21.31%（11月），債券市場搖搖欲墜，「匯股債」三殺慘劇似乎將上演。

這種貨幣危機就是我們熟知的新興國家貨幣危機（債務危機）。過去是墨西哥、巴西、阿根廷，後來是泰國、印尼、俄羅斯，如今是土耳其。而土耳其可能是最值得警惕的一個國家。

在應對這場危機時，土耳其央行持續大規模降息，總統艾爾段（Recep Tayyip Erdogan）宣稱「降息抗通膨」。這種奇葩操作讓人懷疑：經濟學是不是搞錯了？更值得警惕的是：艾爾段經濟學背後暗藏著哪些宗教野心與帝國迷夢？

本節從土耳其貨幣危機出發，分析從干預主義到國家戰爭的危險道路。

01　艾爾段經濟學

通膨，是土耳其的經濟頑疾。

疫情爆發後，土耳其通膨率進一步上升。2020年下半年，土耳其

DPPI較去年同期增速已從5.5%升高至27.1%。緊接著，CPI與去年同期相比增速從2020年11月的11.9%迅速上升到2021年2月的15.6%。

為了抑制通膨攀升，土耳其央行從2020年9月開始連續4次升息，回購利率從8%上升到2021年初的21%。

這時，土耳其經濟進入「沃克時刻」：利率高達21%，通膨率依然在15%以上。1980年，美國的通膨率高達14%，時任聯準會主席沃克將聯邦資金利率提升到20%以上。接下來該怎麼辦？美國總統雷根只能忍著，沃克死扛硬打，到1982年底，通膨率降下來了。

但是，土耳其總統艾爾段忍不了，他在最關鍵時刻（3月19日）撤掉了央行行長阿巴爾（Naci Agbal），該行長上任僅四個月。這是艾爾段在過去兩年時間裡第三次撤換央行行長。艾爾段對央行升息非常不滿，他認為恰恰是升息導致了通膨，要求央行實施低利率刺激經濟成長。

緊接著，3月22日，資本市場遭遇「股匯債」三殺。土耳其里拉盤中一度暴跌17%；伊斯坦堡100指數下跌9.8%，股市連續兩日兩度熔斷；主權債券創下最大單日跌幅，10年期國債收益率上升4.5%至18.0%。

然而，這只是個開始。艾爾段任命沙哈普・卡夫奇奧盧（Sahap Kavcioglu）為新的央行行長。卡夫奇奧盧是「艾爾段經濟學」的忠實支持者，他掉轉船頭，迅速降息，實施寬鬆的貨幣政策。之後，艾爾段撤換了一批財政官員，全面實施擴張性的財政政策。

2021年9月以來，土耳其央行連續三個月降息，回購利率降到12月的14%。央行連續降息直接導致土耳其里拉再次崩盤，通膨失控。9月之後，土耳其里拉直線跳水，貶值幅度高達55%，11月就貶值了28%。通膨率火速上竄，11月CPI和DPPI分別較去年同期成長21%和55%，創下了近20年來的新高；同時，土耳其房價2021年暴漲

29.2%，漲幅全球第一。

里拉貶值和物價上漲的真實情況要嚴峻得多。土耳其西部邊境城市埃迪爾內與保加利亞接壤，里拉貶值吸引保加利亞人來該市購物。一個月前，1 保加利亞列弗只能兌換 5.7 土耳其里拉，現在幾乎相當於 8 土耳其里拉。也就是說，一個月時間，土耳其里拉兌保加利亞列弗貶值了 40%。

物價上漲重創土耳其普通民眾的生活，直接剝奪了他們的財富。土耳其國內的生產能力不足，糧食、藥品等大量商品、天然氣能源及原料依賴進口。2021 年里拉貶值了一半，相當於家庭進口購買力削減了一半。治療癌症、糖尿病的進口藥物紛紛漲價，加重了患者的經濟負擔。進口肥料漲價 70%，打擊了農業生產。土耳其是世界第二大小麥進口國，小麥進口價格上漲直接推升了糧食價格。由於通膨加劇，民眾購買力下降，消費行為改變，普通麵包需求量增加，麵包價格進一步上漲。土耳其 93% 的原油和 99% 的天然氣依賴進口，里拉貶值大幅度抬高了油氣價格，進一步推動了交通運輸及消費品價格上漲。由於物價上漲太快，蘋果公司在 11 月 24 日暫停了公司商品在土耳其的銷售。蘋果公司決定將商品價格調整到適當價位後再恢復當地的銷售。事實上，一些食品、生活用品價格在最近三個月上漲了 90%。

毫無疑問，土耳其貨幣危機引發的通膨危機，是對普通家庭的一次赤裸裸的掠奪。而更大的危機還在後面，那就是主權債務危機。1982 年開始的拉美債務危機是一場主權債務危機，如今土耳其也面臨類似的境況。土耳其的主權債務規模不算大，但是外債占比高、外匯存底不足。

目前，土耳其政府外幣債務已占全部債務的 60%，遠遠高於 2017 年的 39%。美元相對里拉大幅度升值，大大增加了土耳其的債務負擔，

◆ 艱難之路：新興國家的困境

容易引發外債危機。同時，土耳其央行僅在2021年12月就連續五次干預外匯市場，試圖緩解里拉貶值，這又進一步削減其本就不多的外匯存底。根據土耳其央行的資料，截至2021年9月，土耳其銀行約有830億美元外債將在未來12個月內到期。市場預測，未來債權人將不得不與土耳其銀行協商展期。12月11日，標準普爾將土耳其主權信用評級前景展望下調至「負面」，土耳其主權債券價格下跌壓力持續增大。國際評級機構預計，土耳其的通膨率還將上升，這將進一步威脅其主權債務信用。

但是，土耳其總統艾爾段對實行低利率政策非常堅決，將其視為一場「經濟獨立戰爭」。他的邏輯是，高利率打擊生產與就業，引發供應緊缺，導致通膨居高不下。所以，高利率是高通膨的原因。他認為，低利率可以刺激投資和生產，增加出口和就業。可以透過降息來擴大生產，供應更多的商品，進而降低物價。這就是艾爾段「降息抗通膨」的邏輯。艾爾段反覆強調他懂經濟，他學過經濟學，但是主流經濟學家不懂土耳其經濟。

艾爾段不僅有一套自己的說辭，還有一些拿得出手的經濟數據。12月，剛剛上任的財長努爾丁・奈巴蒂（Nureddin Nebati）就迫不及待地發推特讚揚總統的「業績」：「我們的出口在11月較去年同期成長了33.44%……我們會努力工作！生產更多！成長更多！」「我們的目標是達到持續的繁榮！而不是一兩年的暫時穩定！」

確實，土耳其央行降低利率，里拉兌美元貶值，大大刺激了出口成長。土耳其出口協會（TIM）的數據顯示，2021年10月，土耳其的出口額相比前一年同期成長20%，為歷史最高增速；其中汽車和化工產品出口分別成長24%和39%。

歐洲復興開發銀行近期上調對土耳其2021年成長預測至9%，高於

多數新興國家。同時，2021年上半年土耳其失業率為13％——土耳其失業率長期維持在10％左右，第四季度還有所下降。

而最令人擔心的「終極威脅」——主權債務危機，表現甚至好於市場預期。2021年1月，土耳其外匯存底只有531億美元，市場預測外匯存底將在下半年耗光，但是年底土耳其銀行系統的外匯總量反而增加。更為「神奇」的是，土耳其財政在10月出現了31.6億美元盈餘，而上年同期為9,300萬美元赤字。在過去12個月，土耳其的財政赤字在逐漸縮減，減少到了154億美元。

艾爾段經濟學見奇效了嗎？

02　土耳其干預主義

艾爾段經濟學並不神奇，也不罕見。如果把「降息抗擊通膨」的瘋狂說法拿掉，艾爾段經濟學就是土耳其版本的凱因斯主義。

通膨是土耳其經濟的長期頑疾。1990年代，土耳其的通貨膨脹率一度達到104％。2001年，土耳其陷入危機，通膨率高達40％。土耳其向國際貨幣基金組織求援，獲得了110億美元的救助金。作為援助條件，土耳其同意私有化改革、緊縮財政和減少軍方干政。2003年艾爾段擔任總理後實施了有效的改革，土耳其經濟開始起飛，通膨率控制在5％～8％。

不過，2008年金融危機爆發後，艾爾段抓住全球貨幣放水的機會，大舉外債用以刺激經濟。後危機時代，土耳其的經濟表現雖然看起來還不錯，但其實隱患重重，其中最危險的是外債。2010年初，土耳其的私有和上市銀行總計有1,750億美元外債，幾乎全部都是美元或者歐元債務。2018年第一季度，這一數字已經達到了3,750億美元，而且其中

1,250億美元還是短期債務。以當時的匯率計算，這些債務的規模就已經相當於土耳其年度經濟產出的大約44%，而以2018年匯率計算，這一比例更是接近80%。

艾爾段的經濟政策一直是高貨幣、強刺激。從2003年到2020年，土耳其的M2增加了20多倍。但是，大規模的貨幣過度發行推動土耳其房價和物價瘋漲。2008年之後，土耳其的通膨率長期維持在8%以上。

土耳其這種外債型經濟是非常脆弱的。2018年，美元進入加速升值路徑，土耳其里拉貶值，土耳其債務負擔加劇，爆發貨幣危機和債務危機。最開始，聯準會升息，土耳其也連續升息，將回購利率提升到23%，但是經濟卻掉入負成長。艾爾段暴跳如雷，撤換了央行行長，新行長轉而迅速降低利率以刺激成長，也因此迅速觸發了系統性金融危機。

2021年第一季度，土耳其再現「沃克時刻」，但是，艾爾段又撤換了央行行長，決心將降息刺激的凱因斯學說進行到底。這次，艾爾段的低息刺激政策很簡單，可以概括為「命懸於出口」。商品和服務（旅遊）出口在土耳其經濟中占有相當的比重。艾爾段透過降低利息，主動讓里拉貶值，吸引外國人購買土耳其商品，到土耳其旅遊，從而刺激出口製造業和旅遊業發展。

土耳其旅遊業占國內生產總值的比例超過10%，在2019年達到12.7%。疫情期間，土耳其沒有實施禁足和封關政策，而是開放國門，吸引國外遊客。資料顯示，2021年前七個月，土耳其接待了超過1,000萬人次遊客，比2020全年增加了85%。里拉貶值刺激了國際旅遊，吸引俄羅斯人、德國人來土耳其消費，增加了其旅遊業收入和外匯收入。

里拉貶值還刺激了伊朗人、俄羅斯人、伊拉克人來土耳其購買資

產，主要是房產。資料顯示，11月外國人在土耳其購買的房屋數量為7,363套，比去年同期增加了50%，創下自2003年以來的最高歷史紀錄。這進一步推動了土耳其房價暴漲，同時土耳其也賺取了更多的外匯。另外，土耳其在歐洲有幾百萬勞工，里拉大幅貶值，吸引勞工往土耳其回寄更多的外匯。

隨著商品、服務、資產和勞務出口的增加，大量外匯流入土耳其銀行系統，土耳其人將更多里拉換成美元或歐元存入銀行。如今，土耳其銀行系統中的外幣存款占存款總額的55%，高於2018年的49%。銀行發放外匯貸款，政府發行美元計價的債券，如此，政府可以獲得更多的外匯和外債收入。短期的外匯增加，似乎緩解了土耳其的主權債務危機。這就可以看出，艾爾段為什麼實施低利率政策——為了獲取更多的外匯收入。

對艾爾段來說，降息是一場政治鬥爭。經濟問題是艾爾段在2023年土耳其大選中面臨的最大挑戰。他決心「一條道走到底」，試圖透過降息來保住土耳其經濟不崩盤。反對黨則不斷地組織遊行，要求艾爾段引咎辭職。但是，如今里拉崩盤、通膨高漲，艾爾段還能「連莊」嗎？

土耳其民調公司MetroPOLL在2021年10月的民調結果顯示，土耳其民眾對艾爾段的認可比例從2015年的超過58%下降到了如今的41%。如果這一民調是真實的，說明他的支持率在下降，但也有相當一部分人支持他。

實際上，「放水」本身就是一種選票收買方式。艾爾段依靠財團上臺，他上臺後實施了大規模的私有化改革，土耳其出現了大量的企業。艾爾段長期為企業提供財政補貼，提供貸款擔保，企業群體成了他的鐵票倉。艾爾段實施降息政策，正是為企業輸血，穩定自己的企業票倉。

為了保住選票，艾爾段不斷地提升最低薪資標準。他在2021年12月16日宣布，2022年土耳其月最低薪資標準為4,253里拉。按照土耳其貨幣里拉計算，土耳其2022年月最低薪資標準比2021年月最低薪資標準上調了約50%。

但是，如果經濟持續惡化，里拉危機和通膨危機無法消除，那麼艾爾段的政治前途將趨於不確定。實際上，艾爾段經濟學、土耳其干預主義正在破產。

首先，如果傅利曼在世，定然會寫一篇文章教訓艾爾段的「降息抗通膨」。通膨就是貨幣現象。價格是一種比例關係，任何一種商品供應量大增，對比其他商品的價格都會下跌。艾爾段大規模過度發行里拉，里拉相對於商品、房產、美元定然下跌。所以，艾爾段過度發行的里拉越多，土耳其的通膨越嚴重。

其次，貨幣幻覺正在破滅，土耳其瀕臨債務型通貨緊縮。降息刺激出口，出口製造企業擴大生產，但是出口製造企業的大量原料依賴進口，里拉貶值導致進口價格暴漲，推升企業的生產成本，最終削減了里拉貶值的成本優勢。在出口和外匯短時間增加後，人們將傾向於按實際薪資和貨幣購買力來決策，土耳其的經濟產出、出口產能和外匯收入將回落，只留下劇烈的通膨和慘不忍睹的里拉。

隨著里拉繼續貶值，債務負擔加劇，土耳其政府、銀行及企業面臨巨大的外債風險。

再者，艾爾段的干預主義將帶來更糟糕的後果。艾爾段將最低薪資上調到4,253里拉，這個水準明顯高於土耳其工人的薪資中位數（土耳其工人薪資在3,000～5,000里拉）。如果嚴格執行最新最低薪資標準，那麼企業將解僱更多的工人，尤其是在最低薪資線以下的工人。這將加劇

工人的失業和普通家庭的貧困。最近幾個月，麵包價格從 1.5 里拉漲到 3.5 里拉，艾爾段發表抑制價格政策，導致麵包供應更少，有時民眾需要排隊購買普通麵包。

最後，2022 年全球主要央行將走向緊縮，聯準會計劃加快縮減購債規模，暗示明年三次升息，英格蘭銀行已升息，紐西蘭、韓國已提前升息，墨西哥、俄羅斯、巴西已多次升息，如果土耳其繼續逆向而行，明年里拉很有可能會掉入深淵。

03　鄂圖曼帝國美夢

如果僅僅是金融危機，或許還不是最糟糕的。我們真正要提防的是干預主義扶植的艾爾段的政治野心──復興鄂圖曼帝國。

20 世紀的慘痛歷史，留給世人一個深刻的教訓：什麼樣的道路是通往奴役之路。從干預主義到統制經濟、極權主義，再到國家戰爭，德國法西斯、日本軍國主義開始了這條奴役之路。米塞斯（Ludwig von Mises）在《人的行為》（*Human Action*）中直言：「干涉主義孕育出國家主義，經濟國家主義孕育出黷武精神。」

第二次世界大戰後，歐美世界的民主制度和經濟全球化為干預主義設定了通往奴役之路的障礙，而干預主義走上了國家福利主義和統制貨幣之路。但是，在一些新興國家，比如土耳其這種民主正在倒退、魂牽帝國舊夢的國家，以及非完全開放經濟體，對干預主義可能引發的任何災難都要保持足夠的警惕。

艾爾段為何要大舉外債？為何持續刺激經濟？

艾爾段是一個政治強人。這位掌舵土耳其接近 20 年的鐵腕總統，在國際政治、宗教輸出和突厥民族主義事業上頗具野心。

◆ 艱難之路：新興國家的困境

　　他對當今聯合國確定的國際規則非常不滿，他說：「世界不該由5個國家（即聯合國5個常任理事國）說了算，應該輪流作主。」他認為，當今世界秩序的不公平，主要是因為國際社會被當年贏得第二次世界大戰的少數國家主導著。當然，近幾年崛起的一些新興國家，都有與艾爾段類似的想法，要求在聯合國有更多的話語權。

　　但是，艾爾段的「鄂圖曼帝國美夢」值得我們警惕。土耳其的前身是鄂圖曼帝國，這個帝國曾經長期雄霸亞歐非三陸，但在第一次世界大戰後解體。後來，土耳其領導人凱末爾（Mustafa Kemal Atatürk）贏得了民族獨立，並且實施了有效的改革，將土耳其變成了一個現代化國家。過去，伊斯蘭國家的現代化改革領導人都崇拜凱末爾，但是如今逆流漸甚。可能是帝國舊夢的原因，土耳其人有著強烈的民族意識，他們身上有一種天生的民族傲氣，跟美歐俄都敢與之對抗。艾爾段打出復興鄂圖曼帝國榮光的口號，這在土耳其很有市場。

　　土耳其的地緣政治非常微妙，自古就是不安定之地。艾爾段宣稱羅馬是歐洲文化的父親，伊斯坦堡是母親。土耳其憑地緣優勢向歐洲輸送了大量難民，同時，在德國、法國等歐洲國家建設大量的清真寺。土耳其宗教事務局的資料顯示，僅2021年土耳其在全球興建清真寺的預算就達到7,000多萬美元。這些行動也引發了歐美國家的警惕，他們懷疑土耳其資助清真寺有收集情報的目的。

　　早在1990年代，土耳其就開始與一些突厥語國家討論成立突厥聯盟。2021年11月，這事被艾爾段促成了。土耳其、哈薩克等六個國家組成了「突厥國家組織」。艾爾段大打民族主義旗幟，宣稱六個國家是一個民族。

　　戰爭、宗教和民族國家擴張，不僅需要大量的美元，還需要經濟控

制。艾爾段需要不斷地降息刺激經濟，賺取外匯，大舉外債。這是他實行干預主義的原因。反過來說，為了給干預主義更多的合法性，他將干預主義上升到政治正確的高度。

艾爾段曾說道：「提升利率就是叛國。」在批判貨幣政策錯誤時，艾爾段刻意將政治、國家、民族與宗教結合起來：「我們還沒有精神獨立，沒有政治獨立，沒有經濟獨立，沒有軍事獨立。」然後，他指責反對者：「升息使我們的國家緊縮，使我們的人民陷入失業、飢餓和貧困」。

哈耶克一句話就揭示了真相：通往地獄的道路，通常是由人們善良的意願鋪就的。除了人們不理智的善良，還有「艾爾段們」的野心。從干預主義到統制經濟、極權政治，再到國家戰爭，要避免走上這條不歸路，就必須從干預主義的源頭抓起。其實，遏制干預主義思想不是功利主義，也不是民主制度，而是個人自由主義不可侵犯的合法性——不論艾爾段的政策怎麼利於出口經濟與國家安全，但個人的財富不允許被掠奪。

第二次世界大戰時期，哈耶克與凱因斯在劍橋可謂並肩作戰，他們共同的敵人是極權主義。但是，關於奴役之路的起點，哈凱二人主張不一。凱因斯不認同干預主義導致極權主義，他認為是大蕭條促使很多德國人擁抱了極權主義。哈耶克認為，干預主義破壞了個人自由，導致集權政治和統制經濟，使國家淪為戰爭機器。

凱因斯更務實，哈耶克更睿智。哈耶克意識到，干預主義對個人自由的破壞帶來災難是必然的，只是災難大小有別，小則經濟危機，大則國家戰爭。

最近50年的歐美世界中，經濟全球化和政治制度阻止了干預主義走向奴役之路，但是走向了統制貨幣、福利主義之路。1974年，歐美世界正在爆發大通膨，記者問哈耶克：「我好奇的是，你是怎麼看到自由在我

們這個時代或在未來的前景的？」哈耶克回答說：「我曾經預言，通貨膨脹將會導致所有西方國家實行對價格的控制，從而演變為計劃經濟。沒有人膽敢終止通貨膨脹政策，因為不搞通貨膨脹，就不可避免地會導致失業……他們會透過控制價格來控制通貨膨脹，當然，這就意味著市場體系的終結，意味著自由的政治秩序的終結。」

然而，很多新興國家並不是完全開放型經濟體，缺乏抑制政治情緒的自發秩序與制度。土耳其是一個金融與政治開放的國家，這有助於抑制其內部衝動。但是，大疫之下，土耳其正遭遇貨幣危機，我們依然需要防止土耳其干預主義晉升為統制經濟與極權政治，警惕艾爾段經濟學夾藏的鄂圖曼帝國舊夢。

參考文獻

[1] 路德維希・馮・米塞斯。人的行為 [M]。夏道平，譯。上海：上海社會科學院出版社，2015。

[2] 艾倫・埃博斯坦。哈耶克傳 [M]。秋風，譯。北京：中信出版社，2014。

震盪之地：地緣政治的影響

　　當世界沿著和平的軌道行進，中東、中亞等地區成了唯二的那幾個不安定因素。

　　這幾個地區礦產資源豐富，財富唾手可得，卻總是在世界大戰、兩極風雲、全球多元化之時，淪為大國對峙下的棋子、地緣政治的受害者。

　　戰火、焦土與改革、繁榮交錯，國家衝突內生化，加劇了國內政權合法性困境。

　　現代化，道阻且長。

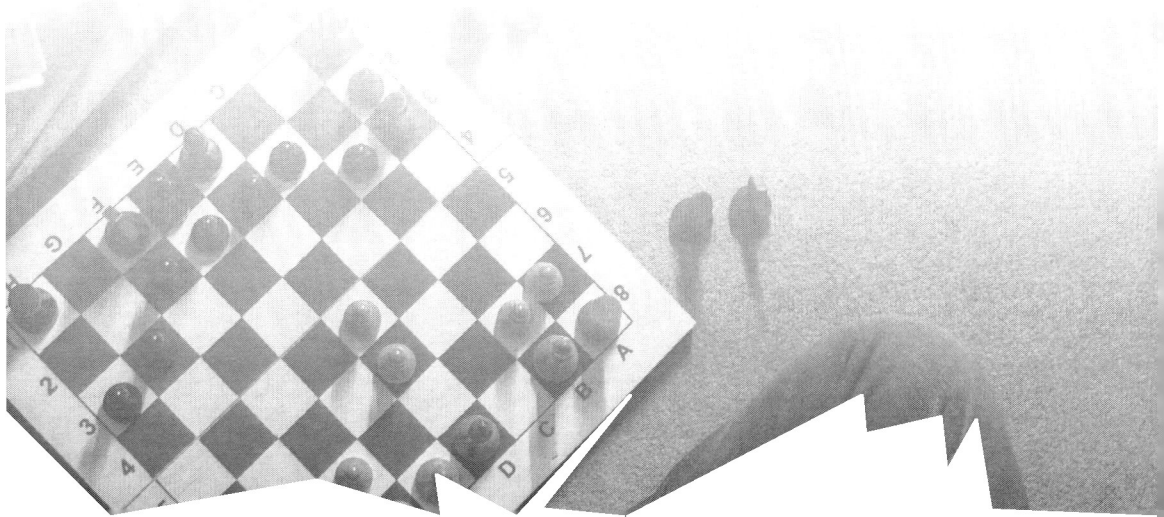

◆ 震盪之地：地緣政治的影響

阿富汗的風箏

2021年，美軍撤退，阿富汗局勢風雲突變。塔利班迅速掌控政權，宣布成立「阿富汗伊斯蘭酋長國」。

阿富汗，何去何從？

阿富汗是一個飽受戰亂之苦的國家。它糾纏著太多矛盾，宗教、民族、部落、恐怖分子、世俗政權、外國勢力，但我們可以從中抽出一條主線——「新阿富汗」與「舊阿富汗」的百年衝突，以此為綱，透視阿富汗的國家進程。

01　新阿富汗與舊阿富汗

西元1880年7月27日，穆罕默德家族率領的一支8,000人部落武裝與英國軍隊在坎大哈以西平原邁萬德相遇，血洗了2萬英國入侵者。

邁萬德敗北後，英國人意識到阿富汗部落武裝眾多、民風彪悍，自身似乎陷入了後人所稱的「帝國的墳場」。於是，英軍決定撤離阿富汗，同時將政權交給穆罕默德家族的阿布杜爾・拉赫曼汗（Abdur Rahman Khan）。如此，阿富汗得以成為獨立的國家。

不過，此時的阿富汗，還不是一個完整意義上的世俗國家——當然，現在也不是。

阿富汗，位於中亞內陸，山地居多，地形複雜，深藏著形形色色的伊斯蘭主義力量與各種部落勢力。自穆罕默德家族統治以來，一直有兩個阿富汗：一個是舊阿富汗——廣大山區農村，大大小小的部落首領、封建地主與伊斯蘭宗教勢力實施農村自治；另一個是新阿富汗，以喀布

林為代表的城市，由政府、城市菁英、富商管理。

阿富汗的百年歷史，可以濃縮為舊阿富汗與新阿富汗之間的鬥爭史。在這片土地上，新阿富汗的家族王權、君主立憲政權、左翼政府、民主政府以及帝國勢力，都試圖推動世俗政府改革以及國家現代化。但是，作為保守派的舊阿富汗，是一群沉睡的猛獸。新阿富汗的每一次改革都被猛獸反噬，直到猛獸之王──伊斯蘭極端勢力崛起，徹底將阿富汗世俗政府及國家現代化吞噬。

拉赫曼是一位鐵腕君王，人稱「鐵腕埃米爾」。他答應英國人提出的「杜蘭德線」，將普什圖人一分為二，徹底清除了外來勢力的干擾，旨在建構一個完整的阿富汗。接著，「鐵腕埃米爾」殘酷地清除各部落武裝，強行在舊阿富汗建立基層一般政府。他設計了一套細分到地方的政治管理制度，將地方部落長老的權力轉移給地方官員。

拉赫曼是阿富汗歷史上所有改革者中最鐵血且最富有智慧的一個。他很清楚，舊阿富汗的伊斯蘭宗教勢力只能智取。拉赫曼善於利用宗教名義獲得正當性。在他統治之下，一邊實施嚴格的宗教律令，又同時打壓宗教長老、神職人員這些在地方民眾心中極具威望的傳統勢力。

二十餘年雷厲風行的手段促使新舊阿富汗的力量此消彼長，國家現代化的因子才得以生根發芽。一些從小就被送去西方接受教育的王室成員開始嚮往現代化，他們歸國後，便成為改革的領頭人。

阿曼諾拉汗（Amanullah Khan）便是這樣一位國王。然而，這位接受西方教育的繼承人對現代國家抱持理想主義有餘，而對政治鬥爭的殘酷性設想不足。

1919 年，新登王位的阿曼諾拉汗意氣風發。對外，率先向英國、美國、法國、波斯、日本表達阿富汗的存在，恢復邦交，與歐洲多國還簽

署了貿易協定友好條約。對內，阿曼諾拉汗效仿土耳其凱末爾的世俗化改革，於1923年推出新憲法，即「秩序之書」。新憲法賦予公民檢舉權，廢除奴隸制，甚至提到了「宗教信仰自由」。這一點使教士階層極為不滿。伊斯蘭信徒認為，法律早已由真主頒布，那就是沙里亞法；人沒有制定法律的權力。新憲法還禁止童婚，主張保護兒童與女性。阿曼諾拉汗自己做表率，要求阿富汗男性只娶一位妻子（按伊斯蘭教義，可娶四位妻子）。

阿曼諾拉汗急於求成，他試圖用現代化的教育及法律直接替代伊斯蘭體系。他還要求女性外出時不穿著罩袍，男性刮臉修面，官員上班穿著西服系領帶。有一次，國王在街上看到一個婦女身穿罩袍惱羞成怒，當即要求她脫去罩袍，赤身裸體地離開。年輕氣盛的國王沒有理會民眾的討論，他繼續在全國建設學校，鼓勵男女同校，還將現代化課程、歐洲語言引入教育體系中。

1927年，阿曼諾拉汗帶著王后以私人身分出訪埃及和歐洲。這對來自神祕東方的王室，受到了各國的優待。在各國晚宴上，國王穿著帥氣的西服，王后更是身著露肩晚禮服，輕薄的面紗只遮著下半臉。這位帶著異域風情的王后，美麗又時尚，迷倒了所有人。這次出訪令阿曼諾拉汗受寵若驚，也大大激發了他的改革決心。

然而，國王和王后在歐洲的照片傳回國內，完全是另外一種反應。在伊斯蘭世界，阿富汗的罩袍令是最為嚴苛的，阿富汗女性對丈夫以外的男性露出面孔，就相當於赤裸身體，而且這還是王后！法國總統對王后的吻手禮更是讓他們深為震驚：阿曼諾拉汗如何能讓妻子如此丟臉？國丈提醒阿曼諾拉汗，必須先掌握軍權，不要讓改革先於軍事準備。不過，這時的阿曼諾拉汗已走得太遠，他的改革直接觸犯了廣大農村伊斯

蘭勢力，而且國王一動軍權引發連鎖反應。

1928 年，舊阿富汗的猛獸驚醒，南部部落武裝突然發難，地方勢力紛紛起兵。國王派軍鎮壓，傾巢出動，喀布林淪為不設防的空城，結果被一個土匪攻陷了，阿曼諾拉汗流亡海外。

經過一段時間的混亂後，穆薩希班家族中的納迪爾沙（Nader Shah）繼承王位。納迪爾沙也曾接受過現代化教育、崇尚改革，但手段極為謹慎。因為他對阿富汗的基因十分清楚：「農村、封建世界是那隻狗，而城市不過是尾巴。」

接下來的 40 年裡，阿富汗的政權都被穆薩希班家族控制。他們推行著溫和的改革，與舊阿富汗之間保持著距離，部落內的事宜盡量少干涉。

在這個持續的和平時期，新舊阿富汗開始嚴重分化，走向了兩個完全不同的世界，也為後面的激烈對抗埋下伏筆。在廣大農村，舊阿富汗還是那個伊斯蘭主義力量與部落政權、封建地主共治的社會。而在喀布林等城市，阿富汗逐漸走上世俗化、現代化之路。公立學校越來越多，市民接受現代化教育。阿富汗有了第一所成熟大學，城市內部的私人企業進一步壯大。政治上，現代化的制度結構被採納，不過這些官僚系統的位置仍然被王室家族掌控。

第二次世界大戰讓世界陷入混亂，而阿富汗卻成了少數的幸運國。嚴守中立的阿富汗，透過向鄰國出口糧食、物資，政府財政暴增，國家實力壯大。但是，戰後，大英帝國衰落，世界很快進入美蘇兩極對抗狀態。此後幾十年，夾在兩極中間的國家是不幸的，比如韓國與北韓、東德與西德以及越南。

在地緣政治上，阿富汗正屬於不幸中的一個。阿富汗南邊的巴基斯

◆ 震盪之地：地緣政治的影響

坦倒向美國陣營，北邊的幾個斯坦屬於蘇聯陣營。阿富汗如何自處？

最開始，阿富汗堅持不結盟，兩邊撈好處。1950年代，美蘇兩派競相向阿富汗投來大量的「糖衣砲彈」。這些援助確實幫助了阿富汗向一個現代化國家前進：蘇聯提供了1億美元支持修建公路、空軍基地；美國幫助阿富汗修建航空公司，修築赫爾曼德水壩。兩國總統──赫魯雪夫（Nikita Khrushchev）和艾森豪（Dwight D. Eisenhower）也先後拜訪阿富汗。

在城市，貿易往來，資訊流動，民智漸開。美國人、歐洲人大量湧入阿富汗，他們帶來了西方的流行音樂、服飾、餐飲。新式的茶館、咖啡館、書店和餐廳也如雨後春筍般湧現。王室女性帶頭不穿著罩袍，放開對女性約束。到1960年代，女性接受高等教育，在政府、企業、銀行與男性一樣上班。這時期的阿富汗，是歷史上相對自由的新阿富汗。但這一切僅止步於城市。

與此同時，政府需要更龐大的系統支撐，技術人才進入官僚系統，新的階層力量漸漸壯大。查希爾國王（Mohammad Zahir Shah）甚至還實施了激進的政治改革，任命一位技術官僚為首相；頒布新憲法，規定「議會是阿富汗的立法機關」，「王室成員不得在議會、內閣和最高法院任職」。這時，阿富汗的政治正在向君主立憲制前進。1960年代，世界左翼革命浪潮風起雲湧，阿富汗知識菁英以及農村學生開始傳播蘇聯主義。1965年，僅由30個學生成立的阿富汗人民民主黨參選國民議會，一舉當選。此後，這股左翼勢力與其他政治派系角逐政權，終結了阿富汗的君主制。

左翼政黨鞏固政權後開始實施激進的改革，而且瞄準的是舊阿富汗。從意識形態上，左翼思想與伊斯蘭主義水火不容。新法律保障女性

權利，禁止父親支配女兒、丈夫支配妻子，禁止童婚和禮金。這些都是當年阿曼諾拉汗「秩序之書」裡的措施。

轟轟烈烈的運動，驚醒了舊阿富汗猛獸。不過，讓猛獸真正失控的，其實是蘇聯人。

1978年，何梅尼（Ruhollah Khomeini）在伊朗領導的伊斯蘭革命獲得勝利，美國失去了一個重要盟友。於是，美國加大了對阿富汗的滲透，努力爭取蘇聯扶持的左翼政府。這導致了左翼政府嚴重內鬥，最終美國的代理人阿明（Hafizullah Amin）勝出。這讓蘇聯人極為惱火。

當時，蘇聯高層認為，有必要像1956年軍事介入匈牙利局勢、1968年挺進捷克斯洛伐克一樣解決阿富汗問題。

1979年10月，一個由60多人組成的蘇聯代表團造訪阿富汗，他們的目的是偵察阿富汗地形。12月，在聖誕節前一天，一支空降部隊在喀布林附近的巴格拉姆空軍基地著陸，軍隊悄無聲息地進入城市，在街上呈扇形排列，城中的軍事要塞與政府機關都被占領。隨後，一支8萬多人組成的蘇聯部隊，號稱「第四十軍」，全面進軍阿富汗。幾天後，喀布林被蘇軍完全占領，阿明死於非命。而蘇聯人對外稱，阿富汗首相阿明邀請蘇軍進入阿富汗。

蘇聯人，能征服「帝國的墳場」嗎？

02　世俗國家與伊斯蘭化

1980年2月22日晚上，喀布林的居民在院子裡、屋頂上高喊「真主至大」（Allāhu akbar）。喀布林的每個角落都在發出這樣的呼喊。蘇聯軍隊試圖透過發射火箭彈來掩蓋鼎沸的人聲，但是火箭彈的爆炸聲被呼喊所淹沒。

◆ 震盪之地：地緣政治的影響

　　蘇聯人的入侵，激起了積怨已久的舊阿富汗部落的反抗——反侵略者以及左翼政府。在廣大的鄉下，他們自稱「穆賈希丁」，即「聖戰者」，化整為零，兵民融合，藏匿深山，跟蘇聯人打游擊戰。聖戰組織襲擊，最大不過百人作戰，最小是單人與蘇聯軍隊同歸於盡。他們沒有一個系統的指揮，只有一種至高無上的信仰——「真主至大」。

　　封建地主、部落首領以及聖戰武裝聯合，煽動農民一起反抗蘇聯入侵者和傀儡政府。在廣大山區，蘇聯空有精良的飛機坦克，但無處施展。這些聖戰者平日裡是當地的村民。他們時不時突襲一把蘇聯軍隊或政府工作隊，然後迅速躲進村莊和親戚朋友家，消失得無影無蹤。

　　蘇聯人重新扶持的左翼政府派出工作隊深入鄉村，在每個村都建立委員會，手舉著「偉大的導師」的畫像對農民進行政治洗腦。然而，左翼政府的政委遇到了真正的對手，他們的宣傳比不過伊斯蘭神職人員。

　　遭遇挫敗後，蘇聯軍隊開始對農村實施瘋狂的掃蕩，把村民與聖戰者分開，將大量村民趕出農村，他們好控制逃往城市的村民。蘇聯軍隊派飛機對農村、耕地及山地狂轟濫炸，散布地雷，破壞農業生產，試圖廢除聖戰者的後勤供給。

　　1985 年，戰爭到了最血腥的時候，大約 100 萬阿富汗人喪生，另有 600 萬阿富汗人逃往巴基斯坦或伊朗淪為難民。不過，依然有數以百萬計的阿富汗男性返回農村繼續戰鬥。他們重要的軍援一部分來自英國、美國等西方國家，另一部分來自伊朗、沙烏地阿拉伯、印度等。來自西方國家的軍援，主要由巴基斯坦三軍情報局分配給聚集在白沙瓦的 80 多個抵抗組織手上。其他國家的軍援，直接交給自己扶持的武裝力量。

　　這場血腥的農村清剿造成了極為惡劣的後果：打擊了阿富汗農村的民間力量，扭曲了阿富汗的民族性格，徹底激發了宗教激進主義。原本

有封建地主與部落首領這股世俗力量對神權進行抑制與平衡。如今，鄉村民間力量在轟炸中土崩瓦解，伊斯蘭極端主義徹底崛起。

在蘇聯強大的戰爭機器面前，只有一種力量尚在抵抗，那就是遵循宗教激進主義的聖戰者。正如阿富汗裔美國歷史學家塔米姆·安薩里（Tamim Ansary）在《無規則遊戲》（Games Without Rules）中所說：「戰火中走出了一個全新的菁英階層，他們的權力建立在戰爭技能上，而不是部落關係、血統等。」到戰爭的後期，在眾多抵抗運動的領袖中，著名的十幾個人，如馬蘇德（Ahmad Shah Massoud）、希克馬蒂亞爾（Gulbuddin Hekmatyar）等，均是激進派。其中，希克馬蒂亞爾將三軍情報局三分之四的援助款裝入自己口袋，他利用剩下的四分之一的錢在巴基斯坦招兵買馬、訓練聖戰者。

在國際上，全世界左翼大革命，激發了伊斯蘭革命高潮。伊斯蘭革命在伊朗、巴基斯坦均取得勝利，阿拉伯世界的反政府的伊斯蘭革命組織崛起，他們紛紛在阿富汗及中東點起革命之火。

1985年，戈巴契夫（Mikhail Gorbachev）執掌蘇聯。這時的蘇聯已搖搖欲墜，戈巴契夫希望盡快結束這場戰爭——當然是以勝利者的姿態，於是加強了對阿富汗的空襲。在美國，雷根上臺後增加了對阿富汗的援助，到1987年，聖戰武裝每年從美國方面獲得的援助達10億美元。此外，還有沙烏地阿拉伯的10億美元。美國、以色列聯合為聖戰武裝提供了一種行動式防空飛彈「刺針」。這種造價低廉的飛彈，幾乎每天都能夠命中一兩架蘇聯戰機。

1987年，戈巴契夫宣布，蘇軍將在來年從阿富汗撤軍。當然，戰爭走向的決定性因素還是蘇聯內部的快速瓦解。

蘇軍撤走後，沒有了靠山的傀儡政府，拾起蘇軍留下的一批精良的

武器堅守喀布林。1992 年 4 月底，政府軍隊倒戈，喀布林淪陷。

傀儡政權崩潰後，阿富汗卻陷入了持續內戰。馬蘇德、希克馬蒂亞爾、伊斯蘭統一黨等各派聖戰武裝為奪取政權而混戰。這些聖戰者在阿富汗城市與農村隨意殺戮、劫掠、強暴，阿富汗人對他們恨之入骨。

改變內戰局勢的還是外部力量。1994 年，巴基斯坦三軍情報局意識到長期合作夥伴希克馬蒂亞爾不堪大任，只能另覓人選。而這個對象，就是「塔利班」。

蘇聯的入侵和左翼政權徹底激起了阿富汗的宗教激進主義，而其中最為純粹的激進帳子非塔利班莫屬。

塔利班，起源於一群難民營的學生軍。在戰爭期間，近 350 萬阿富汗人流亡巴基斯坦，蜷縮在白沙瓦附近的沙姆沙圖和奎達附近的哈扎拉鎮。巴基斯坦政府不允許難民找工作和做生意，難民營中生活著大量的孩子，他們雖無戰火之憂，但也無生活之希望。他們飢餓、沉悶、迷茫、自卑，甚至不知何為絕望。

宗教學校，成了孩子們唯一的「庇護所」。在巴基斯坦邊境的難民營，建立了 2,000 多所宗教學校，招生人數接近 22 萬人。對難民來說，宗教學校最大的好處是免費提供食宿。

但是，這些學校並不是普通學校，而是由「伊斯蘭神學者協會」等宗教組織控制，由巴基斯坦神職人員充當老師。沙烏地阿拉伯政府投入鉅額資金，在宗教學校推廣瓦哈比教義。瓦哈比教義被認為是「最純淨的伊斯蘭」。進入宗教學校後，孩子們便和外界斷了連繫，他們獲取不了新聞和資訊。老師反覆對他們灌輸宗教觀念：先知穆罕默德的世界是唯一完美的世界，整個社會都嚴格遵守阿拉的法律。阿拉的法律讓他們戰無不勝，沒有什麼力量能與阿拉抗衡。戰鬥一旦開始，一個完美的世界就

會到來。另外，宗教學校還訓練孩子們如何實施「聖戰」，鼓動他們勇敢戰鬥，拯救世界。

塔利班學生軍中有一位年齡稍大一點的領袖，叫穆罕默德‧歐瑪（Mullah Omar）。

歐瑪十幾歲就加入了伊斯蘭黨的一個組織，在與蘇聯的戰鬥中失去了左眼。蘇聯撤軍後，他進入了宗教學校學習，學生們對歐瑪敬佩得五體投地。塔利班善於宣傳和包裝自己，他們杜撰傳奇故事為歐瑪一個豎立了一個俠客人設。

在戰爭時期出生和成長的一代孩子，成了一股最瘋狂的力量。

三軍情報局注意到了這股力量，在提供一些軍援後，便為他們安排了一個任務：護送一支滿載商品的車隊穿行阿富汗。車隊行至中途遭遇一群裝備精良的劫匪，塔利班激戰兩天，擊潰了對方，得以揚名。

此後，三軍情報局大力扶持，塔利班勢力急速膨脹。在不到兩個月時間，塔利班成了一支擁有飛機、直升機、坦克、大砲、汽車、無線電通訊設備、大規模槍支彈藥和金錢的虎狼之師。

1994 年 11 月，歐瑪打著阿拉的旗號，率領這支虎狼之師開始征伐，宣稱要掃蕩一切軍閥勢力，建立伊斯蘭教法的統治。這時的阿富汗民眾對以聖戰者為名的軍閥深惡痛絕，而奉行「純淨的伊斯蘭」的學生軍出現，猶如救世主降臨。

塔利班，攻掠速度很快，只用了幾個月時間就拿下了 9 個省。

1996 年 9 月 26 日，塔利班占領喀布林。對喀布林市民來說，塔利班是陌生的 —— 一群來自貧苦農村的難民營學生軍，甚至比俄羅斯人更陌生。

◆ 震盪之地：地緣政治的影響

接下來，阿富汗的命運會如何？

塔利班打敗了民間政權，他們迅速實施伊斯蘭教法，阿富汗成為一個政教合一的國家。

阿富汗裔美國歷史學家塔米姆·安薩里在《無規則遊戲》中如此評價：「有了這場勝利，舊的阿富汗似乎決定性地打敗了新的阿富汗，農村部隊打敗了城市，阿富汗婦女解放被賦予的權利被永久剝奪，阿曼諾拉汗的革命性改革走到了盡頭。」

過去半個多世紀，各類政府在城市實施現代化改革，阿富汗市民也曾經獲得了一些自由與色彩。如今，舊阿富汗猛獸將其付之一炬。城市的女性又回到了過去，比任何時候都更加徹底。她們重新穿回了罩袍，把自己包得密不透風，只露出網紗遮擋下的眼睛。她們不能外出工作和上學，沒有親人陪同不能上街。

塔利班禁止音樂、電影、攝影以及一切藝術表演，甚至不能放風箏。任何人慶祝非伊斯蘭節日、穿著西式服裝、飼養寵物都是違法的。另外，塔利班還對哈扎拉人實施種族清洗。

1999 年，已移居美國的卡勒德·胡賽尼（Khaled Hosseini）看到塔利班禁止放風箏比賽，他回憶童年往事：在喀布林色彩紛呈的屋頂上舉辦的風箏節，孩子們追著風箏奔跑。他寫了一本小說《追風箏的孩子》（The Kite Runner）。當這本書風靡世界時，喀布林那群追風箏的孩子，消失了。

美國政府阿富汗裔的阿富汗事務顧問哈利勒扎德（Zalmay Khalilzad）天真地認為，塔利班將會發展成沙烏地阿拉伯那樣的政權，而不會成為另一個伊朗，不會成為美國的敵人。哈利勒扎德錯了，美國為此付出了第二次世界大戰以來最慘痛的代價。

到這裡，該輪到奧薩瑪・賓拉登（Hamza bin Laden）登場了。賓拉登家族是沙烏地阿拉伯的富商，與王室關係密切。賓拉登是一個極端狂熱分子，他志不在商業，而在謀求武裝力量和發動聖戰。賓拉登加入了阿富汗的反蘇聯戰爭，在白沙瓦建立了一處基地，大力支持聖戰，並與塔利班建立了關係。

戰爭結束後，賓拉登回到沙烏地阿拉伯。又遇到薩達姆入侵科威特（威脅到沙烏地阿拉伯安全），賓拉登主動向沙烏地阿拉伯王室請纓打擊薩達姆，但遭拒絕。沙烏地阿拉伯向美國求援，賓拉登大罵王室，沙烏地阿拉伯將其驅逐出境。此後，賓拉登在蘇丹組建基地，以自殺式襲擊的極端方式，報復沙烏地阿拉伯人與美國人。

1995 年 11 月，賓拉登在沙烏地阿拉伯首都炸死了十多名美國工程師。事後，美國鎖定賓拉登，賓拉登折回阿富汗。賓拉登拿出 300 萬美元支持塔利班收買喀布林以南的軍閥，成為塔利班最喜歡的「合夥人」。賓拉登稱讚阿富汗是世界上唯一真正的穆斯林政權。塔利班為賓拉登提供了一塊地盤，賓拉登在此建成了聖戰者的「西點軍校」。

賓拉登的特務在 1998 年襲擊了美國駐肯亞奈洛比大使館，造成 200 多人當場死亡；還襲擊了美國駐坦尚尼亞的大使館，導致 11 人死亡。但是，當時的柯林頓（Bill Clinton）政府都無法對賓拉登實施有效的打擊。美國對塔利班施壓，要求逮捕賓拉登，但是塔利班的態度極為輕蔑。美國又要求巴基斯坦逮捕賓拉登，但是巴基斯坦不敢得罪塔利班。巴基斯坦發現，他們已經養出了一隻不可控的猛獸。結果，賓拉登在伊斯蘭世界名聲大噪，更加肆無忌憚。

瘋狂，還是毀滅？

2001 年 3 月 12 日，塔利班一意孤行轟炸了巴米揚大佛。此舉遭到

世界譴責，被稱為人類文明的一場浩劫，歐瑪卻不屑地說：「我們不過就是在炸石頭。」

6個月後的9月11日，賓拉登組織了22個基地成員，劫持了4架民航飛機，其中兩架撞向了紐約世貿中心雙子星大樓。得手的消息傳回阿富汗，塔利班高層歡呼雀躍。他們沒有意識到，大難即將臨頭。美國迅速將目標指向賓拉登及庇護賓拉登的塔利班。

10月7日，美國大軍空襲塔利班，阿富汗再次陷入戰爭。一個月後，塔利班領導人出逃喀布林，又回到了阿富汗與巴基斯坦邊界的難民營——他們從小長大的地方，融入群眾，徹底消失了。喀布林成了「無主之城」，市民們湧上街頭，瘋狂歡呼。

美國，真的拯救了阿富汗嗎？

03　反恐戰爭與國家墳場

2001年12月，聯合國在德國波恩召開阿富汗問題特別會議。美國人主持了這次會議，當年參加過反蘇戰爭後來又被塔利班打敗的各路軍閥都來了，支持塔利班的普什圖普人被排除在外。會議決定，在阿富汗組建一個兩年的臨時政府，起草新憲法，實施代議制民主政體。

波恩會議推動阿富汗向世俗化國家回歸。這次，有美國這一強大外力介入，阿富汗能否完成現代化國家的徹底轉型？

很多人認為，阿富汗人拒絕美國植入的現代民主政府。其實並非如此，阿富汗人飽受戰亂之苦，如今人心思定，重建家園，他們對新的政府表達了極大的熱情和期待。2004年總統大選，登記選民超過1,200萬人，其中75萬人來自巴基斯坦難民營。要知道，當時的阿富汗人口不過3,000萬，排除57%的未成年人——按照選舉法不能投票，這一選民登

記率極高。最終，900萬人參加了這次投票，投票率遠遠超過了當年的美國總統大選。

新的憲法發表，舊阿富汗勢力與新阿富汗勢力展開了激烈鬥爭。最終，新憲法宣布，阿富汗是一個伊斯蘭共和國，保障民眾自由，女性享有平等的選舉權、工作權和受教育權。

新的政府和新的憲法，為阿富汗帶來了什麼？

幾乎和之前所有的政權一樣，新的政權只改變了城市，沒有觸及農村。

喀布林的上空，又飄起了風箏。城市再次響起了流行音樂，電影院興起，史瓦辛格（Arnold Schwarzenegger）的影片和詹姆斯·卡麥隆（James Cameron）的《鐵達尼號》（Titanic）最受歡迎。女孩子們開始脫下罩袍，穿上漂亮的裙子和牛仔褲。一些外國商人進入阿富汗創辦化妝品工廠和商店，他們意識到，塔利班下臺後，被關在家裡的女人們定然會上街購買美容品。

而廣大山區農村的舊阿富汗，還是傳統的阿富汗，甚至比之前更加糟糕。新政權的思想教育、軍隊控制以及經濟生產三大關鍵能力上，完全不能滲透到農村。

在舊阿富汗，人們更加認同的是伊斯蘭教法，而不是憲法。電影製作人塔瑪拉·古爾德（Tamara Gould）拍攝紀錄片《國家的地獄》（Hell of a Nation）期間，曾就憲法問題採訪當地一名男子。對方笑著說：「我們已經有了，我們的基本法就是伊斯蘭教法。」政府、議會及教育系統沒能在鄉村普及法治及現代國家的觀念。

大量阿富汗難民回到了舊阿富汗，那個破碎的家園。但是，他們連賴以生存的農業都沒法維持。荒廢的農田遍布當年蘇聯人埋下的地雷，

重要的水利設施被毀。農民的生計沒有保障，新政權與舊阿富汗又有何關係？

阿富汗政府的羸弱，與美國發動這場戰爭的目的是密不可分的。其實，美國並不是想重建阿富汗，只是為了剿滅賓拉登基地組織及其庇護者塔利班。當時的小布希（George Bush）是這麼考慮的，如今的拜登（Joe Biden）也是這麼想的。小布希打算迅速肅清塔利班殘黨，然後撤軍，將阿富汗的國防任務交給土耳其和德國組成的國際維和部隊。

我們看一組資料數據就能明白：2002-2003 年，美國在阿富汗戰爭的支出達到 350 億美元。其中，用於重建項目的資金只有 6,400 萬美元，用於人道主義和緊急援助的規劃資金僅有 8 億美元，其餘的絕大部分用於軍事支出。

美國無意建立一個有效的阿富汗政府。美國人對伊斯蘭主義不夠信任，他們擔心如果扶植一個強大的新代理人，哪一天又會成為如塔利班一樣的對手。

阿富汗的重建資金，更多來自自由市場和國際社會組織。2006 年，喀布林的非政府組織僱員達到 1.6 萬人。77% 的重建資金完全繞開了阿富汗政府，阿富汗政府就像一個局外人，沒能在重建中樹立威信。更重要的是，再多的援助跟舊阿富汗也沒有任何關係。

阿富汗政府疏於監管，腐敗成了一種流行病。在喀布林街頭，交通極為混亂，阿富汗交通警察以換零錢為由向車主索賄。不管是市民，還是農民，對阿富汗政府的腐敗都極為痛恨。

2006 年是阿富汗的一個轉捩點。市民的耐心被消耗光，農民在農村掙扎，塔利班抓住機會行動，依然是農村包圍城市，阿富汗混亂局面迅速惡化。

塔利班用鴉片「拯救」舊阿富汗的農民，其主要財源就是鴉片貿易，他們指導農民在荒地裡種植鴉片。與其他農作物不同，鴉片耐旱，不需要水利設施；同時，鴉片售價高，只需要種植一小塊就可以養活一家人，這大大降低了風險。另外，塔利班還負責鴉片收購。如此，阿富汗農民的生計與塔利班緊緊捆綁在一起。另一邊，毒品腐蝕了阿富汗整個政府系統。為了避免打擊，毒梟、商人向政府官員行賄，上至內閣下至警察，無不沾染「毒金」。

要徹底改變阿富汗，必須從教育開始，培養下一代阿富汗人。但是，塔利班最痛恨的是學校。思想控制（伊斯蘭教義）是塔利班起家、看家的「核子武器」。2006年開始，塔利班大規模襲擊學校，將老師斬首示眾，將學校設施燒毀。塔利班成功地製造了「學校恐懼症」，一年之內，南部和東南部就有200多所學校被迫關閉，很多家長不敢送孩子去學校。

摧毀學校後，塔利班在農村掌握了輿論，製造了各種謊言和謠言。他們向家長傳播：孩子如果進入了學校，就會背棄伊斯蘭信仰，就像當年左翼的人民黨學生，領著蘇聯人來侵略我們。

美軍為何不加強對塔利班的打擊？

這時的美軍，似乎也與當年的蘇聯、英國一樣，陷入了「帝國的墳場」。塔利班隱藏在山區、農村與居民家，跟美軍打游擊戰，搞自殺式襲擊。2007年，僅赫爾曼德省，塔利班就發起了751起襲擊、謀殺等暴力事件。

在廣大山區的「帝國的墳場」，美軍反而有些畏首畏尾。美軍在一次空襲中，襲擊了塔利班領導人的藏身之所。但是，屋內居然有9個小孩死於非命。塔利班在農村和媒體上大肆傳播美軍襲擊阿富汗兒童和居民。每次誤殺、誤傷一些居民，美軍都要與阿富汗政府一起處理，為受

◆ 震盪之地：地緣政治的影響

害者提供賠償。這給塔利班留下了極大的輿論造勢空間。

2008年，隱藏在巴基斯坦的歐瑪組建了「影子政府」，在各地任命了「影子」省長、市長、警長，負責地下宣傳活動，以及策劃恐怖襲擊。這時，空襲已經蔓延到城市，阿富汗局勢失控在即。

另一邊，歐巴馬上臺後，針對阿富汗的局勢，美國內部決策產生了分期。軍方認為，應該加大軍力，迅速剿滅塔利班和賓拉登基地組織。但是，副總統拜登反對，他希望撤出大部分戰鬥部隊，留下精銳部隊和使用精確導引武器，追蹤並靈活地消滅恐怖分子。

歐巴馬採納了兩方的意見，美軍開始增加對阿富汗兵力的投入，到2009年，北約各國駐阿富汗的作戰人數已經達到10萬人。美軍對塔利班實施大規模空襲，塔利班遭遇重創，實際領導人被炸死。同時，空襲也造成了大量的平民傷亡。其中一次空襲，39名死者中，多數是婦女和兒童。這大大增加了阿富汗普通民眾對美軍和阿富汗政府的仇恨。

2011年5月2日，美國海軍的一支海豹突擊隊駕駛兩架直升機從航母上起飛，趁著夜色悄悄進入巴基斯坦，在軍事院校附近的一個大院內擊斃了賓拉登。

賓拉登被擊斃，是阿富汗局勢的轉捩點。這是美軍撤出阿富汗的最佳機會。這時，塔利班和基地組織的勢力被大大削弱，他們更可能與阿富汗政府妥協達成停戰協議。

但是，猶豫的歐巴馬受到國內政治壓力而錯過了最佳時機。這就導致美國在阿富汗陷入一種合法性困境：美國發動這場反恐戰爭的目的是打擊基地組織，如今賓拉登被擊斃，目的達到了，這場戰爭應該結束了，之後的阿富汗應該交給阿富汗人民去處理。美國撤軍拖得越久，美軍在阿富汗的合法性就越弱。

此後，美國一拖就是十年。這十年，美軍在阿富汗陷入了一場漫無目的的治安戰。除了大規模燒錢，美軍什麼也做不了。相反的，塔利班與舊阿富汗的農民、部落首領、軍閥以及宗教勢力連結更加緊密，塔利班逐漸成為舊阿富汗的實際掌控者。他們策劃的恐怖襲擊遍地開花，美軍被動的反擊行動，進一步加深了舊阿富汗人對美軍以及阿富汗政府的仇恨。

川普政府在 2020 年 2 月開始與塔利班就結束阿富汗戰爭進行談判。最後雙方達成協議：美軍於 2021 年 5 月 1 日前從阿富汗全面撤軍。阿富汗政府連上桌談判的機會都沒有，所有人都意識到，美軍撤退後，阿富汗要變天了。

但是，很少人預料到這一天來得這麼快。短短幾個月，阿富汗局勢急轉直下。8 月，舊阿富汗全面圍堵阿富汗城市，塔利班聯合各部落及軍閥勢力迅速接管喀布林，阿富汗總統逃亡國外。當地時間 8 月 19 日，塔利班宣布成立「阿富汗伊斯蘭酋長國」，釋出新的阿富汗「國旗」。

阿富汗機場，完全是一處可怕的絕望的逃難現場。數千名阿富汗人，其中不少是與美軍打交道的政府人士，瘋狂地湧向正在起飛的美軍飛機。飛機起飛後，幾個機艙外的阿富汗人從高空中墜落，慘烈的畫面震驚世人。

美國共和黨人大罵拜登政府：這是「西貢時刻」，是人類文明的恥辱。拜登發表電視談話，卸責給川普，並強調：「我們在阿富汗的任務本來就不應該是國家建設⋯⋯我們在阿富汗的唯一重要的國家利益到今天仍然沒變，就是防止對美國本土的恐怖襲擊。」

美國就像是麥可・桑德爾（Michael Sandel）《正義》（Justice）書中那個改變火車軌道的人。美軍的進入與撤退，改變了阿富汗的局勢，也改變

了很多人的命運——死亡，還是生存，抑或是奴役。如果這不是國家的問題，至少也是兩個總統分別在策略和戰術上犯下的嚴重的錯誤。歐巴馬錯過撤軍時機以及拜登無條件倉促撤軍，製造了這場人道主義災難。

在喀布林，女性又穿起了罩袍，再次把自己包得密不透風，然後躲在家裡不敢出門。街上關於女性的廣告被刷去，很多商店關閉了。美國政治學教授哈德森曾提出，唯一可以預測某個國家政治穩定度的指標，就是該國女性的待遇。

與上次執政不同，這次，塔利班試圖向外界釋放最大的善意。塔利班向世界宣稱將組建一個包容性政府，大赦所有對手，允許女性工作。但是，純潔神聖的伊斯蘭教法允許嗎？

阿富汗的命運猶如喀布林的風箏。

參考文獻

[1] 塔米姆·安薩里。無規則遊戲 [M]。鍾鷹翔，譯。浙江：浙江人民出版社，2018。

[2] 艾哈邁德·拉希德。塔利班 [M]。鍾鷹翔，譯。重慶：重慶出版社，2015。

伊朗，何以至此？

2020 年開年，川普突然命美軍成功「斬首」伊朗軍中一號人物蘇雷曼尼（Qasem Soleimani），引發國際輿論譁然。

在這一事件中，國家利益、宗教衝突、歷史仇恨、國際勢力深度糾纏，我們該如何理性地理解？

本節剖析伊朗百年歷史，思考巴勒維王朝為何在現代化改革中突然崩塌，何梅尼如何建立政教合一的國家，美國在伊朗歷史中扮演了何種角色，這次「斬首」行動給伊朗局勢帶來哪些影響。

01　巴勒維王朝：合法性困境

1921 年 2 月 18 日，穆罕默德 - 禮薩・巴勒維（Mohammad Reza Pahlavi）率三千哥薩克兵進軍首都德黑蘭，逮捕大批官員，國王聞訊出逃。禮薩以兵不血刃的方式奪取了政權，伊朗從此進入了巴勒維王朝時代。

1919 年，英國試圖將伊朗變為保護國，迫使伊朗國王簽署英伊協定。這一奴役性協定遭到了伊朗民眾的反對，引發反英潮。英國擔心伊朗國王難以控制局面，遂扶植實權派禮薩取而代之。

禮薩政變被認為是伊朗現代化的開端，但其政權合法性，尤其是依靠英國勢力奪取政權，一直困擾著巴勒維王朝。

禮薩是一個強硬派，他出身貧寒，十四歲從軍，從士兵一步步爬到中校。在俄國十月革命後，他趁機趕走了俄籍軍官，掌控了哥薩克師，成為軍中實權派。

在登基加冕後，為了維護政權合法性，禮薩一方面實行君主立憲制，推動雄心勃勃的現代化計畫；另一方面盡量遠離英國與蘇聯，收復被蘇聯占領的領土與主權，試圖奪回被英國控制的石油資源。

禮薩崇拜土耳其總統凱末爾（Mustafa Kemal Atatürk），決心仿效土耳其，透過菁英治理的方式富國強兵。禮薩將政權與教權分離，以法國法典為範本，制定了刑法、商法與民法，以取代《古蘭經》和伊斯蘭教法，剝奪和限制教士對行政及司法的干預權。

這一改革遭到了教會勢力的強烈反對，禮薩建立了一支強大的軍隊，對反對者予以鎮壓。他在北部消滅了蘇聯人支持的軍隊，在南部平定了庫德族人的叛亂，在西南鎮壓了英國人支持的反抗勢力，在中部掃蕩了分裂活動。禮薩的改革強硬、鎮壓血腥，但不乏進步意義。

他還建立學校，推行通俗教育，打擊教會對學校的控制。他下令允許婦女進入職場，廢除教義對女性的不平等限制。

1929年禮薩頒布法令廢除了頭巾，男女皆可穿著歐式衣服；1935年頒布法令禁止強制婦女戴面紗。這項法令遭到了馬什哈德市宗教勢力的反對，禮薩果斷出兵鎮壓。

禮薩展現了開國者（王朝開創者）想要快速富國強兵的雄心與魄力。他努力學習西方強國，派遣自己的兒子穆罕默德・禮薩・巴勒維（Reza Pahlavi）及百餘人到歐洲留學。禮薩的強勢手腕推動著這個波斯古國向現代化國家演進，工廠興建，城市興起，工人及中產階級湧現，義務教育出現。

禮薩對英國人也持強硬態度，他廢止了議會尚未通過的英伊協定，將英國人從伊朗政府及軍隊中趕走，解散了英國在伊朗的武裝力量，遣散了憲兵部隊中的瑞典軍官。

當時，英國透過英伊石油公司控制著英國的石油資源。這家公司是現在的英國石油公司的前身。1930 年這家公司的採油量在西方世界高居第三位，利潤極其豐厚，但是伊朗政府獲得的利潤分成不及 6.5%。第二年，利潤分成降到 1.6%，這一舉動引發了伊朗上下的不滿。

禮薩下令取消了這家公司的租讓權，因此獲得民眾擁戴，被讚為民族英雄。後來，英國政府對禮薩施壓，兩國重新談判，並在 1933 年簽署了為期 60 年的新租讓協議。新租讓的面積要比之前少了一半（1938 年以後只有原來的 20%），禮薩政府每年可以從英伊石油公司獲取豐厚的租讓費和石油稅。

在關鍵的石油領域掌控更多的支配權後，禮薩拒絕從英國、蘇聯引進技術，選擇與德國、法國、義大利合作。

不幸的是，1939 年第二次世界大戰爆發了。兩年後，德軍入侵蘇聯，英國與蘇聯成了盟友。更重要的是，德軍閃電突襲蘇軍，快速切斷了蘇軍的補給線。蘇聯亟須開闢新的補給線，英國則渴望重新奪回在伊朗的石油控制權，於是兩國計劃兵分兩路入侵伊朗，南北夾擊，最終會師德黑蘭。

這時，禮薩做出了策略性誤判。他認為，伊朗只要不倒向軸心國，就不會捲入這場戰爭，於是禮薩宣布伊朗是中立國。他甚至認為，英國只謀求南部石油資源，蘇聯不可能入侵伊朗北部。老國王沒想到，蘇聯企圖生吞了伊朗。

英國找了一個發動戰爭的理由，認為伊朗為敵國德國開便道，放任德國工程師在伊朗從事間諜活動，以破壞英伊石油公司的設施。

這場戰爭僅持續了 4 天，英蘇會師德黑蘭，逮捕了禮薩將他流放。伊朗的鐵路、通訊與石油被英蘇控制。盟軍美國則源源不斷地透過伊朗

補給線投放策略物資，北運給蘇軍，南運給英法聯軍。

1943年11月，美英蘇在伊朗首都召開了著名的德黑蘭會議。可見，伊朗的地理位置對同盟國來說有多重要。這次會議確定了美英開闢西歐第二戰場，與蘇軍東西夾擊德軍。

不過，同盟國的目的並不是占領伊朗，德黑蘭會議對伊朗承諾，戰爭結束六個月內便撤軍。

禮薩政權突然倒臺，對巴勒維王朝的權威打擊很大。在美英蘇的支持下，禮薩的兒子巴勒維繼位。

年紀輕輕的巴勒維屬於典型的「君主二代」，以理想主義治國，妄自尊大，但關鍵時刻又軟弱無力，缺乏其父親的手腕及政治家的睿智。

第二次世界大戰結束後，蘇聯違背承諾拒絕撤軍，並在伊朗北部省分扶持左翼政黨。這股勢力此後雖遭遇打壓，卻成為推翻巴勒維王朝的重要力量。

1949年，蘇聯扶持的左翼政黨刺殺巴勒維未遂，伊朗政府取締了左翼政黨。兩年後，巴勒維又遭遇了來自民族主義勢力的挑戰。老練的摩薩台（Muḥammad Muṣaddiq）在議會投票中獲勝，被任命為伊朗總理。摩薩台上臺後架空了國王，並推動石油國有化。這讓英國極為不滿，於是英美聯合策動了一場政變，推翻摩薩台，巴勒維重掌大權。

沒有部族基礎的巴勒維王朝，其命運始終與英美勢力交織，兩任國王都是依靠外國勢力策動的政變上臺或站穩腳跟。巴勒維與其父親一樣，面臨政權合法性的困擾。

此次政變後，巴勒維與美國達成了交易。巴勒維掌控的扎赫迪政府與英美重新簽署石油協議，美國石油資本成了最大的贏家。美國為巴勒維提供4,500萬美元的緊急貸款，幫助伊朗政府解決財政危機。

1960 年，伊朗財政再次惡化，經濟危機爆發，不少企業倒閉，失業率超過 20%。這一年，伊朗爆發了 100 多次罷工和反政府示威。

1960 年底，年輕的甘迺迪當選了美國總統，他調整了對伊朗的政策。甘迺迪上任不久，美國國務院遞交了一份關於伊朗政策的報告給新總統。報告指出，需要提供足夠的援助以防止伊朗經濟崩潰及財政破產，但是國王（巴勒維）必須採取一系列政策，比如滿足中產階級的政治要求。同時，這份報告提醒甘迺迪密切關注伊朗局勢，並物色替代人選。

從 1954 年到 1962 年，美國一共向伊朗提供 6.81 億美元的經濟援助和 5 億美元的軍事援助。但是，巴勒維依然難以控制局面。1960 年巴勒維承諾自由選舉，但選舉時舞弊風行，因此遭到更多人的反對。

面對糟糕的局勢，巴勒維再次向美國政府求助。甘迺迪同意繼續提供鉅額貸款，但條件是巴勒維必須帶領自由派人士進行社會改革。巴勒維後來回憶說：「美國人想要石油和它的人擔任首相。這個人就是阿米尼（Ali Amini）。最終壓力太大，我無法抗拒，尤其是甘迺迪當選總統之後。」

阿米尼上臺後強行解散議會，以「毫無阻礙地進行至關重要的改革」。但是，阿米尼僅執政 14 個月就被迫辭職。有學者猜測，1962 年春夏之交，巴勒維訪美與甘迺迪達成默契：美國拋棄阿米尼，巴勒維親自主持社會改革。

1963 年 1 月，巴勒維頒布了六大改革計畫。這就是今日人們津津樂道的「白色革命」。

這六項計畫包括土地改革，森林國有化，出售國營企業，工人參與公司分紅，讓婦女享有選舉權，農村教育。

這些改革被認為是自由主義或西方式改革，其實是繼承了巴勒維父親的改革思路，本質上是透過國家現代化來強化巴勒維王朝的合法性。

當時議會被解散，巴勒維為了獲得民眾支持，採取全民公投的方式決定是否改革。結果，贊成票達 99.9%，絕大部分農民和市民都支持巴勒維的改革。

巴勒維的改革成果是顯著的。伊朗的工業化、城市化程度大幅度提升，從 1963 年到 1976 年，伊朗 GDP 增速大部分年分都超過 11%。到 1976 年，將近一半的人口居住在城市，將近一半的人口擺脫了「文盲」的標籤。社會風尚煥然一新，女性打扮像歐美國家一樣緊跟潮流，可自由戀愛，言論開放，且擁有選舉權。

但是，令世人感到困惑的是，巴勒維王朝卻在經濟持續繁榮、社會持續開放十餘年之際突然倒臺。

02　伊斯蘭革命：現代化悖論

有人將巴勒維王朝的失敗歸因於自由主義改革，認為資本主義帶來的貧富差距激化了社會矛盾。

巴勒維王朝的崩潰其實是獨裁政府現代化改革的經典案例。

美國社會學家戴維斯在 1962 年提出關於「革命何時爆發」的「革命的 J 曲線」。戴維斯認為，貧窮本身不足以引發革命。最容易爆發革命的國家不是封閉國家，也不是開放國家，而是處於現代化程序中的國家。

隨著改革開放，國家社會穩定性降低，經濟持續成長，一旦經濟失速，可能導致現實與期望的失調。這種心理挫折感及開放後對公平的低容忍度，是滋生革命的土壤。

法國歷史學家在研究法國大革命後，提出了革命爆發的「悖論」：

「革命的發生並非總因為人們的處境越來越壞。最經常的情況是，一向毫無怨言彷彿若無其事地忍受著最難以忍受的法律的人們，一旦法律的壓力減輕，他們就將它猛力拋棄。被革命摧毀的政權幾乎總是比它前面的那個政權更好，而且經驗告訴我們，對於一個壞政府來說，最危險的時刻通常就是它開始改革的時刻。」

但是，令人不解的是，巴勒維掌控著強大的軍隊及國家機器，還有美國撐腰，卻在伊朗伊斯蘭革命中輕率地繳械投降。

其實，巴勒維王朝陷入了獨裁君主的國家現代化改革「悖論」。獨裁君主推行國家現代化改革，是一條自毀「江山」的道路。改革中的獨裁君主制，只是國家現代化程序中的臨時制度。只要繼續推進現代化，獨裁君主終會失去政權，最好的結局便是如英國女王、日本天皇一般並無實權卻依然享有作為國家象徵的至高榮耀。

巴勒維王朝的兩任國王不得不大力推行國家現代化以強化王朝的合法性，但是現代化改革必然導致其失去政治勢力，削弱其政權的合法性。與多數力推改革的君主一樣，巴勒維一邊大力推動經濟及社會改革，一邊又努力撈取經濟利益，強化政治統治。

巴勒維修改憲法，國王擁有擱置議會通過的任何財政議案的權力，組建了針對反對勢力的情報部門「薩瓦克」，還下令廢除了兩黨制，實行一黨制。為了打壓伊斯蘭教什葉派勢力，巴勒維刻意強化伊朗的雅利安血統，以及波斯帝國的君主制傳統。同時，巴勒維對內鎮壓一切反對勢力。

不過，巴勒維改革促進經濟快速成長，經濟成長壓制了人們的不滿，教會、農民及中產都對巴勒維保持一定的容忍度。但是，經濟改革

的成就沖昏了巴勒維的頭腦，從 1970 年代開始大肆進行樹立國威的全國性活動。

1971 年，慶祝波斯帝國成立 2,500 週年；

1974 年，舉辦亞運會；

1976 年，廢除伊斯蘭教曆，採用以 25 世紀前波斯帝國成立開始計算的皇曆──旨在去伊斯蘭化。

1970 年代，伊朗經濟快速成長相當程度上依賴於石油出口，但王室把持了石油資源，出口利潤無法惠及國民。

1973 年 10 月，為了打擊西方國家對以色列的支持，伊朗與阿拉伯國家聯合大幅度提升石油價格，並對西方國家實行石油禁運，第一次石油危機爆發。

石油價格短時間內翻倍，巴勒維被鉅額的美元外匯沖昏了頭，忘記了自己手上的錢是從哪裡賺來的，自己手上的政權是怎麼來的。

巴勒維高調宣布，將伊朗建設成為世界第五大工業國及中東軍事強國，復興波斯帝國的「偉大文明」。當時，整個伊朗的信心指數直線飆升，期望值也高升，街道上瀰漫著石油、美元與航空母艦的味道。

巴勒維拿著大把美元去購買美國的武器，大規模武裝軍隊，設立監視組織薩克瓦以強化統治。從 1972 年到 1976 年，美伊的軍火合約價值高達 104 億美元。

但是，從 1974 年開始，伊朗經濟開始失控，通膨率快速上升，1975 年經濟陷入負成長，1976 年反彈，1977 年又是負成長，1978-1979 年增速跌破 -10%。

經濟一旦失衡，海面之下湧動的不滿、憤怒與仇恨就噴湧而出。巴

勒維推行的不少改革忽視了伊斯蘭教的傳統，嚴重傷害了伊斯蘭教會的經濟利益及信徒的情感。

巴勒維採用合作社的方式推行土地改革，剝奪了大地主和教會的土地，將土地折合為合作社的股票分配給農民。農民手握股票心中不安，感覺被欺騙了。同時，大批的農民流向城市，經濟失失控時，大批失業的農民工又無法回農村耕田。

1970 年代，伊朗人口快速增加，到 1976 年，伊朗人口超過 3,300 萬，其中接近一半居住在城市，超過一半不到 20 歲。他們成了一股難以控制的革命洪流。

另外，曾經被巴勒維鎮壓的民族主義勢力、憲政自由派、左翼政黨、工會勢力及失業工人也開始蠢蠢欲動。

從 1977 年開始，伊朗逐漸爆發大規模的反政府、反國王運動。1978 年，各城市遊行示威不斷更新，遊行群眾高呼「打倒國王」、「西方傀儡」、「建立伊斯蘭教國家」。不少遊行隊伍都高舉著一位老者的畫像，他就是何梅尼。

何梅尼是伊朗伊斯蘭教什葉派的領袖，他是巴勒維白色革命的主要反對者。他曾經公開辱罵巴勒維為「卑鄙可恥的人」、「美國的走狗」。何梅尼大肆抨擊巴勒維的政策破壞了伊斯蘭的傳統，讓伊朗淪為一個毒品、酒肉、妓女氾濫的國家。

伊朗政府多次逮捕何梅尼，並將其流放海外長達 14 年。何梅尼大多數時間都在伊拉克聖地納傑夫，他堅持鬥爭在伊朗及伊拉克什葉派中贏得了威望。

很多人不解，巴勒維怎麼會坐視示威更新，以至於最終被手無寸鐵的何梅尼推翻，難道靠嘴巴也能說出個政權來？

◆ 震盪之地：地緣政治的影響

當時，幾乎所有的必然與巧合都湊在了一起。在這個節骨眼上，歷史打了個瞌睡，就變成了今天這樣的伊朗。

首先，美國的態度極為關鍵。當時美國總統卡特 (Jimmy Carter) 對巴勒維的支持態度並不堅決、明確，甚至猶豫不決。

1974 年石油危機重創美國經濟，導致美國陷入了第二次世界大戰以來最為嚴重、持久的一次停滯性通膨危機。卡特政府短暫的四年執政生涯都在疲於應付高通膨、高失業、工會談判及物價管控。卡特因此極為痛恨中東石油商，他呼籲美國民眾節省石油消費，不要上阿拉伯人和石油商的當。

另外，卡特當年標榜國際人權外交，獲得不少民眾支持。他上臺後實行「隱忍外交」，不支持政府以國家力量打擊民眾。而當時，伊朗的人權紀錄並不理想，這讓卡特政府內部產生了意見分歧，因此卡特對是否支持巴勒維鎮壓反對派顯得猶豫不決。

卡特政府的猶豫態度，讓巴勒維等來了災難性的後果。到了 1978 年，伊朗反對運動遍布全國，巴勒維已陷入群眾的汪洋大海。

這時，巴勒維因一直得不到美國政府明確的指示，決策左右搖擺，軍隊猶豫不決，官僚團隊人心渙散。

1978 年 9 月 8 日，在德黑蘭的一場示威中，軍隊鳴槍示警無效，終於朝繼續前行的人群開火，造成 89 人死亡。已經流亡國外的何梅尼開始大肆對外宣傳政府屠殺了 4,000 名平民。

在關鍵時刻，卡特政府派遣特使到伊朗軍中，強調要避免伊朗爆發內戰。軍隊因此不敢輕舉妄動，採取中立態度。

11 月 6 日，巴勒維在伊朗電視臺發表談話，為統治期間犯下的錯道歉，並保證開放黨禁、打擊腐敗、建立民主聯合政府。

何梅尼趁機鼓動群眾，宣稱美國政府不再支持巴勒維這個「弱雞」。這時，巴勒維患癌的消息被曝光，群眾更加相信，美國人不可能支持這個不久於人世的國王，巴勒維的支持者也紛紛倒戈。

1979年1月巴勒維以「放長假」為由被迫逃離伊朗。這時伊朗出現權力真空，幾十萬裝備精良的軍隊群龍無首，一些軍隊及官員立即倒戈。

有人認為，癌症打擊了巴勒維的對抗意志。流亡海外的巴勒維輾轉多國治病，但心中依然保持著天真樂觀的想法。他認為，這是1953年政變的重演，美國會擁立他兒子為新的國王。

但是，他沒有想到的是，1979年第二次石油危機爆發，美國再次陷入停滯性通膨，卡特總統無暇顧及伊朗問題，更緊迫的任務是盡快提升就業率，促進經濟復甦，以爭取連任。

另外，歐美國家太清楚獨裁君主的現代化宿命。早在100多年前，法國經濟學家巴斯夏（Frederic Bastiat）到英國與科布登（Richard Cobde）、布萊特一起推動反穀物法運動時就預言，曼徹斯特主義（經濟自由主義）將終結殖民主義。

以自由交易為生的市場經濟需要一套保護公正、自由及私有權的制度。國家現代化是目的而不是手段，但是獨裁君主卻將其視為強化統治的手段。最終，國家現代化改革催生的自由思想、個人勢力及權力訴求，不斷地挑戰獨裁君主的勢力範圍。

1960年代，美國政治學家杭廷頓（Samuel Huntington）在《變化社會中的政治秩序》（*Political Order in Changing Societies*）中更加明確地指出了這個問題。他認為，現代化的傳統君主制國家的政治體制會陷入一種「根本性的困境」：一方面，傳統君主為了追求合法性不得不進行現代化改革；另一方面，現代化的成功又削弱了君主制的合法性。

當巴勒維陷入這種困境時，他採用的自保手段幾乎是自我毀滅式的：一方面進一步推行自由化政策，另一方面又死死控制著政治權力和石油利益不放。

巴勒維臨終前懺悔地說：「我的致命錯誤之一是盲目追隨西方，相信美國的友誼。我讓國家以超出他所能接受的程度實行民主和現代化。」

其實，巴勒維王朝的倒臺是國家現代化的必然結局，只是巴勒維的愚蠢加速了這一進程。歐美國家看過太多君主（專政）政府倒臺，他們通常選擇順勢而為，另選更有實力的政治勢力合作。前有國民政府倒臺，今有巴勒維王朝倒臺，後面還有阿根廷和韓國軍政府倒臺。

不過，這次美國人大意了，伊朗人也疏忽了，他們沒想到的是：革命送走了一位君主，卻迎來了一尊「神」。

03　何梅尼時代：法基赫監護

革命進步與否，不能只看過程，還要看結果。因為過程總是充滿血腥、暴力與謊言。

1979 年伊朗伊斯蘭革命給伊朗人和世界一個錯覺：這是一場進步的革命。

當時參加革命的派別眾多、族群複雜，有左翼政黨、民族主義者、憲政自由派、中產階級、農民及烏合之眾，並不僅僅是何梅尼領導的什葉派。但是，各派領導人都高喊自由、平等的口號。

很多參與革命的伊朗人認為，伊朗只要終結了君主制，不管採用西方道路還是組建伊斯蘭共和國，都會比現在更好。英美國家的政要與菁英很可能也產生了「進步意義的革命」的錯覺。

巴勒維流亡後，憲政自由派領導人巴赫蒂亞爾（Shapour Bakhtiar）組建了臨時政府。他對外宣稱，要以民主的方式選舉國家領導人，並實施憲政。幾乎所有人都認為，何梅尼不會介入政治，對政權不感興趣。

事實上，多數伊拉克什葉派及傳統伊朗什葉派幾乎不干預世俗政府事務。何梅尼多次透過西方媒體表示：「什葉派宗教領袖不是要去統治別人。」

1978年11月，何梅尼在接受美聯社、聯合新聞社、英國衛報採訪時都明確表示，「個人願望、年齡及我的健康，都不允許我執政」，「我不想擁有權力或政府的掌控權，我對權力不感興趣」。一些西方媒體甚至將何梅尼吹捧為為伊朗爭取自由又淡泊名利的「華盛頓式英雄」。

1979年2月1日，何梅尼結束了14年的流亡返回伊朗，法航機長親自攙扶何梅尼下機，當時數萬信眾前來迎接。何梅尼發表談話，向伊朗人承諾，伊朗將迎來一個民選政府，教士不干政，人人享有免費電話、電力、暖氣及巴士，「沒有人會在這個國家無家可歸」。

但是，一回到伊朗，何梅尼的言行即發生變化。首先公開反對巴赫蒂亞爾之前組建的臨時政府。

然後，何梅尼發起了宗教激進主義運動，將伊朗全面伊斯蘭化。

何梅尼廢除了巴勒維王朝頒布的《女性家庭保護法》，強制要求婦女必須遮掩頭髮，嚴禁抽菸喝酒、男女游泳；要求中小學及大學停課，對教材、教師隊伍進行整頓，所有課程都由「伊斯蘭大學委員會」編寫，查處一切西方書籍及電影；將女孩的法定結婚年齡降到9歲，已婚婦女則不允許在普通學校上課。

一兩個月前還歡呼雀躍的革命女性，這時目瞪口呆了。在3月8日國際婦女節這一天，德黑蘭婦女爆發了大規模示威活動，她們高舉著訴求標

語，用波斯語和英語寫著：「我們要平等」，「女性解放才是社會的解放」。

當時，遊行的女性依然面帶笑容，絲毫並未感覺到，她們將長期頭戴黑紗，身穿長袍，巴勒維時代的開放已一去不復返。

1979年3月31日，伊斯蘭共和國以公投的方式成立。從巴勒維流亡到伊斯蘭共和國成立，不過短短兩個半月，西方人、伊朗人、全世界都還沒反應過來，伊朗已經徹底進入了政教合一的何梅尼時代。

何梅尼將美國和以色列列為伊朗的頭號敵人，他號召革命衛隊及教徒砸壞一切帶有西方文化色彩的可口可樂、麥當勞、酒吧、咖啡館、賭場及娛樂場所。

10月，流亡的巴勒維前往美國治療癌症，這事激怒了伊朗信徒。11月4日，數萬信徒衝入美國大使館，將66名工作人員扣為人質。這就是震驚世界的伊朗人質事件。

事件發生後，美國朝野譁然，卡特總統立即制裁伊朗，終止了從伊朗進口石油，凍結了80億美元的伊朗人在美資產。伊朗提出釋放人質的條件，包括遣返流亡美國的巴勒維，就1953年策動政變向伊朗道歉。

當兩國外交陷入僵局時，卡特總統命令美國特種部隊發起人質營救行動。1980年4月24日22時，美國尼米茲號核動力航母逼近伊朗海域，8架直升機搭載180名突擊隊員，直奔德黑蘭營救人質。

然而，在飛行途中，3架直升機因沙漠爆發沙塵暴而脫隊，卡特總統當即取消了營救任務。更糟糕的是，在撤離過程中，直升機與運輸機相撞。第二天，美國政府向外界公開營救計畫失敗。

人質營救失敗直接導致卡特連任大選失利。雷根總統剛上臺，便與伊朗達成了協議。1981年1月20日，美使館人員被挾持了444天後終於獲釋。

伊朗人質事件對美國來說是奇恥大辱，從此美伊兩國成了冤家仇敵。何梅尼在這起事件中獲取了不少的政治資本，國內威望爆棚。不過，何梅尼的野心遠不僅此，他試圖超越國家概念統一穆斯林，聲稱：「在世界各地建立伊斯蘭國家是革命的偉大目標。」

何梅尼選擇伊拉克作為第一個目標。伊拉克是什葉派的發源地，什葉派占當地人口的55%，但是多數信徒不參與政治，當時的伊拉克由遜尼派薩達姆・海珊（Saddam Hussein）掌控政權。何梅尼在伊拉克流放十餘年，擁有不少信徒，更有機會發動伊斯蘭革命。而薩達姆則企圖趁何梅尼立足未穩之際打擊伊朗。

1980年9月22日，兩伊戰爭爆發。兩國都未曾想到，這場戰爭一打就是八年。蘇聯、美國、英國、法國都紛紛向兩國出售武器。這場戰爭被認為是「用最先進的武器打了一場最原始的戰爭」。因為兩國士兵素養偏低，基本上不會使用美蘇提供的先進武器，有時只能陷入慘烈的肉搏戰。

令所有人沒有想到的是，美國雷根總統在出售武器給伊拉克的同時，還暗中向伊朗輸送。1986年11月4日，在伊朗人質事件七週年集會上，伊朗議長拉夫桑尼宣布，美國總統國家安全事務助理麥克法蘭（Robert McFarlane）曾密訪德黑蘭，雙方達成了交易，美國向伊朗提供軍火，美國要求伊朗幫助釋放在黎巴嫩被劫持的美國人質。

令美國人無法接受的是，雷根總統主動向伊朗示好，贈送了一本雷根親筆簽名的聖經、一塊象徵開啟美伊關係的鑰匙型蛋糕給伊朗官員。

這就是著名的「伊朗門」事件。這一事件為雷根的執政生涯幾乎帶來毀滅性打擊。雷根辯解稱，改善與伊朗關係主要是為了預防伊朗在兩伊戰爭中倒向蘇聯陣營。不過，雷根在大衛營向全國發表電視談話承認：

「在執行對伊朗的政策中有缺陷,犯了錯。」

此後,美國國會出具了一份長達 690 頁的調查報告,調查費用近 800 萬美元。報告指出聯邦高官欺騙大眾、藐視法律程序。這一案件隨後轉移到美國司法機關審理,最終,主要負責人、國家安全事務總統顧問約瑟夫・波因德克斯特(Joseph Poindexter)被華盛頓聯邦地方法院判處 6 個月的監禁。

「伊朗門」對美國政界影響巨大,從此,對伊朗的強硬態度成為美國兩黨的「政治正確」,沒有任何一位總統敢觸碰這一地雷。

兩伊戰爭最終在聯合國的調停下於 1988 年 8 月結束。這是一場兩敗俱傷的戰爭,伊拉克死亡 18 萬人,伊朗死亡 35 萬人,兩國經濟被戰爭拖垮,社會陷入災難性重建階段。但是,兩國領袖都各自宣布贏得了戰爭。

戰爭兩敗俱傷,薩達姆和何梅尼卻贏得了統治聲望。在兩伊戰爭中,何梅尼大力推行法基赫體制[01],在司法、議會、行政及經濟領域全面實施伊斯蘭化。伊朗表面上有總統、議會、法院,但神職最高領袖才是伊朗的掌控者,以法基赫監護的身分控制司法、行政、軍隊大權。

何梅尼控制了宗教委員會和革命衛隊,提拔哈米尼(Ali Khamenei)為阿亞圖拉[02],將其扶上總統席位。

何梅尼在兩伊戰爭期間,將大部分私人資產收歸國有。伊朗經濟的 85% 由官方及半官方掌控,伊朗伊斯蘭基金會和革命衛隊控制著大量經濟利益。

---

[01] 法基赫體制指的是教法學家依據 1979 年 12 月生效的《伊朗伊斯蘭共和國憲法》,透過擔任革命最高領袖、司法總監等職務,參加專家議會、憲法監護委員會、確定國家利益委員會等機構對國家進行管理和監護。

[02] 什葉派的宗教學者等級制度,包括大阿亞圖拉、阿亞圖拉、霍賈特伊斯蘭三個等級。阿亞圖拉指的是伊斯蘭什葉派十二伊瑪目支派高級教職人員的頭銜和榮譽稱號。

這種結構性矛盾導致伊朗經濟成長緩慢。伊朗人抱怨生活水準下降，何梅尼則聲稱：「經濟是笨蛋的東西」，「宗教高於物質」。

何梅尼去世後，哈米尼成了伊朗新的最高領袖，並成為大阿亞圖拉。哈米尼基本上繼承了何梅尼的「宗教遺產」，國內社會結構固化，經濟並無太大起色。近幾年，在美國的封鎖下，伊朗通膨率節節攀升，經濟陷入困境，不少城市爆發了遊行示威。

不過，哈米尼比何梅尼更擅長向伊斯蘭國家輸出革命。伊朗只支付了大概相當於每年 0.5% GDP 的費用，卻扶持了 10 多萬伊拉克什葉派民兵組織、7 萬黎巴嫩真主黨以及葉門 25 萬胡塞武裝。這些武裝的規模相當於整個伊朗的軍力。

伊斯蘭革命快速繁殖，其實要感謝布希總統父子。老布希和小布希都曾對伊拉克發動軍事打擊，薩達姆被剿滅後，伊朗什葉派向伊拉克及周邊大舉滲透。其中，被川普「斬首」的蘇雷曼尼（Qasem Soleimani）就是主要負責人。

伊拉克的什葉派領袖是大阿亞圖拉西斯塔尼（Ali al-Sistani），他是伊拉克 1,500 萬什葉派穆斯林的真正領袖，美國在伊拉克對其也需禮讓三分。西斯塔尼是一個溫和派，不主張什葉派干預世俗政權，同時看不起伊朗的哈米尼。

不過，伊朗在伊拉克及周邊掀起革命，帶有強烈的利益驅動，少部分伊拉克什葉派願意為蘇雷曼尼賣命，並在 2014 年成立了親伊朗的「人民動員」武裝組。蘇雷曼尼的策略是，利用伊拉克什葉派民兵武裝、黎巴嫩真主黨以及葉門胡塞武裝長期恐襲美軍，伊朗從中謀求利益最大化。

蘇雷曼尼被殺，與 2019 年 10 月伊拉克掀起的反伊朗行動有關。為了

緩和兩伊矛盾，將矛頭一致對準美國，蘇雷曼尼在伊拉克頻繁活動，與「人民動員」武裝、黎巴嫩真主黨以及葉門胡塞武裝策劃針對美國的恐襲活動。

川普認定，美國商人在伊拉克被炸死、美駐伊拉克大使館被燒的幕後主使均為蘇雷曼尼，隨即發起刺殺行動。與蘇雷曼尼一起被炸死的，還包括伊拉克「人民動員」創始人之一、副司令官穆罕迪斯（Muhandis）。

這次攻擊美國大使館事件再次刺激了美國人的敏感神經，讓人聯想到當年的伊朗人質事件。很多人稱，刺殺蘇雷曼尼是報了美國當年人質劫持之仇。

當年卡特總統謀求連任，憚於人權外交，坐視巴勒維倒臺，何梅尼趁機奪權。川普當時謀求連任，民主黨還批評川普在中東問題上過於軟弱，這個不按常理出牌的總統用這次「冒險」行動暫時贏得了更多選票。

對伊朗來說，美國這種「百萬軍中取上將首級」的精準打擊，可能正好打中了伊斯蘭革命輸出模式的要害。

領袖將整個國家、整個伊斯蘭世界、數千萬穆斯林綁在一輛戰車的意義已不大，因為對方可以越過「炮灰」精準打擊戰車引擎。如今伊拉克「人民動員」武裝、黎巴嫩真主黨以及葉門胡塞武裝領袖也可能會重新評估「炮灰」的價值及自我的風險。

蘇雷曼尼之死，引發了巨大的意識形態爭論。有人感嘆，伊朗人今日留下的淚，其實是他們當年拋棄巴勒維王朝時腦子進的水。

有人為伊朗辯護稱，伊朗在群雄逐鹿的中東立足不易，應該尊重每個國家的民族自決權及宗教信仰。

其實，一個國家尚未建立充分的思想市場之前，民眾並不具備獨立思考能力，沒有能力作出理性的選擇。在現代化國家尚未建立之前，歷

史並不是民眾創造的，民眾可以選擇的機會與自由很少。

伊朗的出路，只能交給時間來回答；伊朗的未來，只能靠激盪中的覺醒。若算上宗教改革，歐美國家現代化也經歷了三四百年的艱難歷程。自禮薩加冕登基推行君主立憲以來，伊朗現代化程序不到百年時間。就連德意志這個強悍的民族，也是經過煉獄般的洗禮，才最終明白了人類文明的真諦及民主的歸宿。

這樣一個宗教、種族及國際勢力深度糾纏的國家，未來的路還很漫長、很艱辛。

參考文獻

[1] 杭廷頓。變化社會中的政治秩序 [M]。王冠華、劉為，譯。上海：上海人民出版社，2008。

[2] 李春放。論伊朗巴勒維王朝的覆滅 [J]。世界歷史，2002（1）。

[3] 托克維爾。舊制度與大革命 [M]。馮棠，譯。北京：商務印書館，2013。

[4] 冀開運。伊朗現代化歷程 [M]。北京：人民出版社，2015。

[5] 威廉・波爾克。伊朗 [M]。林佑柔，譯。臺灣：光現出版，2017。

[6] 陳安全。伊朗伊斯蘭革命及其世界影響 [M]。上海：復旦大學出版社，2007。

◆ 震盪之地：地緣政治的影響

> # 沙烏地阿拉伯百年往事：
> # 石油，鬥爭，帝國

80 年前，沙烏地阿拉伯開國國王阿卜杜勒・阿齊茲（Abdulaziz）怎麼也想不到，這片沙漠底下的石油能夠為沙烏地阿拉伯王室帶來如此巨大的權力。

沙烏地阿拉伯，至今依然是世界上最為神祕、充滿矛盾的國家。

這片土地上交織著美國人、猶太人與阿拉伯世界的矛盾，世俗社會與伊斯蘭宗教的衝突，君主制與國家現代化的悖論，還有石油與國家利益之間的賽局。

本節從歷史角度著手，觀察沙烏地阿拉伯王室如何運用平衡術駕馭複雜局面；如何掌控全球石油金權，左右世界局勢。

01　真主賜禮

「如果到明天中午仍然沒有我的消息，你就迅速跟其他人會合，然後一起逃往科威特。告訴父親我死了或者被拉希德人俘虜了。」

阿卜杜勒・阿齊茲跟弟弟交代後，雙手置於胸前祈禱：「唯有崇高的真主能給我勇氣與力量。」

阿齊茲帶領 40 名隨從藉助棗椰樹翻越利雅德城牆，經過沙烏地阿拉伯家族的僕人家，潛入一宅邸，並親手斬殺了歸來的房屋主人 —— 地方行政長官、拉希德家族的阿吉蘭（Ibn Ajlan）。

這座小城原本由沙烏地阿拉伯家族統治，後被拉希德家族奪走。阿齊茲率領沙烏地阿拉伯家族與貝都因人裡應外合才使其得以光復，重新

成為利雅德的統治者。

1902 年，與麥加、伊斯坦堡相比，這座面積不過 1 平方公里的小城極不起眼。阿齊茲光復利雅德，不過是一次沙漠部落之間的武裝衝突。

此後 20 年，阿齊茲以利雅德為據點四處征戰，抓住一戰良機占領麥加。

1932 年，阿齊茲控制整個阿拉伯半島後，宣布建國稱王，他用自己家族名稱給這個國家命名為沙烏地阿拉伯。

當時的沙烏地阿拉伯窮困潦倒，國王財力贏弱。阿齊茲將財政權交給一位名叫阿卜杜拉‧蘇萊曼（Abdullah Suleiman）的長老。蘇萊曼靠搜刮稅賦及「過路費」艱難地維持王室財政。

這位精明的財政大臣還是沙烏地阿拉伯的「央行行長」。蘇萊曼向臣民發行代金券作為貨幣，他們可向其兌換金盧比。這是一種金本位制。

然而，當王室財政拮据時，蘇萊曼就躲起來，阻止臣民兌換代金券。

沙烏地阿拉伯國王和蘇萊曼怎麼也想不到，日後他們能夠靠這片荒漠成為全世界最富有的家族；更想不到的是，他們在石油上動動手指，便可掀起全球金融市場的腥風血雨。

就在建國的第二年，沙烏地阿拉伯的好運來了。

美國加州標準石油公司一行人面見國王，提出在沙烏地阿拉伯開採石油的合作請求。當時，阿齊茲國王和蘇萊曼一臉茫然，他們對美國一無所知。況且，他們根本就不相信這片沙漠底下會有石油。

其實，美國人對沙烏地阿拉伯也一無所知，但工程師十分堅持他們的判斷。

◆ 震盪之地：地緣政治的影響

在阿齊茲光復利雅德時，英國人在伊朗發現了石油。隨後，英國、法國及荷蘭控制了伊朗及伊拉克的石油資源。

美國加州標準石油公司決心進軍中東，便在1928年從海灣石油手上買下了巴林島的石油開採權。

兩年後，加州標準石油公司的地質學家弗雷德‧戴維斯在巴林島上發現了石油。戴維斯推測波斯灣西岸的阿拉伯半島連綿起伏的沙漠底下蘊藏著大量的石油。

雖然阿齊茲國王不關心石油，但是他缺錢。加州標準石油公司許諾，只要對方同意他們勘探，國王立即可獲得3.5萬英鎊，18個月後還會得到2萬英鎊；如果真能找到石油，沙烏地阿拉伯還能獲得石油銷售抽成。

蘇萊曼看過特許權協議後，對唾手可得的5.5萬英鎊感到滿意。阿齊茲國王指示蘇萊曼：「相信神明，簽字吧。」

這份合約改變了沙烏地阿拉伯的國運，也改變了世界經濟局勢。

當時正處於大蕭條時期，《紐約時報》(*The New York Times*)用頭版報導了此事：「如果發現石油，相信會為整個阿拉伯地區帶來變革，將沙漠國家轉變為一個工業化國家。」

國王一再叮囑加州標準石油公司的工程師：「如果沒找到石油，但找到了地下水，一定要告訴他。」

石油勘探開始困難重重，由於當時沙烏地阿拉伯連螺絲都無法生產，每一個技術工人、每一臺設備、每一個配件，都要從美國或歐洲運送過來。

更要命的是，工程師花了幾年時間，連續打了幾口井，開採出來的

石油不過寥寥數千桶。

為了解決硫黃處理問題，加州標準石油公司不得不引入德士古公司（Texaco）作為股東一起開採。

1938 年 1 月，地質學家及工程師們開挖第七口油井。這口井的深度達 1,300 多公尺時，仍一滴石油都沒有冒出來。

這時，公司做出決定，縮減在沙烏地阿拉伯的投資，不再鑽探新油井。

3 月，工程師只能死馬當活馬醫，打完這最後一口井。於是，又往下打了 60 公尺，他們發現了石油。

令人欣喜的是，七號油井的產量每天可達 4,000 桶。半個月後，石油還源源不斷地湧出來。不久，工程師們又發現幾個大油田，一直延伸到波斯灣。

這時，國王意識到，沙漠下面的石油是「真主的恩賜」。

1939 年 5 月 1 日，加州標準石油公司決定把公司總部設在沙烏地阿拉伯小城達蘭。阿齊茲國王及王室成員前來慶賀，國王親自轉開了石油管道的開關。

這象徵著沙烏地阿拉伯的石油工業起步，也象徵著沙烏地阿拉伯開始以特殊的方式影響世界。

阿齊茲國王正準備藉助石油大肆闖蕩時，第二次世界大戰爆發了。

石油需求日漸擴大，1940 年沙烏地阿拉伯每天向世界輸出 2 萬桶石油，但是義大利的墨索里尼（Benito Mussolini）卻找了上門。

墨索里尼的轟炸機隊經長途空襲，成功地炸毀了英國在巴林的油井，並創下了長途轟炸的紀錄。

唯一的瑕疵是，飛行途中有一架飛機脫隊，將炸彈誤投到沙烏地阿拉伯的達蘭，炸毀了一些設施。美方為保險起見，撤走了大部分美國工人，關閉了沙烏地阿拉伯油井。

戰後，西歐各國重建及經濟復興，石油需求暴增，美方控股公司決定引進紐澤西標準石油、紐約標準石油作為公司的股東，以獲取更多資金開發沙烏地阿拉伯石油。

這四家美資控股公司將原公司更名為阿拉伯美國石油公司，簡稱「沙烏地阿美石油」。

1947 年，沙烏地阿美石油的日產量高達 20 萬桶。沙烏地阿美石油開始大規模地興建石油管道、深水港口、機場、宿舍及公司總部。

達蘭幾乎在一夜間從一個小鎮變成了一個國際化都市。城內有淡水游泳池、高爾夫球場、網球場、別墅，大批美國工程師、機械工、管理人員及部分本土沙烏地阿拉伯務人過著美式生活。

沙烏地阿拉伯王室也一夜暴富，僅 1946 年，國王就從沙烏地阿美石油獲得大約 1,500 萬美元的收入。

不過，阿齊茲是一位有憂患意識的君主。國王意識到三大國家隱患：

第一，墨索里尼誤炸石油設施，讓國王顏面無存，同時讓他意識到，部落武裝及低階武器已無法保護石油財富及國家安全。

該如何解決石油財富對國家帶來的安全問題？

第二，達蘭的富有與美式生活，與沙烏地阿拉伯其他村鎮的落後與伊斯蘭生活格格不入。

該如何處理世俗社會與伊斯蘭教的矛盾？

第三，當時冷戰開始，美國在中東支持猶太人建立以色列，這讓沙

烏地阿拉伯頗為尷尬，周邊阿拉伯國家對阿齊茲國王施壓。

該如何處理美國與阿拉伯世界的矛盾？

這三個問題，任何一個問題處理不當，輕則王朝覆滅，重則國家滅亡。

其實，這三個問題一直伴隨著這個石油國家，存續至今。

02　平衡之術

阿齊茲國王很清楚，美國及沙烏地阿美石油是他的金庫。

他向杜魯門（Harry S. Truman）總統保證，無論如何也不會讓中東的衝突影響到沙烏地阿美石油的生產及供應。同時，他還請求美國幫助沙烏地阿拉伯鞏固國防，組建空軍，以防止其他阿拉伯國家對其的侵擾。

實際上，美國也不希望失去沙烏地阿拉伯這位盟友。

早在第二次世界大戰時期，羅斯福總統的內政部長哈羅德‧伊克斯（Harold L. Ickes）就派人去執行一項機密任務：調查全世界的石油儲量。

最終調查報告這樣寫道：「沙烏地阿拉伯的石油在未來將會成為美國國家安全的重要組成部分。」

1947 年，美國向沙烏地阿拉伯派遣了第一任大使以強化美沙關係。

穩定沙美關係後，阿齊茲國王決心大興土木，推動沙烏地阿拉伯現代化，鞏固王室統治的政權合法性。

國王聘請了沙烏地阿美石油的營建商 —— 美國柏克德工程，為沙烏地阿拉伯修建機場、鐵路、發電站、港口、公路、醫院、學校等基礎設施。柏克德還替王室建造了一批富麗堂皇的宮殿及宅邸。

利雅德，從土堆小城迅速變為一座現代化都市。

不過，美國大使、沙烏地阿美石油及柏克德工程的高層都對王室的財務狀況感到擔心。王室財政與國家財政不分，王室花錢無度，好大喜功。

1948年底，柏克德工程高層發現一筆100萬美元的款項被沙烏地阿拉伯政府攔截，其負責人便去拜訪財政大臣。蘇萊曼不緊不慢地解釋說，國庫把這筆錢留下了，作為柏克德向沙烏地阿拉伯政府支付的「所得稅」。

無奈之下，柏克德高層向美國大使求助。在美國大使的調解下，美國進出口銀行發放了1,500萬美元的貸款給沙烏地阿拉伯政府，用於支付宮殿建造費、豪華房車費、發電廠建造費等。

到了1951年，利雅德的基礎設施差不多都已完工，沙烏地阿拉伯政府開始引入多家建築商與柏克德工程競爭，其中包括來自西德的高科文，還有本土的賓拉登集團。

賓拉登集團由「基地」組織頭目奧薩瑪·賓拉登的父親創立。這家公司依附於王室，在1950年代成為沙烏地阿拉伯第三大公司，被沙烏地阿拉伯家族稱為「國王的御用建築師」。

其時，沙烏地阿美石油、柏克德工程高層對沙烏地阿拉伯人缺乏了解，將其視為「土著的、部落的、落後的」。而國王、蘇萊曼及沙烏地阿拉伯家族是所謂的真正的「老成謀國」。他們的招數是，引進美國資本與技術，王室有錢後再以軟硬兼施之法占為己有。

蘇萊曼為柏克德工程製造各種麻煩，然後逼迫後者退出沙烏地阿拉伯。沙烏地阿拉伯政府趁機買下其設備，然後租賃給賓拉登集團及本土公司。

如此便一舉兩得，既可培養自己的集團，還可以更低的價格建造更多的宮殿與基礎設施。

王室把這種謀略用在了沙烏地阿美石油公司身上，蓄謀半個世紀，歷經多代國王，步步為營，最終大功告成。

當時世界民族主義運動高潮迭起，沙烏地阿美石油擔心王室肆無忌憚地挪用、揮霍國家財政，引發財政危機，進而點燃民族怒火，威脅到沙烏地阿美石油的利益。於是，沙烏地阿美石油提供了一筆1,500萬美元的免息貸款給沙烏地阿拉伯政府，8個月內還清。

1950年5月，沙烏地阿美石油卻沒有收到沙烏地阿拉伯政府的第一筆還款。蘇萊曼主動找沙烏地阿美石油負責人溝通。

令後者驚訝的是，這位財政大臣並不是跟他談償還貸款事宜或財政制度改革，而是提出了令人難以接受的要求：「沙烏地阿拉伯政府要從公司業務中分得更多利益。」

蘇萊曼的理由是「公司利益龐大，沙烏地阿拉伯政府分到的太少」。

沙烏地阿美石油擔心沙烏地阿拉伯政府採取中東國家慣用伎倆：煽動民族主義引發騷亂、罷工，將公司國有化。於是，沙烏地阿美石油作出讓步，將沙烏地阿拉伯政府的還款期限延長一年。

但是，蘇萊曼有備而戰，他切斷了沙烏地阿美石油的無線電通訊設施，還增加了隔離費、飛機降落費、輸油管道安全費。

沙烏地阿美石油無奈，只好與沙烏地阿拉伯政府談判。

蘇萊曼採取了以攻為守的談判策略。談判一開始，蘇萊曼對還款事宜隻字不提，直接向沙烏地阿美石油索要一半的利潤抽成，並要求重新簽署特許權協議。

待雙方僵持不下時，蘇萊曼提出一個「折衷」方案：要求沙烏地阿美石油向沙烏地阿拉伯政府繳納「所得稅」——就是繳納給美國政府的那部分。

◆ 震盪之地：地緣政治的影響

　　沙烏地阿美公司的法律顧問確認這一訴求不會對沙烏地阿美石油構成損失，因為納稅後可到美國申請外國稅收抵免。

　　雙方最終達成了「1950年12月協議」，沙烏地阿拉伯政府大賺，美國政府成了輸家。

　　雖然沙烏地阿美石油的控股公司仍然會向美國繳納8%的營業稅，但是聯邦財政部的損失依然相當慘重。僅1949年，沙烏地阿美石油支付給美國政府的稅款就達4,000多萬美元。

　　新合約簽署後，沙烏地阿拉伯政府每年可從沙烏地阿美石油身上獲取超過1億美元的總收入。到1951年5月，沙烏地阿美石油的日產量最高達85萬桶，王室收入水漲船高。

　　但是，新合約簽署後不到一個月，蘇萊曼又向沙烏地阿美石油發出了一份提前預支明年款項的要求。

　　沙烏地阿美石油回絕了這個莫名的要求。

　　又過了一個月，阿齊茲國王向美國大使施壓。他表示，一直以來都對沙烏地阿美石油及管理層感到不滿。理由是「沙烏地阿美石油公司的官員對他和他的幕僚非常無禮」。

　　國王伸手做了一個割脖子的手勢，對美國大使說：「在過去，這是要砍頭的，為了維護我的尊嚴，而尊嚴只能透過流血來維護。」

　　為什麼沙烏地阿拉伯國王在美國大使面前敢如此蠻橫？

　　當時是1951年上半年，韓戰正焦灼，美軍在戰場上使用的石油都來自沙烏地阿拉伯。沙烏地阿拉伯石油更是美國在歐洲與蘇聯對抗的策略性資源。

　　同時，中東地區民族主義運動愈演愈烈，伊朗摩薩台奪權，巴勒維

國王出逃，英國人的英伊石油被收歸國有。

對阿齊茲國王來說，這無疑是天賜良機。

6月，國王軟硬兼施，出面安撫美國人，希望沙烏地阿美石油永遠留在沙烏地阿拉伯。

沙烏地阿美石油看到對岸伊朗事態的發展，並不希望上演被國有化的悲劇，便藉著國王的臺階，答應了蘇萊曼提前付款的請求。

可是，剛剛付完預付款，蘇萊曼又委婉地向沙烏地阿美石油提出了一個請求：王室對購買沙烏地阿美石油的股票感興趣。

沙烏地阿美石油堅決否決了這一請求。不過，蘇萊曼又提出，希望安排一位沙烏地阿拉伯人加入沙烏地阿美石油董事會。當然，也遭到了對方的回絕。

其實，蘇萊曼只不過是在測試對方的底線，他有足夠的耐心與沙烏地阿美石油來回纏鬥。

美國人沒有真正了解這個國家以及蘇萊曼。阿齊茲國王統治的沙烏地阿拉伯，表面上是一個政教合一的國家，但更接近君主制國家。這與巴勒維王朝時期、何梅尼時期的伊朗都全然不同。

沙烏地阿拉伯以《古蘭經》和聖訓為立法綱領，實行伊斯蘭教法，沙烏地阿拉伯國王是虔誠的教徒，但不是宗教領袖。

當年阿齊茲利用沙烏地阿拉伯伊斯蘭教瓦哈比派立國，瓦哈比派在王權的支持下，成為沙烏地阿拉伯居統治地位的教派。之後，二者達成默契，國王掌控軍政大權，宗教領袖領導宗教事務，互不干涉。宗教領袖可批評國王的政策，但是信徒不得反對國王。

所以，沙烏地阿拉伯國王不會輕易煽動民族主義，更不會貿然藉助

宗教勢力進行石油國有化運動。如果石油被國有化，沙烏地阿美石油很有可能落入瓦哈比派手中。這無疑是國王不願意看到的，也打破了沙烏地阿拉伯長期以來的宗教不干政的平衡。

蘇萊曼野心勃勃、深藏不露、精明狡猾，但他並不擅長蠱惑人心，更不願意發動民族主義運動。

在收購股票和加入董事會這兩項請求被擱置後，蘇萊曼開始祕密調查沙烏地阿美石油，並掌握了「實證」：

沙烏地阿美石油對外出售的沙烏地阿拉伯原油，每桶的實際售價（每桶1.73美元、2.41美元）與其用來計算支付給沙烏地阿拉伯的價格（每桶1.43美元）嚴重不符。

據此判斷，沙烏地阿美石油透過假帳隱瞞、侵占了本該屬於沙烏地阿拉伯政府的鉅額收入。

經過14個月的艱難談判，雙方最終確定，沙烏地阿美石油向沙烏地阿拉伯政府支付7,000萬美元逾期費用。同時，雙方將使用西半球市場價減去2%的價格來作為利潤抽成協議的基礎。

沙烏地阿拉伯家族向控制沙烏地阿美石油又進了一步。

03　王室內鬥

在這輪大獲全勝的談判中，阿齊茲的兒子費薩爾王子（Faisal of Saudi Arabia）表現出色。

這時，阿齊茲國王的身體每況愈下，繼承人問題日漸緊迫。

阿齊茲一共有37個兒子，還有眾多女兒。其中，費薩爾處事沉穩老道，頗有老國王的風範。他是一位虔誠的教徒，生活自律，反對奢靡。

不過，費薩爾並非長子。長子沙烏德（Saud）性格文弱，缺乏治國才能又揮霍無度。

阿齊茲臥病在床時將王子們叫到跟前安排繼承人：「費薩爾要尊重並支持沙烏德為王儲和未來領袖，沙烏德要尊重並支持費薩爾為未來的王儲和高級顧問。」

老國王要求兒子們發誓：「你們會在我走後同心協力，互相尊重與支持，至死不渝。」王子們將誓言重複了7遍。

1953年11月9日，阿齊茲老國王去世，為沙烏地阿拉伯家族留下了一個正在興起的石油帝國。

費薩爾從死去的老國王手上摘下一枚象徵王權的戒指，遞給新國王沙烏德。沙烏德接過戒指後，宣布弟弟費薩爾為王儲和下一任王位繼承人。

從此，沙烏地阿拉伯王室確立了兄終弟及的王位繼承制度（非嫡長子）。

沙烏地阿拉伯和平地完成了權力交接，避免了流血事件。但是，沙烏德國王志大才疏，獨斷專橫，鋪張浪費。可以說是一個典型的「二代君主」。

1954年，沙烏德揮霍導致沙烏地阿拉伯財政不堪重負，老財政大臣蘇萊曼與新國王就預算問題大吵一架後主動辭職。

逼走了這位為沙烏地阿拉伯王室籌謀一世的老臣後，沙烏德僅用四年便將沙烏地阿拉伯帶向了債務危機的邊緣。

1958年初，沙烏地阿拉伯財政已陷入虧空，軍隊和官員已經幾個月沒有領到薪水了。沙烏德國王只能靠多印鈔票來支付政府的欠款。對外

拖欠的美資銀行貸款高達 9,200 多萬美元。

沙烏地阿拉伯家族擔心，政府債務及通膨危機可能誘發沙烏地阿拉伯的民族主義運動。最終，9 位王子一起商議，成立舒拉委員會，讓更多王室成員參與國家決策，避免沙烏德獨攬大權。

所幸的是，沙烏德同意了這一解決方案，讓費薩爾王儲擔任首相，全面負責政府事務。費薩爾親自擔任財政大臣，請求沙烏地阿美石油做擔保，讓美資銀行追加貸款，避免沙烏地阿拉伯國家破產。

交換條件是，費薩爾推動沙烏地阿拉伯財政改革，執行新的預算。

1958 年底，費薩爾拿出了一份 1959 年的預算案。這份嚴謹的預算案，第一次將沙烏地阿拉伯王室與政府的預算進行了區分。

經過一年努力，費薩爾解決了沙烏地阿拉伯政府的債務危機。費薩爾將石油收入中分給王室的比例從 60% 大幅度地壓縮到 14%。這讓沙烏地阿拉伯家族極為不滿。

1960 年底，費薩爾向國王沙烏德遞交次年的年度預算。但沙烏德拒絕簽字，費薩爾憤然辭職。

沙烏德奪回大權後，任命另一位王子塔拉勒 (Talal bin Abdulaziz) 擔任財政大臣。當時的塔拉勒只有 29 歲，意氣風發，與多位年輕王子一起制定了一個自由主義改革方案。這個方案包括：成立一個自由選舉的立法機構，擬定一部憲法草案並限制王權。

幾個月後，塔拉勒被國王訓斥了一頓後，主動辭職。

不過，剛重掌大權的沙烏德因胃病被迫遠赴歐美治療，費薩爾再次主持國家事務。待國王重返沙烏地阿拉伯時，二人的權力爭奪已到了你死我活的地步。

為了迫使沙烏德徹底交出權力，費薩爾求助於宗教，他請求烏里瑪（伊斯蘭教學者）釋出一道法特瓦（宗教裁決書），永遠剝奪沙烏德的行政權力，但保留沙烏德的君主頭銜。

1964 年 3 月，烏裡瑪釋出了法特瓦，要求各部落領袖向費薩爾宣誓效忠。沙烏德被迫退位，並離開沙烏地阿拉伯，五年後死於希臘雅典。

11 月，費薩爾成為沙烏地阿拉伯第三任國王，並宣布哈立德（Khalid bin Abdul Aziz）為王儲。

這時，沙烏地阿拉伯家族確立了一套王位繼承權規則：除了繼承權順序外，還要看誰最有助於國家的長期目標。

費薩爾和沙烏德的爭鬥，並未減緩沙烏地阿拉伯家族對沙烏地阿美石油持續滲透的步伐。相反，在此期間，沙烏地阿拉伯家族贏得了一項關鍵性勝利：獲得兩個沙烏地阿美石油董事會席位。

沙烏地阿拉伯家族成立了一家油輪運輸公司，試圖打破沙烏地阿美石油獨家運輸權。後者將此事交由國際仲裁處理。

1959 年，沙烏地阿美石油贏得了仲裁，沙烏地阿拉伯家族極為憤怒，並向美國聯邦政府施壓。聯邦政府出面調停，沙烏地阿美石油被迫讓出兩個董事會席位給沙烏地阿拉伯人。

不過，沙烏地阿美石油也留了一手，董事會將大部分決定權上交給了四家控股公司。沙烏地阿拉伯政府派石油部長阿卜杜拉·塔里基（Abdullah Tariki）進駐董事會。

塔里基是最早一批在美國接受正規教育的沙烏地阿拉伯官員。不過，他是一位徹底的阿拉伯民族主義者，試圖效仿伊朗的摩薩台，推動沙烏地阿美石油國有化。

◆ 震盪之地：地緣政治的影響

　　塔里基在石油史上最大的貢獻是：他在 1960 年與委內瑞拉石油部長共同創立了石油輸出國組織，即 OPEC。

　　塔里基賦予了 OPEC 雙重使命：一是價格聯盟，透過控制石油產量來控制石油價格；二是石油國有化。

　　當時，沙烏地阿拉伯和委內瑞拉是世界最大的兩個產油國，加上科威特、伊拉克、伊朗，OPEC 控制著 80% 的世界出口石油量。

　　OPEC 成立的最初十年，產油國羽翼未豐，還需依賴歐美技術，這個組織尚未發揮威力。

　　不過，費薩爾意識到塔里基鼓吹的石油國有化對王室構成威脅，於 1962 年將其解僱。費薩爾任命了溫和的艾哈邁德‧亞瑪尼（Ahmed Zaki Yamani）取代了塔里基。

　　這位來自麥加顯赫家族的石油部長年僅 32 歲，擁有哈佛大學法碩學位，是一位風度翩翩的律師。

　　與蘇萊曼、塔里基相比，亞瑪尼顯然更懂得如何與美國人打交道。

　　1968 年，他向沙烏地阿美石油董事會透露，沙烏地阿拉伯政府希望購買阿美石油 50% 的股份。亞瑪尼向董事解釋，此舉與石油國有化無關，而是確保美方股東維持長久利益的「最佳方式」。

　　當然，這一請求直接被美方股東忽略。

　　不過，亞瑪尼依然保持耐心，他堅信誰掌握石油資源誰就掌握真正的主動權。就在這一年，沙烏地阿美石油在沙烏地阿拉伯發現了一個前所未有的大油田，預計石油儲藏量高達 140 億桶，天然氣儲藏量至少 7,000 萬立方公尺。

04　帝國賽局

1970 年，美國德克薩斯州的油田產量開始下降，但石油需求卻與日俱增。美國人開始意識到，世界石油產量大多數都將落入 OPEC 之手。

1971 年，亞瑪尼開始藉助 OPEC，與美英法日等國際石油公司談判，最終將每桶原油的價格提升了 35 美分。

就是這一次微小的調漲，讓亞瑪尼看出 OPEC 組織作為價格聯盟的威力。之後，亞瑪尼藉助 OPEC，聯合卡達、科威特和阿布達比，與國際石油公司爭奪股權。

費薩爾國王透過沙烏地阿拉伯新聞社釋出了一份公告：

「先生們，實施有效的入股是勢在必行的，我們希望各公司能夠與我們合作，以期達成雙方都滿意的解決方案。」

沙烏地阿美石油的四家美資控股公司表示，願意出售 20% 的股份給沙烏地阿拉伯政府。

1971 年 10 月，經過幾輪談判，亞瑪尼說服了沙烏地阿美石油的股東出售 25% 的股份給沙烏地阿拉伯政府，並另附條款，同意沙烏地阿拉伯政府在 1981 年前買下最多不超過 51% 的公司股份。

這次談判似乎異常順利，很多人對美方股東放棄沙烏地阿美石油股權表示不解，外界也不清楚雙方達成的具體價格。

當時，利比亞的穆安瑪爾・格達費（Muammar Gaddafi）直接沒收了英國石油公司的資產。伊拉克正準備將幾家國際石油公司強行國有化。

沙烏地阿美石油的美方股東在國會作證時表示，沙烏地阿拉伯政府是出錢購買我們的資產，這沒有什麼不妥。

其實，進入 1970 年代，美國在冷戰中且戰且退。尼克森總統試圖透

◆ 震盪之地：地緣政治的影響

過外交扭轉局勢，拉攏中國制衡蘇聯，盡量避免中東衝突。

另外，就在1971年，尼克森宣布放棄金本位，布列敦森林體系崩潰，國際金融市場及美元遭遇巨大衝擊。

美國不得不為美元找到新的「錨」── 石油。美國與OPEC達成協議，OPEC石油交易以美元結算，此舉有助於美元幣值的穩定。

但反過來，美元容易受制於石油，如果石油價格大幅度波動，美元匯率將遭受衝擊。

1973年，石油價格快速上漲。OPEC與國際石油公司在維也納召開會議，試圖調整油價。但就在會議前兩天，以色列與阿拉伯國家爆發了第四次中東戰爭。

會議開始時，埃克森美孚和殼牌公司抬價15%。但是，亞瑪尼說，OPEC希望提升100%。雙方未能達成共識。在戰爭中陷入被動的阿拉伯國家希望藉助石油對以色列及美國施壓。

最終，在談判無果的情況下，OPEC單方面決定將原油價格提升70%，達到每桶5.11美元。

宣布結果時，亞瑪尼興奮地說：「這是我期待已久的一個時刻。時機終於到了。我們是自有商品的主人。」

除了抬價外，OPEC宣布石油減產，每月減產5%，並對美國及其盟友實施石油禁運，直到戰爭達成滿意的結局為止。

當時的沙烏地阿拉伯日產量達840萬桶，占全球石油出口量的21%。但是，沙烏地阿拉伯並不希望對美實施石油禁運。沙烏地阿拉伯夾在美國、以色列與阿拉伯國家的衝突之中，因此沙烏地阿拉伯國王一直以來並不願意將石油與戰爭混在一起。

1973 年 12 月，OPEC 嘗到了操縱石油的甜頭，決定繼續抬價。伊朗試圖將油價提升 4 倍，即每桶 17～20 美元。亞瑪尼認為抬價幅度過大，將破壞全球經濟穩定，不利於 OPEC 的長遠發展。

最終，OPEC 決定將油價提升到 11.65 美元一桶。

這兩次大幅度抬價，直接引爆了第一次世界石油危機，美國立即陷入停滯性通膨危機，導致高通膨、高失業以及經濟衰退。這場危機一直延續到 1982 年，是美國自大蕭條以來最嚴重、持續時間最長的一次經濟衰退。

費薩爾國王和亞瑪尼都認為，如此高的油價，不利於沙美關係的穩定。1974 年 3 月，沙烏地阿拉伯政府取消了對美的石油禁運，條件是美國答應出售精密軍事武器給沙烏地阿拉伯。

僅僅過了兩個月，亞瑪尼向美國大使提出，考慮將沙烏地阿美石油公司變為一家純粹的沙烏地阿拉伯公司。美國聯邦政府正被停滯性通膨危機搞得焦頭爛額，不希望 OPEC 再次抬價。美國大使向沙烏地阿美石油的美方股東傳達了聯邦政府的態度。

這一次，雙方很快就達成了協議，沙烏地阿拉伯政府的持股比例增加到 60%，但具體收購價未公布。

不過，這似乎是美方股東的底線。之後，亞瑪尼幾次試圖擴大戰果，但都無功而返。

1975 年 3 月 24 日，費薩爾國王在私人辦公室被自己的姪子連射三槍，隨即身亡。亞瑪尼在場目睹了刺殺的整個過程。

國王姪子為何射殺國王，一直是一個巨大的謎團。

勵精圖治的費薩爾去世後，哈立德王儲繼承王位，成為沙烏地阿拉

◆ 震盪之地：地緣政治的影響

伯第四任國王，其弟弟法赫德（Fahd）被立為新王儲。

1975年12月，OPEC會議在維也納召開時，恐怖分子「豺狼卡洛斯」衝進會場，將亞瑪尼及各石油部長擄走。沙烏地阿拉伯向恐怖分子支付了數百萬美元，才將亞瑪尼贖回。

大難不死的亞瑪尼，在1976年3月順利地幫助沙烏地阿拉伯政府買下沙烏地阿美石油剩餘的全部股權，沙烏地阿美石油最終完全成為一家沙烏地阿拉伯石油公司。

自1933年加州標準石油進入沙烏地阿拉伯勘探開始，這家石油大型工廠成為這個石油帝國崛起的最佳締造者。沙烏地阿拉伯一代代國王及能臣，以謀略與耐心用了近半個世紀的時間，從美國人手上獲取了完全控制權。

一直以來，沙烏地阿拉伯王室對美國及美方股東採取的拿捏得當、軟硬兼施的外交策略，堪稱典範。

不過，沙烏地阿美石油的股東究竟是誰，似乎沒有人願意把這事說清楚。

外界對美資股東在此時放棄沙烏地阿美石油的所有權感到意外。沙烏地阿拉伯與美資股東都堅稱，此次收購是純粹的商業性收購，與政治及石油國有化無關。

事實上，沙烏地阿美石油的特許權協議將於1993年到期，美資股東希望落袋為安。或許，沙烏地阿拉伯王室的出價確實令美資股東感到滿意。

美資股東長期形成的對中東地區的不安全感，令他們最終放棄了所有權。

在收購過程中，伊朗就爆發了伊斯蘭革命，巴勒維王朝倒臺，何梅尼控制了伊朗。

何梅尼對外輸出伊斯蘭革命，引爆了沙烏地阿拉伯國內暴亂。一個名叫朱海曼・歐泰比（Juhayman al-Otaybi）的伊斯蘭教徒，帶領 400 人攻下了聖地麥加。沙烏地阿拉伯政府出動大批軍隊及重型武裝，才奪回麥加並控制局勢。

1980 年兩伊戰爭爆發，這場戰火在中東燃燒了八年之久。何梅尼和薩達姆將這兩個原本相對富有的國家拖入死亡與貧窮之中。

1982 年，哈立德國王因心臟病突發去世，法赫德繼承王位，成為了第五位沙烏地阿拉伯國王。

與淡泊明志的哈立德不同，法赫德國王渴望建功立業、名留青史。不過，法赫德時運不濟，剛執掌大權，國際油價便開始下跌。

或許，美資股東猜對了。這一年冬天，聯準會主席沃克成功控制通膨，美國從此走出了停滯性通膨危機，美元走強，國際資本放棄石油及大宗商品，紛紛湧入美國購買金融資產。

此後，美國經濟快速復甦、持續成長，但石油價格卻快速下跌。

為了阻止油價下跌，OPEC 多次減產。1983 年到 1985 年，沙烏地阿拉伯將石油產量從每天 1,050 萬桶的高點削減到每天 220 萬桶。

不過，一些 OPEC 國家為了獲取更多收入，並未嚴格履行減產約定，偷偷增產。

1986 年初，在 OPEC 會議上抗議無果的亞瑪尼反向操作，宣布沙烏地阿美石油無限量生產。

此舉引發油價自由落體，短短四個月從每桶 32 美元下跌到不足 10

美元。亞瑪尼試圖透過價格戰逼迫 OPEC 團結一致，限產抬價。

不過，國王缺乏亞瑪尼的耐心，他在 1986 年 10 月的 OPEC 會議前指示亞瑪尼結束價格戰，把油價提升到 18 美元一桶。

這一指示讓亞瑪尼感到難堪。在會上，亞瑪尼說，國王示意提升油價（而不是自己）。法赫德國王得知後勃然大怒，還沒等亞瑪尼返回沙烏地阿拉伯便宣布將其解僱。

1988 年，沙烏地阿美石油最後一位美國執行長退休，董事會任命阿里·納伊米（Ali Al-Naimi）擔任執行長。他是沙烏地阿美石油培養的第一批沙烏地阿拉伯石油人才。

納伊米上臺後不久便成立了沙烏地阿拉伯國家石油公司，以接管原沙烏地阿美石油的所有資產及經營權。從此，沙烏地阿美石油被稱為沙烏地阿拉伯阿美。

沙烏地阿拉伯阿美幾乎繼承原董事會在內的所有制度，它依然是一家採取美式管理的國際石油公司。

這無疑是難能可貴的。沙烏地阿拉伯王室一直堅持利益至上，最大限度地避免被意識形態及政治姿態所羈絆。這值得中東及亞洲國家借鑑。

不過，沙烏地阿拉伯與美國的故事還沒有結束……

05　石油金權

1990 年 8 月 2 日，薩達姆·海珊率領 20 萬伊拉克軍隊入侵並占領科威特。

波斯灣戰爭在中東國家引起恐慌，沙烏地阿拉伯政府向科威特王室

及富商提供了保護，同時向美國求援。

薩達姆入侵科威特當天，老布希總統釋出了「沙漠盾牌」行動，派遣20萬美軍進駐沙烏地阿拉伯。

1991年1月17日，美軍領導的多國部隊對伊拉克軍隊實施空襲。戰鬥只持續了100多小時，美軍以極小的傷亡代價重創伊拉克軍隊。

波斯灣戰爭提振了持續低迷的油價。戰爭期間，OPEC召開緊急會議，宣布取消產量限制。

由於沙烏地阿拉伯負責在沙美軍的石油供應，沙烏地阿美石油將產能擴大了三倍，在1991年初提升至每天1,000萬桶左右。

最後，蘇聯出面調停，薩達姆宣布撤軍，波斯灣戰爭結束。

不過，這次沙美軍事合作讓沙烏地阿拉伯家族遭到了伊斯蘭世界及賓拉登的攻擊。

賓拉登家族與沙烏地阿拉伯家族私交甚深，賓拉登的父親靠王室發家。賓拉登沒有繼承家族事業，將鉅額家族財富用於建立私人武裝。

薩達姆入侵科威特時，賓拉登摩拳擦掌，渴望成為一方軍閥。他向沙烏地阿拉伯國王申請，用其私人武裝與薩達姆軍隊打游擊戰。但國王以其實力不濟為由拒絕了。

更令賓拉登絕望的是，國王請來了強大的美軍入駐。憤怒的賓拉登公開批評王室，結果被驅逐出境。

後來，賓拉登在蘇丹建立了基地組織，並在1995年對利雅德發動了一次炸彈襲擊。

這時，法赫德國王突然中風，阿卜杜拉王儲執掌政權，成為第六任沙烏地阿拉伯國王。

◆ 震盪之地：地緣政治的影響

波斯灣戰爭後，沙烏地阿拉伯迫切想要擴張國家軍隊，持續向美國採購大規模的先進武器。

2001年9月11日，賓拉登領導基地組織襲擊了美國雙子星大樓及五角大廈。

小布希總統發動反恐戰爭，並在兩年後對伊拉克宣戰。雖然沙烏地阿拉伯國王不支持美國打擊伊拉克，但因沙美關係，沙烏地阿拉伯與伊斯蘭世界的關係惡化，常遭受基地組織襲擊。

伊拉克戰爭後，沙烏地阿拉伯向美國購買武器的同時，開始購買俄羅斯的武器。需要注意的是，蘇聯已經解體十年有餘，美國在中東的策略逐漸發生變化，美沙關係變得微妙。

21世紀以來，原油緊缺焦慮持續升溫，油價不斷上漲。2008年7月，國際油價達到峰值，從2002年的每桶19美元漲到了145美元。作為全球「唯一的石油超級大國」，沙烏地阿拉伯開足產能，沙烏地阿拉伯阿美的日產量達1,250萬桶以上。

2008年全球金融危機，油價回落。不過，各國央行過度發行貨幣救市，啟動大量基建計畫，石油價格迅速反彈，並長期維持在每桶100美元以上的高水位。

隨著經濟刺激減弱，國際油價開始下跌，到2014年11月每桶跌至73美元。

造成油價下跌的另外一個重要原因是，美國爆發了頁岩氣革命，實現了石油自給，從原來的進口國轉變為出口國。

美國的頁岩氣革命和金融危機，改變了其國際策略，美國重返亞太，沙美競爭程度加劇。美國頁岩氣成了沙烏地阿拉伯抬價的一道高壓線。

這時，原沙烏地阿美石油總裁納伊米擔任沙烏地阿拉伯石油部長，他試圖讓 OPEC 限制產能，提升油價。

但是，他不想重複 1980 年代讓人「搭便車」的錯誤：沙烏地阿拉伯單獨限產抬價，其他國家擴張產能賺錢。

納伊米試圖說服委內瑞拉，拉攏 OPEC 之外的石油國，與 OPEC 一起減產抬價。

但考慮到美國石油商受反壟斷法的制約，他們決定邀請俄羅斯、墨西哥、哈薩克、挪威等石油國，一起參加 OPEC 會議商討。

但是，2014 年底的 OPEC 會議並未達成共識。俄羅斯、墨西哥都希望沙烏地阿拉伯減產抬價，好讓他們「搭便車」。

納伊米使用了亞瑪尼當年反向操作的策略：取消產能限制，讓油價暴跌，以逼迫俄羅斯就範。

納伊米離開會場時笑著說：「這是一個偉大的決定。」

消息公布當天國際原油價格下跌 7%。到 2016 年 2 月，國際油價降到了歷史低點──一桶 27 美元。

這次油價下跌，重創世界產油國。經濟早已不堪重負的委內瑞拉被擊潰。俄羅斯因油價下跌，外匯虧空，盧布崩盤，經濟陷入困境。

就在此輪油價下跌之前，中國與俄羅斯簽署了一份 4,600 萬噸的石油大單，協議總價值高達 2,700 億美元，合約期為 25 年。當時，油價在 100 美元一桶左右，中國向俄羅斯支付了 700 億美元的預付款。

國際石油的採購價通常是時價，若按現在 30 美元一桶的油價來說，這筆 700 億美元的預付款，基本可以抵扣全款。

這次油價下跌同樣打擊了美國石油商。由於頁岩油成本比較高，油

價下跌導致大批頁岩油石油商破產。

但是，沙烏地阿拉伯確實有足夠的底氣，沙烏地阿拉伯阿美的開採成本最低，同時沙烏地阿拉伯王室還儲備了 8,000 多億美元現金。

就在油價快速下跌的 2015 年，阿卜杜拉國王去世了，沙爾曼（Salman）繼承王位，成為沙烏地阿拉伯第七任國王。

不過，這次沙烏地阿拉伯家族宣布了下一代的兩位王室成員（姪子）為王儲和準王儲。這一決定打破了兄終弟及的繼承傳統，引發了持續激烈的皇室內鬥。

2017 年，國王突然宣布免除其姪子的王儲、副首相頭銜，由自己的兒子取而代之。

油價下跌讓產油國不堪重負，最終俄羅斯、哈薩克等石油國與沙烏地阿拉伯主導的 OPEC 一起組成的「OPEC+」，決定限產提振油價。

這是自 2008 年以來第一次減產抬價，之後油價緩慢上漲。

到了 2020 年 3 月，這份限產協議到期，「OPEC+」決定在維也納開會商討。

受新冠肺炎疫情衝擊，全球經濟悲觀情緒蔓延，會議期間，國際油價下跌到每桶 41 美元，創下了限產以來的最低價格。

沙烏地阿拉伯希望在現有基礎上再度大幅減產以拯救油價，但俄羅斯只能接受現有的減產力度。最終，「OPEC+」談判失敗，沙烏地阿拉伯再次祭出反向操作的殺招：增產降價，逼迫俄羅斯就範。

沙烏地阿拉伯阿美隨即宣布，沙烏地阿拉伯將把原油極限產能從當前的每日 1,200 萬桶提升至每日 1,300 萬桶。4 月起，沙烏地阿拉伯的原油供應量將大幅提升至每日 1,230 萬桶。

消息一出，引發國際原油立即崩跌，跌幅達 30% 左右，國際油價下挫到每桶 30 美元附近。

油價快速崩跌引發國際金融市場大地震，全球股市遭遇「黑色星期一」。

2020 年 3 月 8 日，道指跌幅 7.79%；標普 500 指數跌幅 7.60%，觸發熔斷機制；那斯達克跌幅 7.29%。

油價崩盤疊加疫情全球化蔓延加劇，全球資本市場在一週內再次暴跌，多國股市觸發熔斷機制，恐慌情緒蔓延，美股進入技術性熊市。

此次不合作賽局，是俄羅斯、沙烏地阿拉伯和美國上演的「三國殺」。

俄羅斯希望產能和油價維持在中位數，沙烏地阿拉伯希望大幅度減產抬價以獲取最大收益，美國希望將價格提至頁岩氣的盈利線之上。

價位決定了三國的利益關係。沙烏地阿拉伯能否再次獲勝，迫使他國在某一個價位上達成共識？當然，更多人關心的是，石油崩盤，是否會觸發新一輪經濟危機？

80 多年前，阿齊茲國王怎麼也沒想到，這片寸草不生的沙漠地下，居然蘊藏著無盡的財富與權力。沙烏地阿拉伯王室用謀略與耐心，以資本主義的方式，將原本屬於美國人的沙烏地阿美石油據為己有。

最近百年，石油國家，如委內瑞拉、伊拉克、伊朗、科威特、利比亞，或陷入資源詛咒，或被戰爭拖垮，幾乎沒有一個善始善終，沙烏地阿拉伯算是個例外。

沙烏地阿拉伯王室在美國與阿拉伯世界、世俗政府與伊斯蘭教、君主制與現代化之間，將平衡術運用到了極致。

不過，這個國家依然充滿神祕、矛盾與挑戰。

伊斯蘭與國家現代化的矛盾突出，女性問題在這個國家顯得極為平常而又刺眼。這個國家按照伊斯蘭傳統實行男性監護制度，沙烏地阿拉伯婦女必須徵得男性家人同意才能上學、上班，女性能從事的職業受到了極大的限制。

君主制與國家現代化的衝突不斷，沙烏地阿拉伯國內貧富差距巨大，社會矛盾尖銳，改革呼聲高漲。

王室成員如老國王的兒子們、被廢王儲，試圖藉助改革派的力量奪取王權。就在此輪油價暴跌前夕，沙烏地阿拉伯「7年級王儲」先下手為強，逮捕了國王兄弟、前王儲、高級軍官及大批沙烏地阿拉伯家族成員。

沙烏地阿拉伯王室的內外政治平衡術是一個石油帝國興起的關鍵，但他們始終有一天將面臨一個問題：沙烏地阿拉伯到底是王室的沙烏地阿拉伯，還是沙烏地阿拉伯人的沙烏地阿拉伯，正如沙烏地阿拉伯沙烏地阿美石油的歸屬權一樣。

參考文獻

[1] 埃倫·R.沃爾德。沙烏地阿拉伯公司 [M]。尚曉蕾，譯。北京：中信出版社，2019。

[2] 菲利普·賽比耶·洛佩茲。石油地緣政治 [M]。潘革平，譯。北京：社會科學文獻出版社，2008。

[3] 馬修·R.西蒙斯。沙漠黃昏 [M]。徐小杰，譯。上海：華東師範大學

出版社，2006。

[4] 威廉·匡特。石油巨人 [M]。李國富、伍永光，譯。北京：世界知識出版社，1986。

[5] 詹姆斯·溫布蘭特。沙烏地阿拉伯史 [M]。韓志斌、王澤壯、尹斌，譯。北京：東方出版社，2009。

[6] 陳沫。列國志：沙烏地阿拉伯 [M]。北京：社會科學文獻出版社，2011。

[7] 林慧。2009 國際油市將從暴跌中復甦 [J]。經濟，2009（1）。

[8] 郝坤。沙烏地阿拉伯菁英統治層探析 [J]。國際研究參考，2017（11）。

[9] 埃倫·R. 沃爾德、尚曉蕾。石油大廠的中東冒險 [J]。21 世紀商業評論，2019（7）。

[10] 阿里·納伊米，董功。石油王國誕生記 [J]。石油知識，2020（1）。

◆ 震盪之地：地緣政治的影響

德國三部曲：從 19 世紀至今

　　歷經了戰火淬鍊，見識過魔鬼加身這個國家和民族在百年後陷入沉思。

　　德國的歷史引人深思，令人類經受災難的是膨脹的國家主義，是歷史學派鼓吹的「德國特殊論」，但燎原大火也是從一點火苗、一種微弱觀念燃起的。

　　德國的歷史也給予人希望，當文明撕裂、靈魂失落，社區和人民在廢墟中苟活，這個國家重新審視法治、自由市場和尊重私產的價值。如今，沉默、沉穩的德國成了歐洲的壓艙石、主心骨，多方的衝突繼續考驗著這個民族。

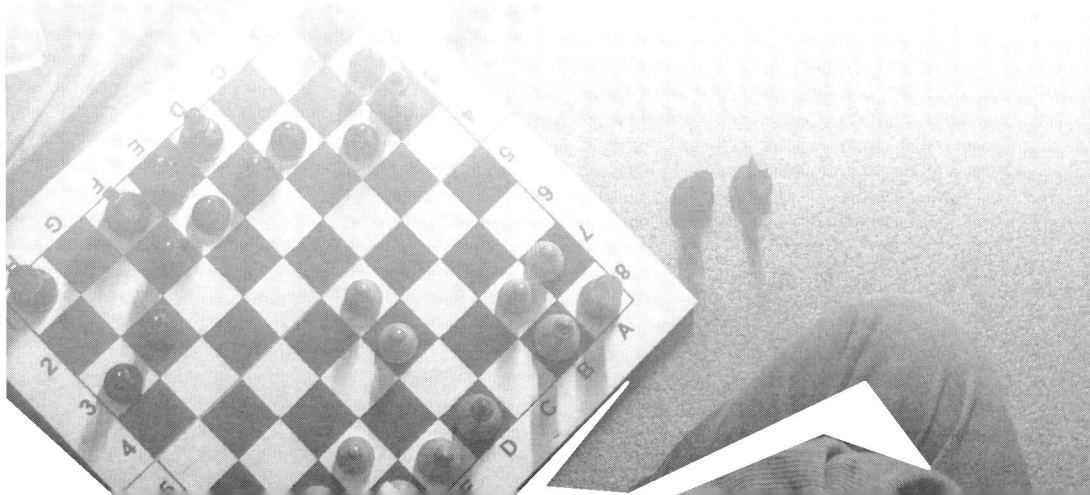

德國重劍：
情緒政治、統制經濟與奴役之路

「歷史證明，傲慢的權力本身也是脆弱的，俾斯麥被威廉二世（Wilhelm II）羞辱，囂張一時的威廉二世也最終因為戰爭失敗，進入流放生活，只能在回憶錄中繼續詆毀俾斯麥。」

「在某種意義上，他們都是一種非自由文化的受害者。這種非自由文化，不會尊重個體價值，難以理解自由之意義，它崇拜權力、渴望強人，最終所有人都淪為犧牲品。」

許知遠描述了俾斯麥、威廉二世及德意志的悲哀宿命。

從西元1871年德意志統一，到1945年德國戰敗投降，威廉一世、俾斯麥鑄就了一把國家主義與統制經濟的重劍；威廉二世及其傳人希特勒則重劍出鞘，燃起政治情緒，將德意志推入民族情緒的歷史棘輪之中。

歷經兩次世界大戰和一次歷史罕見的惡性通膨，德意志迫使人類觸及人性最為陰暗的一面。

德意志，經歷了怎樣的洗禮才得以重生？

01 鐵血風雲，拿捏得當

西元1815年4月1日下午1時，普魯士的布蘭登堡阿特馬克區申豪森莊園誕生了一個男嬰。

孩子的父親費迪南德將軍（Ferdinand von Bismarck）喜出望外，立即差遣一名僕人騎快馬到柏林，讓次日的幾家報紙共同刊登一則短訊：

「我以萬分興奮的心情報告各位親朋好友，我的妻子昨日產一男孩，母子平安，謝絕賀喜。布蘭登堡申豪森費迪南德‧馮‧俾斯麥。」

費迪南德給兒子起名為奧托‧馮‧俾斯麥（Otto von Bismarck）。

俾斯麥家族是普魯士容克（Junker）貴族地主。容克是一群「罵人可以罵得地動山搖」、「恣意鞭笞狗和家僕」的貴族，他們的主要工作就是打獵和打仗。

俾斯麥繼承了容克貴族的血統、膽識以及狂放。青少年時期的俾斯麥總是一副玩世不恭的姿態。就讀哥廷根大學時，他無心向學，在校時經常腰間佩劍，牽著一條大狼狗。他沾染各種惡習，曾與同學進行過 27 次決鬥。

不過，俾斯麥並不像容克紈褲子弟一樣保守、不知進取，得益於母親家族良好的教育，他粗中有細，果敢有謀，見識廣博。俾斯麥的母親出身於薩克森萊比錫的資產階級書香門第，她的祖父是法學教授，曾在弗里德里希政府擔任內閣祕書。

大學畢業後，俾斯麥賭博欠下一屁股債，婚約因此被取消；後來他與一個牧師的女兒定了婚約，但對方又跟一個富有軍人跑了。

帶著一身債務，俾斯麥回到了老家，繼承了家族的產業，做起了莊園主，過上了容克地主的逍遙生活。

但是，俾斯麥不甘於此。

西元 1846 年，易北河漲潮漫過堤壩，俾斯麥指責堤壩管理員瀆職，並自薦去接任。於是，俾斯麥如願當上了堤壩管理員，從此開始了他近半個世紀的權力生涯。

容克貴族出身，加上見識及學識，讓俾斯麥成為 19 世紀下半葉平衡

德意志容克地主與大資本家利益的關鍵橋梁。

不過，德國歷史中的另外一位重要人物——經濟學家李斯特（Friedrich List）就沒有那麼幸運了。

就在俾斯麥當上堤壩管理員的那一年冬天，李斯特在一個小鎮上開槍自殺，結束了他顛沛流離的一生。

俾斯麥與李斯特並無交集，但是二人都致力於德國的統一與強盛。李斯特的奮鬥目標是推動德國在經濟上統一，而俾斯麥則致力於德國在政治上統一。

德國是歐洲列強中「最晚起床」的一個。在法國大革命時期，德國還是一個農奴制國家。當英美爆發第二次工業革命時，德國才實現統一，成立貨真價實的國家。

在李斯特生活的時代，受拿破崙戰爭的衝擊，德國幾百個大小邦國被壓縮為 30 多個，呈現四分五裂的狀態。容克貴族掌控著這些邦國的自治權。

李斯特是一名經濟學家，也是一位致力於德國統一的社會活動家。

不過，當時德意志的容克地主勢力強大，政治上四分五裂，李斯特主導的經濟統一定然會經歷曲折與失敗。

早在西元 1819 年，李斯特便組織成立了全德工商聯盟，但他遭到反對勢力的迫害，被迫辭去大學教授職務，其政府公職也被解除。

此後，李斯特過上了艱難的逃亡及鬥爭生活。他先因「煽動鬧事，陰謀顛覆國家政權」被判處 10 個月監禁，後潛逃到法國、瑞士，而後又被逮捕。

西元 1825 年，李斯特遠走歐洲大陸去了美國，擔任過報社編輯，經

營過農場，創辦過一個大型煤礦廠。

在美國，李斯特看到了鐵路革命的力量。7 年後，他又回到歐洲參與萊比錫-德勒斯登鐵路建設工程，希望透過建設全國鐵路系統實現德國經濟統一。

李斯特試圖終結德意志內部邦國的高關稅，建立全國關稅同盟，一致對外實施高關稅，以保護德國經濟。但是，李斯特建立關稅同盟及全國鐵路系統的計畫都因容克地主的破壞而失敗。

西元 1837 年，美國爆發金融恐慌，李斯特的大型礦山破產了。

李斯特從此陷入生活困境，他受到政府監視，無法找到一份固定的工作，先後流亡到法國、俄國，只能依靠撰稿及妻子變賣所有家產維持糟糕的生計。

西元 1841 年，李斯特被委任為《萊茵報》(*The Rheinische Zeitung*) 主編，但因健康狀況惡化未能成行。不久後，馬克思 (Karl Marx) 接任了這一職位。

李斯特是一個實踐家，更是一個理論家。李斯特一生勞碌奔波，倡導建立關稅聯盟、修築鐵路，促進經濟聯合，他用畢生的行動，試圖實現其學術理想。

在人生境遇最糟糕之際，李斯特寫下了《政治經濟學的國民體系》(*The National System of Political Economy*) 一書，這本書奠定了他作為德國歷史學派鼻祖的地位。

李斯特的經濟學說服務於國家利益，而不是探索經濟規律。他反對亞當斯密 (Adam Smith) 開創的古典經濟學，認為英國經濟學是「世界主義」，忽略了各國的國情、民族、經濟狀況等特殊性。

李斯特深受美國亞歷山大·漢彌爾頓（Alexander Hamilton）的影響。

漢彌爾頓是美國開國者之一，擔任第一任財長。他雄心勃勃，試圖將美國建成一個工業強國。在他短暫的公職生涯中，漢彌爾頓奠定了美國工業及金融體系的基礎。

漢彌爾頓曾經向國會遞交了一份既宏偉又無比精細的《製造業報告》。

在這份報告中，漢彌爾頓從美國角度出發，提出了包含銅、煤、木材、穀物、絲綢、鋼鐵、玻璃在內的一系列產業政策，具體扶持方法包括發放津貼、獎勵金，實行出口退稅，提升關稅等。

他極力主張補貼，從而降低成本，提升美國產品在國際上的競爭力；提升關稅，避免他國產品的衝擊。漢彌爾頓認為，這些產業在美國還很稚嫩，需要「政府的特別援助和保護」。漢彌爾頓的這一主張，被稱為「幼稚產業保護理論」。

當時，傑佛遜等開國者及議員反對漢彌爾頓這一保護主義的做法。

漢彌爾頓的解釋為：國外政府向本國的企業提供津貼，給他國企業設定障礙，美國的企業會處於不平等地位，企業主會因感到恐懼而放棄競爭。所以，美國也別無選擇，必須與「稚嫩」的企業一起對抗強權國家和強大的外國企業。

其實，開國者們擔心的並不是貿易保護主義，而是漢彌爾頓的計畫採用了國家干預的手段。他希望透過國家的力量快速壯大美國工業，主張效仿英國投資基礎設施建設，建造公路及運河網路。

漢彌爾頓的製造業計畫最終還是被國會擱置。不過，李斯特將漢彌爾頓的一系列主張發揚光大。

李斯特完全繼承了漢彌爾頓的幼稚產業保護理論。他努力促成德國關稅同盟，對外實行高關稅，保護國內幼稚產業，試圖建立全國鐵路網路，發展工業強國。

　　李斯特手無大權，在行動上遠不如漢彌爾頓，但在理論上卻更勝一籌。

　　他指出，英國早期亦透過《穀物法》、貿易保護、航海條例等保護本國產業。他還指責英國早在西元 1624 年就頒布了現代第一部專利法《壟斷法規》，以保護其技術不被他國學習及購買。

　　在李斯特看來，英國近代這些技術都是歐洲大陸上的人帶過去的。英國是一個島國，一定程度上隔離了歐洲大陸的戰亂。每當歐洲爆發戰亂時，資金、人才和技術都流入英倫三島。

　　英國後來之所以主張開放競爭和自由貿易，一方面是因為其本身製造業強大了，另一方面則是因為開放市場有利於歐洲大陸的技術、人才和資金流入英國。

　　這一點似乎與美國類似。

　　美國國會雖然擱置了漢彌爾頓的製造業計畫，但在此後一百多年間一直執行高關稅。英國在 1900 年左右試圖建構英屬聯邦關稅同盟來打擊美國。兩次世界大戰期間，與當年英國的情況一樣，大量歐洲人才、資金、技術轉移到美國這一遠離戰亂的大陸。

　　美國開放自由市場，實際上有利於國際資本及技術流向本土。今天，零關稅、零障礙、零補貼的自由貿易政策對美國最為有利，可以將美元作為世界貨幣的優勢發揮到極致。

　　因此，李斯特認為，亞當斯密的經濟學實際上也是服務於國家利益的經濟學。

西元 1846 年，英國廢除了《穀物法》，全面開放國際市場，推行自由貿易。這對主張推行貿易保護主義的李斯特來說是一個無比沉重的打擊。

不過，他依然沒有放棄，試圖說服英國與德國形成關稅聯盟，結果遭到英方的拒絕。德意志容克地主打擊、汙衊他，他所代表的德國資產階級也拋棄了他。

那年冬天，李斯特在絕望中自殺。

此時，俾斯麥則迎來了人生千載難逢的機會。他利用「大禹治水」的方式樹立了威望，趁機參加議員選舉。

西元 1847 年，手腕靈活的俾斯麥替代了一名自稱生病的議員，成為薩克森議員。他代表薩克森貴族參加普魯士聯合邦議會，並成功當選為柏林州議員。至此，32 歲的俾斯麥成為邦議會中最年輕的議員。

第二年，歐洲爆發了一系列革命，普魯士王被捕。關鍵時刻，俾斯麥沒有站錯隊。

西元 1851 年，俾斯麥被任命為法蘭克福聯邦會議的普魯士王國代表，不久升任為大使。這份差事一做就是 8 年。威廉親王攝政後，讓俾斯麥出任駐俄大使。威廉親王登基後，因軍備擴充問題與議會發生衝突，不得不任命俾斯麥為內相來擺平爭端。

與李斯特代表資產階級利益不同，俾斯麥是容克地主出身，屬於掌權派。19 世紀下半葉，德意志內部的穩定，基本上依靠俾斯麥平衡容克貴族與資產階級的利益來維持。俾斯麥是唯一一個能夠掌控住局面的人。

威廉一世，這位曾經暴力鎮壓歐洲革命的國王當得其實很「委屈」。

俾斯麥在自己的回憶錄裡不禁感嘆：「我們這位皇帝，一輩子過得太鬱悶，他的婦人之仁，更是經常誤大事。」

不過，威廉一世貴在有自知之明且心胸寬宏。他雖然看不慣俾斯麥這個蠻橫頑固的人，但知人善任，能忍常人所不能忍。

這一切源自威廉一世的雄心壯志——統一德意志。

威廉一世與俾斯麥，一君一臣，共事近 40 年，相愛相爭，兢兢業業。常見的畫面是，兩個七八十歲的老頭像年輕人一樣爭論得暴跳如雷。

可見，威廉一世絕非等閒之輩。

在俾斯麥心中，君主與貴族制衡的國家治理是最為完美的。他在回憶錄中寫道：「我心目中最理想的君主權力，只能在一個獨立的、有社會地位的或同業合作性質的地方代表機構監督下，才能實現。」

俾斯麥以貴族出身為榮，他在一次演講時說：「實行貴族世襲統治的國家尤其容易延續繁榮和權力」，「普魯士的自由之根滲透了貴族的鮮血」。

他甚至常以其貴族勢力及其不可替代的平衡權力要挾威廉一世。威廉一世登基不久就面臨政權危機，資產階級自由派反抗激烈。俾斯麥則乘機將內政外交大權攬於一人之身。

西元 1862 年，威廉一世召回駐法的俾斯麥，任其為首相兼外交大臣。同年 9 月 26 日，俾斯麥首相在下院首次演講中斬釘截鐵地說：「當代的重大問題並非透過演說和多數派決議就能解決的，而是要用鐵和血來解決。」從此，俾斯麥被冠上了「鐵血宰相」的綽號。

俾斯麥掌權後，為統一德意志，先後策動了三次王朝戰爭。威廉一

世也需要一場戰爭來轉移國內矛盾，強化統治威望。

但對於實力有限的德意志，發動戰爭無疑是在賭運氣。俾斯麥非常巧妙地抓住了當時歐洲局勢帶來的機會，他先同俄、法兩國結盟，孤立奧地利，由普魯士統一德國。

西元1864年，俾斯麥率先發動了普丹戰爭，試圖先解決實力較弱又常插手德意志事務的對手丹麥。對丹麥戰爭勝利後，俾斯麥又發動了對奧地利的戰爭。普奧戰爭勝利四年後，俾斯麥又發動了普法戰爭。這場戰爭，德意志大獲全勝，最終實現了德意志的統一。從此，一個新的帝國在歐洲大陸崛起。

似乎每一個帝國崛起，都有一位具有扭轉乾坤的才能的功臣，如日本明治維新時期的伊藤博文。其實這些歷經風浪的鐵血人物反而更具自知之明，懂得殺伐分寸。

這三次王朝戰爭，是俾斯麥作為「鐵血宰相」的歷史標籤。表面上，這三次王朝戰爭無比凶殘野蠻，但實際上俾斯麥比誰都更加敬畏戰爭。

俾斯麥並不是一個戰爭狂人，他是一位富有遠見的政治家。他明白統一德意志是目的，而戰爭只是手段。

對丹麥的戰爭，俾斯麥擔心歐洲列強反彈，他的目的很明確，即只取得普丹邊境的什列斯威和霍爾斯坦兩塊地。

對奧戰爭更是如此。普魯士軍隊在薩多瓦大勝奧軍後，威廉一世及其左右將軍正一頭熱，試圖進軍維也納，想要併吞奧地利。俾斯麥勸說威廉一世：對奧戰爭的目的是讓奧地利退出德意志聯邦，如果對方接受這些條件，就應該立即命令軍隊「向左後轉彎」，並迅速啟動和談。

威廉一世以革職相威脅，要求俾斯麥乘勝追擊。俾斯麥則反過來以

辭職威脅威廉一世。威廉一世無奈按照俾斯麥的部署與奧地利和談。俾斯麥給予奧地利寬厚的條件，很快便與奧地利簽署了布拉格和約。北部24個邦和3個自由市成立了德意志同盟。俾斯麥在俄國、法國都長時間擔任過大使，他非常清楚歐洲列強的實力以及歐洲大陸均勢狀態。

對丹麥的戰爭屬於小規模戰爭，對奧地利的戰爭從宣戰到簽署和談協議不過兩個多月。

在部署對奧戰爭時，俾斯麥展現了合縱連橫、遠交近攻的外交才能。他先答應俄國取消和約中的黑海中立條款，再向拿破崙三世承諾不反對將盧森堡和萊茵河區讓給法國，以確保法國保持中立，然後取得英國的中立支持，最後與義大利結盟，約定在三個月內與奧開戰。

俾斯麥明白，歐洲大陸留給德意志的空間不大，任何過度擴大戰果的舉動，都會惹來法國、英國、俄國的介入。半個世紀前，強如拿破崙也沒能逆天改命。

普法戰爭打得比較慘烈，普軍俘虜了拿破崙三世，攻占了巴黎。三次王朝戰爭結束後，在王公貴族的簇擁下，威廉一世在巴黎凡爾賽宮加冕為德意志帝國皇帝，宣布了德意志帝國的成立。

威廉一世在慶功宴會上的祝酒詞中這樣說道：

「您，羅恩將軍（Albrecht Graf von Roon），磨亮了寶劍；您，毛奇將軍（Helmuth von Moltke the Elder），正確使用了寶劍；您，俾斯麥伯爵，多年來如此卓越地掌管我的政策。每當我感謝軍隊時，就特別地想到你們三位。」

德意志如此高調地實現了統一，俾斯麥非常敏銳地察覺到了英、俄的戒心。他立即主張在倫敦召開會議商討如何處理法國問題，給足了英國面子，讓俄國獲得了好處，德意志因此在歐洲大陸站穩腳跟。

李斯特的遺願,俾斯麥完成了。

俾斯麥是一個靈活的實用主義者,他不拘泥於哪家理論,但是,俾斯麥所推行的經濟政策正是李斯特的「國民經濟」政策。

俾斯麥統一了德國,消除了內部關稅,制定了統一對外關稅,且如李斯特所願是高關稅。

俾斯麥用國家的力量武裝經濟及軍事,發展工業及基礎設施。

在俾斯麥時代,德國推行了鐵路「國有化」,大力發展鐵路網路。當時普魯士鐵路委員會支持這一舉動:「所有鐵路歸國家所有,且必須堅持國家的目的。」這是李斯特另一大遺願。

俾斯麥與李斯特一樣,都以德意志民族為榮。

自德意志帝國成立後,德國就沒有為英國自由主義及亞當斯密開創的古典主義留下生存空間。德國執政者們認為,德意志不須向被稱為「小店主之國」(a nation of shopkeepers)的英國人或者戰敗的法國人那裡學習任何東西。

整個德意志大學裡,李斯特開創的歷史學派大行其道,所有的德意志教授及學生都在學習「符合德意志歷史及傳統的經濟學說」。

本質上,李斯特奉行國家干預主義,俾斯麥實施鐵血政策,威廉一世抱負遠大,但三人都是懂分寸、謀時局之人。

02　重劍出鞘,文明罹難

西元1867年,俾斯麥志氣滿滿地告訴國會(北德意志聯邦國會):「讓我們把德國放在馬鞍上面!它一定有辦法學會怎麼騎馬。」

然而西元1883年,俾斯麥在寫給羅恩伯爵的信中卻悲傷地說道:「這

個民族根本就不會騎馬！……我這麼講的時候並未動怒，反倒完全心平氣和，我所看見的德國前途是一片黑暗。」

西元1888年，威廉一世去世，享年91歲。這位「委屈一世」的開國皇帝，為國人留下了統一的、正在崛起的德意志。

威廉一世唯一的兒子腓特烈三世（Friedrich III）繼位，但不幸的是，在位僅99天，他就因咽喉癌去世。接著，威廉一世年僅29歲的長孫繼位，即威廉二世。

這一年是德國「三皇之年」，德意志的國運開始轉變。

威廉二世生性衝動魯莽，待人驕橫粗暴，是一個志大才疏、不知輕重的皇帝。

血氣方剛的威廉二世迫不及待地剝奪俾斯麥的權力，繼位兩個月左右他就叫囂：「我先給老傢伙（俾斯麥）6個月的喘息時間，然後就開始獨立理政。」

宮廷傳教士阿道夫·施特克爾（Adolf Stoecker）將這話傳開，讓俾斯麥與這位新主人的關係變得緊張。

威廉一世去世之前，俾斯麥一共遞交了十幾次辭呈，大多抱有威脅威廉一世的想法。威廉一世每次都擺出一副謙虛姿態，說俾斯麥比自己對於德國更為重要。

但是他的長孫威廉二世可不這麼想。

西元1890年3月的一天，威廉二世一大早氣沖沖地來到俾斯麥官邸興師問罪，斥責其固守對俄政策，要求俾斯麥在兩日之內辭去首相職位。年邁的俾斯麥通常上午不起床，這次起來迎駕卻被逼辭職。

原本不打算辭職的俾斯麥無奈向威廉二世遞交了辭呈，正式下臺。

西元 1890 年 3 月 20 日晚上，全世界的頭條新聞都是德意志帝國的鐵血宰相辭職。

各國政客、邦國君主、各類政黨送來的慰問電報、信件、鮮花鋪天蓋地地湧向府中，其中不乏對手的偽善之詞。俾斯麥自嘲，這是一級國葬。

被罷官後，俾斯麥在柏林待了 9 天，他到威廉一世墓前獻了三朵玫瑰。

那時，俾斯麥無比懷念這位與他爭執半世的老皇帝。威廉一世與俾斯麥用了一生心血，統一了德國，鑄成了一把重劍。

重劍，可削鐵如泥，也可自宮自廢。

威廉一世和俾斯麥知其重，而後繼者則未必。

9 天之後，柏林勒爾特車站，儀仗隊、軍樂隊奏響〈友誼萬歲〉，俾斯麥一家在列隊、樂曲、鮮花、歡呼聲中乘著列車告別了這座城市。

俾斯麥走後，威廉二世對手上的重權不知敬畏，開始在內政外交上大施拳腳。

在外交上，威廉二世沒有與俄國續簽《再保險條約》，破壞了德國與俄國的盟友關係。這為第一次世界大戰時德國與俄國廝殺埋下了禍根。

在內政上，威廉二世沒有將《反社會黨人法》有效期延長。

這是一個壓制工人黨運動的法案，源於兩起行刺事件。早在西元 1878 年，威廉一世連續遭到兩名工人開槍刺殺。所幸的是，一個打偏，一個未傷及要害。

這兩起行刺事件爆發後，俾斯麥制定了《反社會黨人法》，目的是打擊德國社會主義及工人暴力運動，剝奪德國社會民主黨的合法地位。

縱然有此法鎮壓，德國的工人運動依然非常猛烈。

俾斯麥在西元1890年初呈給威廉二世的一封信中寫道：

「我認為當前內部鬥爭比外部戰爭更為迫在眉睫，然而我已經不像西元1862年時那麼精力充沛了，對此我感到十分遺憾。」

但其實威廉二世另有打算，他試圖籠絡工人階級，以抗擊以俾斯麥為代表的容克地主貴族。因此，他廢棄了《反社會黨人法》。

這一法律廢棄後，社會民主黨迅速崛起。

西元1890年2月議會選舉，反對黨占據多數席位，社會民主黨人和左翼自由黨人加在一起，已明顯占據了國會超過四分之一的席次。俾斯麥支持的保守黨和民族自由黨席次則回落到三分之一。

出現這種情形的結果是：「至於如何在未來避免迄今為止所犯下的錯誤，政府中沒人能給出建設性意見，關鍵是連俾斯麥也無能為力。」

社會民主黨黨魁鼓動威廉二世發動戰爭，並稱：「當這個國家跳入火坑時，我們再來收拾殘局。」

這對於好大喜功的威廉二世而言，正中其下懷。

威廉二世鼓吹軍國主義，欲借殖民地擴張為德國尋找「一個太陽下的位置」。

在帝國會議的演講中，威廉二世激情澎湃地說：

「俾斯麥推行的歐洲大陸政策十分狹隘，而今我奉行的是世界政策，柏林應當是『世界都市柏林』，德國貿易應當是『德國世界貿易』，德國與世界的含義是一致的，因為世界各地都應體現德國政策……」

德國人聽得熱血沸騰，瓦德西、鐵必制、霍爾斯泰因及各階層的人狂熱追捧。

俾斯麥的外交政策是：與英俄兩國交好，孤立法國，不對外擴張，保持歐洲大陸勢力平衡。

威廉二世則不同，他從小便是一個狂熱的海軍愛好者。繼位後，他快速地實行了鐵必制計畫，加速海軍擴張，與英國進行軍備競賽，意在「奪取英國在世界海洋領域的獨霸地位」。他還發明了閃電戰，成為希特勒閃電戰術的鼻祖。

威廉二世多次在摩洛哥挑釁法國，並將勢力滲透到巴爾幹半島這個火藥桶上，與俄國的關係日益緊張。

威廉二世時代的經濟增速比俾斯麥時代更加出色。從西元1895年一直到第一次世界大戰前，德國經濟持續了20年的高成長，只在1901年和1908年出現過兩次小規模的停滯。

經濟學家凱因斯曾經說過：「事實上，德意志帝國的建立，關鍵是依靠煤和鐵，而不是血與鐵。」

當時德國經濟快速發展，主要原因大致有以下幾個：

一是威廉一世及俾斯麥統一了德國，奠定了經濟起飛的條件。

國家統一，社會相對穩定，人口出生率成長。威廉二世收割了前人創造的統一紅利和人口紅利。

二是1900年之後，德國吸收了英國第一次工業革命、英美法第二次工業革命的技術，工業快速發展。威廉二世收割了外溢性技術紅利。

三是德意志民族自身的勤勞、務實與智慧，令世人驚嘆不已。在法國人看來，德國人只會工作不會享受生活。

但是，隨著德國經濟快速發展，其國人以大國自居的心態也在迅速膨脹。

根據邊際效用遞減規律，暴發戶心態符合經濟規律，但若這種心態被某種意識形態控制，那將是一頭洪水猛獸。

「在西元 1848 年以前的德國人（甚至俾斯麥時代的德國人），在本質上是一個謙卑樸實的民族，其最高目標就是團結在同一個屋簷下，而且他們已經如願以償。」

「可是，自從俾斯麥下野以來，他們產生了一種大國的心態。許多德皇威廉時代的德國人，而且是來自各個不同階層的德國人，突然在眼前浮現一個偉大的國家遠景，一個全國性的目標：我們要成為世界強權，我們要向全世界擴張，德國必須在全世界享有優先地位！」

其實，俾斯麥在任時就極力壓制國內的「大德意志」膨脹趨勢。

俾斯麥在卸任之前寫了五大對外策略，其中第一條就是：「放棄在歐洲任何形式的擴張，包括在海外殖民地。」

俾斯麥畫了一張地圖，東邊俄國，西邊法國，德意志的空間就這麼大。他曾經長期在這兩國擔任大使，知道雙方的底細。西北邊遠處大英帝國的鷹眼一直注視著這三個國家，任何打破大陸均勢的平衡都不可能得逞。

但是，威廉二世不信這個邪。

史學家威利巴爾德·古契（Willibald Gutsche）認為：「在 1913 年和 1914 年交界之際，威廉二世就僅僅是在等待一個開戰的好機會。」

1914 年 6 月 28 日，奧匈帝國皇儲法蘭茲·斐迪南大公（Archduke Franz Ferdinand）在塞拉耶佛被一名塞爾維亞青年槍殺。

同盟國皇儲兼好友被刺殺，威廉二世大為震驚，他鼓動奧地利立刻「和塞爾維亞來一場最終的、徹底的清算」。

威廉二世並未意識到，他正在點燃一個火藥桶。當事件的進展超出他的預期時，他在開戰前的最後時刻想勸奧地利和平解決，但是，事態已經失控。奧地利對塞爾維亞宣戰，德國和俄國加入對戰，接著德國對法國、英國、美國宣戰。

　　不知輕重的威廉二世將威廉一世及俾斯麥辛苦建立的德意志推向了火坑，也為人類帶來一場前所未有的浩劫。

　　英國普遍認為第一次世界大戰是「德皇的戰爭」。但其實，把所有責任推給威廉二世似乎並不公平。

　　威廉一世、俾斯麥，甚至李斯特都有責任。他們都是非自由文化的受害者，但他們更是這種文化的創立者。

　　威廉一世、俾斯麥和李斯特鑄了一把將大權集於一身的重劍。他們經歷過大風大浪，知己知彼，知道如何駕馭這把重劍。但是，後來的執掌者並不知其輕重。

　　鑄劍者也沒有留下說明書，或許權力就是說明書。

　　俾斯麥等人留下的真正問題是，鑄就了這把重劍，開始了一個「惡」，讓一個國家的所有經濟、政治、軍事大權都掌控在一個人手裡。

　　在俾斯麥時代，俾斯麥實行了保護性關稅，利用容克貴族的權勢及資本家的實力，發展了「生產階層的卡特爾」（獨占聯盟）。

　　俾斯麥出任首相後，聯手布萊希羅德（Gerson von Bleichröder）創立了帝國銀行，取代了原本 32 家有貨幣發行權的銀行。

　　布萊希羅德是一位猶太銀行家，被稱為「柏林的羅特希爾德」。他與俾斯麥結成「焦慮的聯盟」，是俾斯麥發動戰爭及掌控權勢的提款機。

　　在西元 1873 年的金融危機中，德國鋼鐵工業「披著經濟愛國主義外

衣的保護主義」，聯合組織大型鋼鐵企業，並築起了關稅高牆。

對此，布萊希羅德雖然持反對意見，但保守黨領袖、貿易保護主義者卡多夫（Wilhelm von Kardorff）則是重要推動者。卡多夫號召德國工業家成立了「促進和保護民族企業」的中央聯盟。

俾斯麥運用國家的大力扶持軍工企業，為德意志統一戰爭製造武器。德國著名的克虜伯軍工廠與俾斯麥關係匪淺，這家公司生產的大砲幫助俾斯麥戰勝了奧地利和法國。

威廉二世繼位後，在經濟國家化、軍事化層面走得更遠，推行國家社會主義。他大力發展官僚資本主義，形成資本、政治及軍事一體化的國家集團，甚至親自安排克虜伯家族的婚事，克虜伯家族成了威廉二世軍國主義的支柱。

但是，國民經濟國家化是一條不歸之路。

俾斯麥在政治上開創了這條路，李斯特則在經濟理論上開創了這條路。

李斯特顯然是有所保留的。他認為：「關於國民個人知道得更清楚、更加擅長的那些事，國家並沒有越俎代庖；相反地，它所做的是即使個人有所了解、單靠他自己力量也無法進行的那些事。」

李斯特不否定個人的作用，只是強調國家有著不可替代的作用。他希望德意志藉助海軍和航海法規保護本國的商船，修築公路、鐵路、橋梁、運河、防波堤等基礎設施，制定專制法和各項有利於生產與消費的法規等等。

有人這樣評價李斯特：「任何人要想就欠發達國家的發展問題發表意見，首先應當師從這位成長理論與發展政治學偉大的前輩。」

但是，李斯特一旦開始了國家干預主義之路，追隨者就在此基礎上變本加厲。

施穆勒（Gustav von Schmoller）、瓦格納（Adolph Wagner）等人開創了新歷史學派，強調「德國特殊論」，排斥古典經濟學的一般性規律，同時又否定李斯特開創的歷史學派。

施穆勒的好友弗里德里希·阿托夫掌控著普魯士教育部大學事務的大權。從西元1882年到1907年，他讓歷史學派統治了整個德意志的經濟學教學。在威廉二世時代，在德意志帝國的大學中，西方經濟學完全消失了。在波恩大學只剩下一位古典經濟學的孤獨追隨者海因里希·迪茨耳（Heinrich Dietzel），他因此受到歷史學派的冷嘲熱諷、殘酷打壓。

馬克思稱歷史學派的教授們為「庸俗經濟學的教授形態」——旨在諷刺歷史學派為獨裁政府服務。

李斯特的後繼者們，淪為威廉二世推行國家主義及軍國主義的思想統治的附屬品。他們宣揚一種「合法的強權君主制」，極度推崇德國民族主義，以壯大官僚資本之力量。

或許美國是幸運的。若當年美國的開國者通過了漢彌爾頓那份國家主義色彩濃郁的《製造業報告》（*Report on Manufactures*），難以想像今天的美國及世界是何等模樣。

李斯特的「國民體系」被後繼者演變為「德國特殊論」，與民族主義意識形態高度捆綁。

「最廉價的驕傲就是民族自豪感」，德國哲學家叔本華（Arthur Schopenhauer）當時一針見血地指出德國民族主義膨脹的問題。他說：「有個性、有見識的人，會更加清晰地發現自己民族的缺點，因為這些缺陷就暴露在他眼前。但一個可憐的傻瓜自身沒什麼可令他驕傲的，就只能

把自己所屬的國家、民族當作最後依靠,為其感到驕傲。他為自己的自卑找到庇護,隨時準備拚死為其錯誤和愚行進行辯護,不分青紅皂白,連其缺點也誓死捍衛。」

威廉二世的蠻橫驕縱,加上一群鼓吹軍國主義和國家主義的掌權者,使德意志人民的民族主義情緒瘋狂膨脹。

實際上,當時,馬克思是德意志帝國國家社會主義的唯一對手。

威廉一世開創了一種以國家統治經濟為核心的國家社會主義,最開始,以俾斯麥為代表的容克貴族掌控了最高管理權,與資本家分食;施穆勒則鼓吹由資本家實則是官僚資本來掌控;馬克思則主張由工人階級及工會來掌控計劃經濟大權。

德國戰敗後,威廉二世退位,德意志帝國滅亡。

從西元1871年到1919年,德意志從貧弱到統一、強盛,再到投降,淪為砧板上的肉,只用了不到半個世紀的時間。

在巴黎和會上,英法美試圖瓜分德國。英國財政部代表凱因斯堅決地反對過度嚴懲德國,在主張未得到尊重時,他憤然辭去和會代表職務。

不久,凱因斯出版了《凡爾賽和約的經濟後果》,引起廣大迴響。書中預言,賠償委員會的做法會給德國經濟帶來災難性的後果,並激發德國國內民族主義及工人運動。

凱因斯可謂明察秋毫。

戰敗後,德國容克貴族被瓦解,官僚資本被拋棄,社會民主黨大肆崛起。社會民主黨黨魁弗里德里希·艾伯特(Friedrich Ebert)掌控了局面,成立了威瑪共和國政府。

正如凱因斯所料，戰後德國經濟因賠款、制裁與之前的經濟國家化及戰爭透支已經崩潰，德國出現了人類歷史上極為罕見的通貨膨脹。

戰前，1美元可以兌換4.2馬克；戰後，1美元可以兌換48馬克。但到了1923年，德國印出了100兆馬克，1美元等於4,210,500,000,000馬克。

馬克淪為廢紙，德國民不聊生，德國國內民族情緒及工人運動高漲，民族社會主義德國工人黨（納粹黨）脫穎而出，納粹黨領袖阿道夫·希特勒（Adolf Hitler）在德國民眾的簇擁下登臺。此時，流亡荷蘭的威廉二世為希特勒提供了200萬馬克的援助。待德軍在第二次世界大戰初期取得大勝時，威廉二世發了賀電給希特勒發。

在第一次世界大戰後被肢解的克虜伯帝國，乘著納粹黨發展的東風再度崛起。克虜伯的繼承人加入了德國納粹黨，成為黨衛軍成員。他與德國民眾一樣把希特勒視為洗雪一次世界大戰恥辱、復興德國的主要人物。克虜伯帝國儼然成了希特勒的戰爭機器。一場比第一次世界大戰更為凶殘的浩劫正在逼近……

在第一次世界大戰後的惡性通膨中，歷史學派被釘上了歷史的恥辱柱。但納粹主義登臺後，施穆勒最有天分的學生、新歷史學派代表維爾納·桑巴特（Werner Sombart）寫了一本關於德國社會主義的書，讚頌他們的領袖希特勒是從上帝——宇宙的最高元首——那裡得到了指示，而且元首的話就是永恆的啟示。

奧地利學派米塞斯認為，導致了兩次戰爭和失敗的侵略性的帝國主義、1920年代早期不受約束的通貨膨脹、政府控制的經濟和納粹政權的種種恐怖，都是按照歷史學派鼓吹者的教導行動的政客的成就。

從李斯特為俾斯麥容克貴族奠定國家主義根基，到施穆勒為霍亨索

倫王朝官僚資本服務，再到桑巴特為阿道夫‧希特勒譜寫讚歌，是德國歷史學派發展的歷程，也是德國國家主義演進的歷史。

從西元 1888 年繼位到 1918 年退位，威廉二世這鋒芒畢露的 30 年，徹底斷送了德意志的國家前途。

加上希特勒統治的 12 年，德國這鋒芒畢露、重劍出鞘的 42 年，讓人類觸碰到了最凶惡的人性底線。

早在西元 1886 年，俾斯麥就曾發函向戰爭部長表示：

「倘若天意要我們在下一場戰爭中落敗的話，那麼我認為毫無疑問的結果將是，我們打了勝仗的對手將使盡一切手段，讓我們永遠 —— 或許至少在下一個世代的時間內 —— 無法重新站立起來。……一旦列強發現一個統一的德國可以是多麼地強大……我們不幸作戰失利以後，甚至無法期待還會有辦法讓現在的國家維持統一。」

第二次世界大戰後，德國被一分為二，俾斯麥一語成讖。

然而，這所有的惡，是誰開始的？

後記

德意志，這個強悍的民族，啟動情緒政治與統制經濟，經過煉獄般的洗禮，最終明白了人類文明的真諦及靈魂的歸宿。

德國經濟學家奧伊肯（Walter Eucken）在第一次世界大戰後拋棄歷史學派，建立了弗萊堡學派，建構了「聯邦德國新自由主義」。

第二次世界大戰後，政治家艾哈德（Ludwig Erhard）在奧伊肯的基礎上，為德國建構了社會市場經濟的藍圖，開創了真正的「第三條道路」。

德意志，浴火重生。

參考文獻

[1] 佛里茲・斯特恩。金與鐵 [M]。王晨，譯。成都：四川人民出版社，2018。

[2] 塞巴斯提安・哈夫納。從俾斯麥到希特勒 [M]。周全，譯。南京：譯林出版社，2015。

[3] 克里斯托弗・諾恩。俾斯麥 [M]。陳曉莉，譯。北京：社會科學文獻出版社，2018。

[4] 克里斯托弗・克拉克。沉重的皇冠 [M]。蓋之珉，譯。北京：中信出版社，2017。

[5] 俾斯麥。思考與回憶 [M]。周鴻印、楊德友，譯。上海：生活・讀書・新知三聯書店，2006。

[6] 弗里德里希・李斯特。政治經濟學的國民體系 [M]。陳萬煦，譯。北京：商務印書館，1997。

德國模式：
經濟憲法、自由市場與繁榮之路

世界上有沒有一個國家，經濟發達，房價還不高，國民還有房子住？

美國、日本、香港以及中國大陸，走的是房地產市場化道路。房地產業蓬勃發展，成為支柱產業，但住房壓力極大。如今的北歐、西歐採用的是高福利模式，但弊端日益顯現、福利與民粹主義氾濫。如何做到經濟發展與「居者有其屋」並存？

世界上有沒有一個國家，製造業強大，金融市場不差，金融真正服務於實體？

自 1980 年代開始，美國走上了金融資本主義之路，金融異常繁榮，製造業萎縮，經濟過度金融化、空洞化。日本、中國也在金融化的道路上快速前進，但金融產值的過度膨脹，不僅抑制實體經濟、製造業以及技術創新，還助長投機炒作、資金空轉，加大槓桿，引發債務危機、房地產及股票資產泡沫危機，甚至波及實體經濟，引發類似於 2008 年的全球性金融危機。

反過來，若不依賴金融市場，經濟則失去了一個重要的潤滑劑和渦輪增壓器。如何才能做到金融與實體相得益彰？

世界上有沒有一個國家，經濟保持持續穩定成長，極少大起大落、忽高忽低？

第二次世界大戰之後，日本經濟持續高成長，但最終被 1990 年泡沫經濟終結，並陷入了持續的經濟蕭條。自雷根政府開始，美國經濟、房

市、股市持續了史詩級的大牛市，但終於 2007 年次貸危機。

最近十年，義大利、希臘、西班牙、葡萄牙、愛爾蘭陷入債務危機。英國、法國經濟相對實力衰退，政治上陷入民粹主義泥沼。

墨西哥、阿根廷、印尼、菲律賓、泰國等都曾經歷短期的高成長，但最終還是掉入「中等收入陷阱」，債務危機、貨幣危機及經濟問題不斷。

再來看「金磚五國」，巴西、南非都已脫隊，俄羅斯的經濟總量大幅減少。印度經濟依然保持強勁成長，但社會問題隱患日增。

經濟如何才能穩定、強勁成長？

綜合以上，能否有一個國家既能保障社會福利，實現公平競爭，又能發揮市場的配置效率，實現個人自由；既發展金融業，又不抑制製造業、實體經濟，避免金融泡沫、通貨膨脹；保持經濟穩定成長的同時，還能解決大眾住房、製造業技術更新、金融風險三大問題。

能否有一種經濟理論及政策可以實現效率與公平、金融與製造業、市場資源配置與政府需求調節有效融合？

綜觀全球，只有一個國家相對接近（注意是接近，而且是相對）以上苛刻條件，那就是第二次世界大戰後的聯邦德國（如今德國也面臨各種問題，最後一部分會講到）。

第二次世界大戰後，作為戰敗國，德國面臨亡國的風險。蘇聯試圖將其在地球上抹去；美國執意接管西德。所幸的是，美蘇英法各懷鬼胎，邱吉爾（Winston Churchill）的鐵幕演說挽救了德國。德國在冷戰下的兩極陣營中分裂為東西兩國，聯邦德國在美蘇爭霸、德法聯盟中獲得喘息的機會。

此後，聯邦德國很快在廢墟中重建家園，戰後十年便超越英法躍升為世界第二經濟強國，歷史上稱「德國奇蹟」。從第二次世界大戰至今，除了在 1970 年代受到美國停滯性通膨危機波及，德國經濟一直維持穩步成長，本土沒有發生過一次經濟危機；製造業強勢、社會福利完善的德國，一直是歐洲共同體的核心力量。

縱然如今的德國也面臨難民、伊斯蘭化、福利與民粹主義以及經濟衰退等一系列問題，但德國依然是社會經濟問題最少的強國、經濟成長最穩定的大國，是經濟發展與社會福利、製造業與金融發展最為平衡又強大的國家。

當今世界，貨幣危機、債務危機已然成為全球經濟上空的達摩克利斯之劍。美國、日本、歐洲大部分國家、拉美以及亞洲新興國家，都面臨嚴重的債務問題。與美國、日本、英國相比，德國經濟要穩定、扎實得多。德國經濟槓桿率低於美日英法，私人部門負債率較低，製造企業現金流充足、經營穩定、技術先進。

德國是世界上少有的經濟強勁的高福利國家，公共資源充足，勞資關係和諧，提供教育、醫療、住房保障，社會穩定，房價偏低，空氣優質。德國解決了居住問題，房價還一直保持低位階、平穩，而且沒有發生過一次房地產泡沫危機，在當今此起彼落的房地產泡沫時代算是一股清流。

德國是怎麼做到的？

世上不只有亞當斯密、凱因斯，還有德國的奧伊肯（又譯「歐肯」）、艾哈德。自凱因斯主義誕生以來，關於市場與計劃經濟、無形之手與有形之手的爭論，不管是在學術層面還是政策層面，都無休無止、爭而無果。但是，弗萊堡學派的代表人物奧伊肯和社會市場經濟的操盤者艾哈德的經濟理論以及經濟改革政策，幫助德國走上了穩定的第三條

道路——社會市場經濟。

並不是說德國沒有問題，而是因為德國有一套完整的經濟理論、經濟政策以及曾經成功的實施經驗。

德國模式不是表面的工匠精神、嚴謹態度與西門子製造，而是一套被人忽略的經濟理論和恰到好處的經濟政策，以及真正利於民族的經濟學家和政治改革家。

本節深入德國的經濟改革、經濟理論及政策，深度分析真正的德國模式。

集他山之石，以資借鑑，以饗讀者。

01　經濟憲法，保障自由市場

第二次世界大戰後的「德國經濟奇蹟」，離不開聯邦德國首任總理康拉德·阿登納 (Konrad Adenauer) 和美國的「歐洲復興計畫」。但專注德國國內經濟體系來看，瓦爾特·奧伊肯和路德維希·艾哈德 (Ludwig Erhard) 是兩個關鍵人物。

德國的經濟復甦以及快速崛起，是基於奧伊肯和艾哈德設計和推動的社會市場經濟。奧伊肯是德國弗萊堡學派的創始人，是社會市場經濟思想及理論的創立者；艾哈德是德國重要的政治家、改革家，是社會市場經濟政策的設計者和執行者，被稱為「德國崛起之父」。

第二次世界大戰後，德國滿目瘡痍、斷壁殘垣、四分五裂，經濟已崩潰，政治被接管，國家被肢解，很多德國人對未來感到迷茫和絕望。

美國經濟學家古斯塔夫·施托爾珀 (Gustav Stolper) 曾經這樣描述當時的境況：

「一個生物實體上不可救藥的殘缺不全的民族；一個聰慧的但殘廢的民族；一個由於拆散家庭而在道德上被毀壞的民族；一個其城市幾乎全部成為廢墟、其工廠變成瓦礫的具有城市和工業文明的民族；一個沒有食品和原料，沒有有效的交通體系和有效貨幣的民族；一個其社會結構透過大規模逃亡、大規模遷移、大規模地強使外來者定居而被撕裂了的民族；一個擁有鉅額國債，其銀行存款遭到沒收，或者透過貨幣貶值對工業和生產性資產進行大規模剝奪，甚至成為政治報復工具的民族；一個在失去構成其食品來源的四分之一土地後，處於其過去的東西方敵人的第二次瓜分危險之中的民族；一個在熱愛和平的制度勝利後仍無個人自由保障，沒有人身保護和沒有民主的民族。」

這就是當時奧伊肯、艾哈德、阿登納所面臨的德國。

他們經歷過德國歷史上巨大的民族苦難和經濟憂患。從德意志帝國、第一次世界大戰、戰敗後的威瑪共和國、納粹德國、第二次世界大戰，到戰敗後的聯邦德國，這一連串大起大落的短暫歷史，極大地衝擊了這代人的思想靈魂和民族情感。

日耳曼是一個善於思辨的民族。這個民族擁有一套屬於自己的哲學體系以及文化精神，誕生過尼采（Friedrich Nietzsche）、叔本華（Arthur Schopenhauer）、黑格爾（Georg Wilhelm Friedrich Hegel）和康德（Immanuel Kant）等傑出的哲學家，他們不喜歡人云亦云、盲目模仿。

在第一次世界大戰前，即奧伊肯求學時代，德國經濟學界流行李斯特開創的歷史學派。這個學派否定亞當斯密建立的古典主義，漠視經濟學的普遍適用性以及經濟的一般規律，強調「德國特殊論」，推崇德國道路，反對經濟自由主義，主張用國家手段干預經濟。

德國歷史學派顯然在「獨立自主」道路上玩壞了，成為德意志帝國的

統治工具，最終走上了支持國家主義擴張的庸俗之路。

奧伊肯在萊茵弗里德里希-威廉大學學習期間，也受到德國歷史學派的影響。第一次世界大戰後，奧伊肯發現德國歷史學派將德國經濟帶入災難性的錯誤，且對當時歷史罕見的惡性通膨束手無策。於是，奧伊肯果斷地拋棄了歷史學派的傳統，前往波恩追隨當時德國極少數反對歷史學派的經濟學家海因里希·迪茨耳。

在迪策爾的指導下，奧伊肯大量吸收古典主義理論，並形成了一套折衷主義的經濟主張。他在調解歷史學派和奧地利學派的方法論大論戰中獲得了啟發，最終提出了「競爭秩序」理論，採取了走「中間道路的經濟政策」。

1939 年，奧伊肯發表《國民經濟學基礎》，象徵著競爭秩序理論的形成，以及弗萊堡學派的成熟，也奠定了他作為弗萊堡學派主要創始人的地位。奧伊肯的「競爭秩序」理論，便是德國社會市場經濟政策的理論基礎。

奧伊肯解釋，競爭秩序是一種「有運作能力的、合乎人的尊嚴的秩序」。用他本人的話來說就是：「要求遵循經濟的客觀規律性只是競爭秩序的其中一個面向，它的另一面向在於同時要實現一種社會和倫理的秩序要求，將兩者緊密結合正是競爭秩序的優勢。」這種秩序既符合市場規律，又合乎人的倫理。

奧伊肯認為，公權力和私人權力都可能被濫用，從而危害經濟自由。他強調，要維持競爭秩序，就必須制定一部經濟憲法，透過經濟憲法來約束公權力和私人權力的運用。

事實上，奧伊肯的競爭秩序理論試圖超越當時的蘇聯社會主義經濟和資本主義經濟，形成「第三條道路」，即透過經濟憲法約束市場行為與

政府行為，保障市場自由競爭，提升政府管理效率。

所以，總的來說，形成競爭秩序的首要前提是制定一部經濟憲法，其次是維護市場自由競爭。

奧伊肯對經濟憲法的強調與弗萊堡學派的構成有關係。弗萊堡學派是由奧伊肯代表的經濟學家陣營和伯姆（Franz Böhm）代表的法學家陣營共同組成的。這一跨界組合，促成了「經濟憲法」主張，強呼叫法律來約束政府，保障自由經濟。

在奧伊肯看來，市場自由競爭的關鍵是「有執行能力的價格體系」。奧伊肯極為提倡價格機制，並制定了經濟憲法的七大原則，其中第一原則也是最重要的原則就是價格體系。

奧伊肯認為，價格機制正常執行，才能保障自由競爭；如果做不到這一點，任何經濟政策都會失敗。奧伊肯吸收了古典主義倡導的自由主義思想以及經濟執行的一般規律。他對自由的定義是「無權力依附關係」，自由受法律保障，而非公權力干涉。

在納粹統治期間，奧伊肯就是一個反納粹主義者，他深刻感受到納粹政府的強權對自由市場以及個人自由的破壞，極其渴望透過法律來保障自由。奧伊肯的秩序競爭也因此被稱為「秩序自由主義」，或叫「聯邦德國奧爾多自由主義」。

奧伊肯主張的自由競爭與其好友哈耶克的自由主義相近，但經常被人誤解。人們一不小心就將這類市場自由主張等同於亞當斯密以及古典主義推崇的「自由放任」、「小政府主義」。

其實恰恰相反，奧伊肯與哈耶克（詳見哈耶克的《自由秩序原理》）都反對「自由放任」，他們強呼叫「憲法」來保護自由市場，管控私人權力和公權力，同時倡導有為政府。

第二次世界大戰後，1947 年，奧伊肯、哈耶克、傅利曼等 30 多名學者在瑞士成立了著名的朝聖山學社（Mont Pelerin Society），這是一個宣傳新自由主義思想的世界組織，奧伊肯為第二任會長。第二年，奧伊肯在國內創辦了《奧爾多，經濟與社會秩序年鑑》，宣傳「競爭秩序」的新自由主義經濟思想，聚集了當時德國一批傑出的經濟學家，包括艾哈德。

1950 年，奧伊肯應倫敦大學之聘赴英講學，但不幸感染風寒病逝於倫敦。所以，奧伊肯沒有實際參與德國社會市場經濟體系的建立，但他提供了一套完整的思想、理論以及施政方法。奧伊肯曾計劃撰寫一部「經濟憲法」，但最終成為遺願。奧伊肯去世之後，奧伊肯夫人與奧伊肯的學生恩塞爾根據奧伊肯遺稿編輯出版了《經濟政策的原則》（1952）一書。這本書明確指出如何制定一部「經濟憲法」。除了建立一套完全競爭的價格體系外，還包括：保持幣值穩定的貨幣政策；保障私有產權制度；開放自由市場，廢除一切行政干預的禁止和限制；保障訂立契約的自由；堅持責任原則，凡負責經營者均應有承擔負債的責任；經濟政策必須保持長期的連續性和穩定性。

其中的每一項，對中國來說，都極為寶貴。

02　貨幣改革，穩住總體經濟

奧伊肯之後，弗萊堡學派重要成員艾哈德成為「自由秩序」理論最關鍵的執行者。

艾哈德是第二次世界大戰後聯邦德國最重要的兩大政治人物之一，另外一位是聯邦德國第一任總理阿登納。阿登納擅長政治與外交，艾哈德負責經濟改革，這兩位被認為是「德國經濟奇蹟」的締造者。

第二次世界大戰後，艾哈德先後擔任了德國巴伐利亞政府經濟部

長、德國英美占領區經濟署長、聯邦德國經濟部長、副總理、總理。在連續、完整、持久的政治生涯中，艾哈德一手設計並推行了社會市場經濟秩序，充分地執行了奧伊肯的主張，做到了奧伊肯強調的「經濟政策必須保持長期的連續性和穩定性」。

艾哈德的第一個成就是在擔任德國英美占領區經濟署長期間推行了貨幣改革，成功終結了市場價格的混亂，打破了市場交易的僵局，為德國經濟改革及復甦奠定了良好的基礎。而這一改革恰恰是奧伊肯「競爭秩序」中最關鍵的內容：一套自由競爭的價格體系、保持貨幣價格穩定以及貨幣政策目標優先原則。

奧伊肯、艾哈德都經歷了第一次世界大戰後威瑪共和國時期的惡性通貨膨脹。這是一場歷史性的大通膨。第一次世界大戰前，1美元兌4.2德國馬克，但在1923年（戰後5年），1美元可以兌4.2兆馬克。這次惡性通膨幾乎刻在了那一代德國人基因裡，改變了德國經濟歷史，也改變了奧伊肯的學術生涯及經濟思想。

德國人從此談通膨色變，奧伊肯對通膨也深惡痛絕。他在1923年出版了《德國貨幣問題的批判考察》一書。這本書是競爭秩序理論的開端。換言之，奧伊肯的理論正是從貨幣制度開始的。

在奧伊肯的理論體系中，維持貨幣價格穩定永遠是放在第一順位。他認為，央行必須把穩定貨幣作為其貨幣政策的首要目標；任何總體經濟目標以及其他目標，都要讓位於貨幣政策目標。

他還強調，「堅定不移地把穩定貨幣放在首位，這樣做事實上是對其他政策目標的最大支持，也是對經濟發展的最大貢獻」。

縱觀經濟學300多年歷史，沒有任何一位經濟學家如此重視貨幣價格的穩定，也沒有任何一位經濟學家以貨幣政策優先原則為核心來建構

自己的理論體系。

但現實中,穩定貨幣價格恰好是化解經濟危機、解決經濟難題以及推行重大經濟改革的關鍵所在。第二次世界大戰後的德國經濟秩序混亂、價格癱瘓,艾哈德推動貨幣改革,穩定德國馬克價格,猶如在亂麻叢中找到突破口,擊中問題的要害。

馬克改革的成功,是奧伊肯思想最偉大的實踐,也是整個德國經濟改革以及經濟復興的關鍵。從此,德國基本上與通膨絕緣,除了1970年代停滯性通膨時期,德國經濟一直在低通膨的環境下穩定成長。奧伊肯的貨幣價格穩定及貨幣目標優先原則,是德國經濟幾十年穩如磐石的原因。

值得一提的是,1970年代美國停滯性通膨危機期間,聯準會主席保羅・沃克不顧一切地緊縮貨幣,強勢壓制通膨,與奧伊肯幣值穩定及貨幣政策優先的主張不謀而合。當時,沃克為了控制通膨,相當程度犧牲了經濟成長和就業。但當通膨率降低、物價穩定後,美國經濟、股市、房市在最灰暗時復甦,從而開始了幾十年的牛市。這正好印證了奧伊肯的理論。

艾哈德對奧伊肯理論的深刻理解以及深度貫徹,相當程度來自對穩定貨幣價格的高度認同。在德國惡性通膨期間,艾哈德正好在法蘭克福大學攻讀經濟學博士,其父母多年辛苦經營的店鋪被通膨無情摧毀。這場通膨對德國經濟及無數家庭帶來毀滅性的打擊,艾哈德與奧伊肯一樣對通膨深惡痛絕。

1948年,美英軍政府指示對雙占區進行經濟改革。承擔議會職能的經濟委員會成立了「管理委員會」,下設經濟管理局局長,負責具體改革任務的執行。由於前任「出言不遜」激怒了美國占領當局的高層被免職,

艾哈德意外地接任了這一職務。

這時，弗萊堡學派經濟學家萊昂哈德·米克希（Leonhard Miksch）成為艾哈德的助手，他主要負責價格和薪資政策改革，發揮了重要作用。

身為貨幣改革的主要負責人，艾哈德和米克希非常堅決地將推行新馬克、穩定物價作為第一目標。在推行貨幣改革時，艾哈德和米克希貫徹並執行了奧伊肯兩大思想：一是建立經濟憲法來約束市場和政府，即透過法律來推行改革；二是必須建立一套自由競爭的價格體系。

透過經濟法律來推行改革與建立自由競爭的價格體系，在當時實際上是一個問題。戰後德國的紡織品、鞋、收音機、腳踏車、鐘錶、汽車、打字機、縫紉機、木材、玻璃製品、農業機械等都受到嚴格的行政命令管制，而透過立法推動貨幣及價格改革，就意味著基本上要廢除這些管制，以法律管理替代行政命令，以法律的嚴肅、穩定替代行政的隨意、僵化。

艾哈德認為，任何一項貨幣改革，都要回到自由市場經濟之中，透過法律保障自由競爭機制。具體來說，只有放鬆價格管制，用法律規範市場，使商品價格隨著市場波動，才會增加供給，才能解決物資短缺的問題，新馬克才能發揮作用。

1948年6月17日，經濟委員會召開會議，討論艾哈德和米克希共同起草的「貨幣改革後管制經濟和價格政策的指導法律」，即《指導原則法》。當時，議會黨團總體上支持艾哈德的立法主張，但社民黨從行政管制的黨派利益出發，批評艾哈德獲得過度授權。

艾哈德在會上次應說，這並未關係到授權法，而是關係到「保護德國貨幣的法律，一個重建民主自由和基本法權利的法律，一個經濟重建的法律」。

會議一直持續到次日凌晨，最終經濟委員會以 52 對 37 的多數票通過了《指導原則法》。其實，這部法律所涉及的遠遠超過貨幣及價格問題，它是德國社會市場經濟的總綱領，是德國經濟政策改革的路線指引，是奧伊肯主張的「經濟憲法」，推動德國管制經濟走向自由市場經濟，同時也保障了自由競爭。

19 日，艾哈德便迫不及待地透過電臺宣布，一大批商品將取消價格控制和管制，只對主要生活必需品和煤鐵等原料進行管制。

其實，這部法律還必須要州際委員會和美英軍事當局的同意。艾哈德這種「先斬後奏」的做法（或者說是政治賽局的手段）讓美英軍事當局的克萊因將軍（Lucius Clay）極為惱火。而且，艾哈德放開價格管制損害了英美軍政府的配給利益。他以解除職務相威脅，憤怒地質問艾哈德：「你怎麼竟敢在普遍缺糧的時候放鬆我們的配給制度？」

艾哈德回應克萊因將軍說：「我把配給證取消了，以後唯一的配給證是西德馬克。他們會努力工作以賺得這些馬克的。」不過，萊克因將軍也算「深明大義」，明白艾哈德的改革最終有利於德國走上自由市場經濟道路，允許艾哈德放手去做。

20 日，《指導原則法》下的第一項法律貨幣法，即《貨幣新體系的第一項法令》生效。這象徵著貨幣改革正式開始。

貨幣法規定，德國於 21 日開始停止使用帝國馬克，採用新馬克，即「德國馬克」；允許每個公民以 1：1 的比例兌換 60 個德國馬克；所有存款准許以 10：1 的比率兌換成德國馬克；存款中一半列入自由帳戶自由使用，另一半進入固定帳戶予以凍結；被凍結存款中的 70% 作廢，20% 轉入自由帳戶，10% 強制購入國債。

改革以後，市場上流通的貨幣量從 700 億帝國馬克急遽下降為 60 億

德國馬克，貨幣量削減了93.5%，這是德國歷史上削減貨幣量最大的一次貨幣改革。

所有人都在期待這次貨幣改革以及新馬克來終結糟糕的經濟狀況。

當時的德國，由於受到價格管制，物資短缺，正常市場上買不到東西，於是黑市猖獗，物價大漲，通膨大爆發；市場上充斥著700億帝國馬克，帝國馬克氾濫成災，猶如廢紙，美國的香菸成了最堅強的貨幣，不少交易重回最原始的以物易物的狀態。市民想辦法獲得美國的香菸，然後在黑市上購買麵包、奶油以充飢。

德國人意識到飢餓、墮落似乎不可避免，一場戰後的惡性通膨噩夢又開始了。

當時，德國記者非常敏銳地指出，德國馬克的成敗，就看6月21日那天商店貨架上、櫥窗上是否擺滿琳瑯滿目的商品。

6月20日，德國所有城市的銀行門口都聚集著大量忐忑不安的市民，他們排著長龍兌換新馬克。

次日早晨，大量市民拿著前一日兌換的新馬克走進商店時，他們都不敢相信自己的眼睛：各式各樣的商品堆滿了貨架。這些商品彷彿從天而降，商品短缺突然消失，黑市突然消失。這簡直就是奇蹟，一場貨幣改革的奇蹟，一場自由經濟的奇蹟。

當時美國聯邦儲備委員會成員、經濟學家亨利・華利奇（Henry Wallich）在美占區軍事當局任職。他親身經歷了這場貨幣改革，他說：

「……幣制改革使德國的面貌日新月異。1948年6月21日，商店裡又有了貨物，貨幣恢復了正常的功能，黑市和灰市的作用縮小了……一夜之間，國家的精神面貌大變樣。過去人們憂愁苦悶，面露飢色，死氣沉沉，終日流浪街頭，覓食餬口，現在卻生氣蓬勃，四十新馬克（首次

兌 40 個）使他們第一次能夠放手採購商品。」

法國經濟學家雅克・魯弗（Jacques Rueff）、安德烈・彼得（André Piettre）曾這樣生動地描述貨幣改革後的變化：

「商店櫃窗裡的商品琳瑯滿目，工廠裡的煙囪裡開始冒煙，汽車開始在公路上奔跑。不管在什麼地方，建築工地上的喧鬧聲取代了廢墟上死一般的沉靜。

「如果說這種崛起已經使人感到震驚的話，那麼這種崛起的突然性更加使人驚訝。隨著貨幣改革這一天鐘聲的響起，這種崛起在經濟生活的各個領域就開始了……在前一天晚上，德國人還毫無目的地在城市裡到處遊蕩，以便再找到一點點食物。而一天後，他們只想去生產這些產品。前一天晚上，他們的臉上布滿失望愁容，一天後整個民族對未來充滿了希望，於是誰也不懷疑，隨著貨幣改革的實行，德國經濟決定性的重新崛起開始了。」

貨幣改革後的第一年，聯邦國民生產毛額就翻了一倍，第二年就超過了 1938 年的最高紀錄，工業生產迅速恢復到戰前的水準。

物價大幅度下降，中間雖有一些商人囤積貨物哄抬物價，但商品自由流通很快又讓物價恢復正常。1952 年消費者物價指數僅 2.1%，此後完全處於低通膨水準。失業率也隨之大幅度下降，從 1948 年的 42% 迅速下降到 1950 年的 10.2%。

03　經濟改革，走上中間道路

貨幣改革只是艾哈德經濟改革中的第一步，當然也是最重要的一步，實際上已經完全展現了奧伊肯的經濟思想以及艾哈德的經濟政策理念。

早在 1946 年，艾哈德就闡述了他關於新的經濟制度的基本思想：

「如果將來國家遵循著一種既沒有社會特權，也沒有人為地阻礙經濟力量的自然平衡，那麼就只剩下供需之間的遊戲。在這種情況下，市場就可以最佳的方式調節各種經濟力量的投入並能夠調節任何一種失誤。相反，國家的命令經濟必將取消市場和自由消費。」

奧伊肯和艾哈德的經濟思想常被誤認為過度追求自由主義，被類比為哈耶克的自由主義，甚至有人將其等同於亞當斯密的「自由放任」。有人認為，「社會市場經濟」中的「社會」是多餘的。實際上，這是對奧伊肯及艾哈德思想的最大誤解。哈耶克也說過：「自由放任，是對自由最大的傷害。」

艾哈德的確非常強調自由競爭，這也是奧伊肯經濟思想的前提，但他同時特別重視社會功能，主張社會市場經濟中的「社會」二字不但不能取消，而且必須大寫。他認為，國家發揮「法官」和「裁判員」的作用。國家的功能主要是制定規則，並不直接干預經濟。

自凱因斯主義誕生以來，經濟學界一直對市場自由與政府干預爭論不休。今天中國經濟學界還為此困擾不已。其實，新自由主義早已解決了這個問題，艾哈德的社會市場經濟有效地將政府之手與市場之手整合在了一起。

社會市場經濟概念的提出者——弗萊堡學派的穆勒·阿瑪克（Müller Armack）（受艾哈德提拔，擔任過聯邦經濟管理部副部長）認為，社會市場經濟是「一種和平相處模式」（即創造和平的模式），因為社會市場經濟能將相互矛盾的事物整合，共同為社會服務。。

在社會市場經濟中，「社會」代表國家及民眾監督，具體而言是國會（議會）的立法。用「經濟憲法」共同約束市場私人權力（壟斷權）和政府

公權力（行政干預以及特權），既避免了英法模式下的自由競爭造成的極度不公及貧富分化，也避免了蘇聯計劃經濟及納粹德國經濟統治下的直接干預造成的經濟失衡及福利損失。德國社會市場經濟走了一條中間道路，也稱第三條道路。

從 1952 年到 1958 年，德國的 GDP 年均成長 7.6%，失業率由 6.4% 降至 1.7%。1955 年，德國工業總產值超過英法兩國，躍居世界第二。在社會市場經濟政策的推動下，德國經濟發展呈現出持續高成長、低通膨、低失業的特點，「德國製造」稱雄世界，人們稱這一時期的德國經濟為「經濟奇蹟」。

法國經濟學家、法國保險公司總裁米歇爾·阿爾伯特（Michel Albert）在其著作《資本主義反對資本主義》（*Capitalism Against Capitalism*）中將德國的社會市場經濟概括為「萊茵模式」。阿爾伯特斷言，在強勢的英美模式面前，「萊茵模式」所包含的「人文價值」和其社會和諧平等的內涵，將具有頑強的生命力。

但其實「萊茵模式」過度強調社會福利保障，將社會市場經濟異化為北歐高福利國家模式，是對社會市場經濟的曲解。

1957 年，艾哈德出版了《大眾的福利》，又譯為《共同富裕》（*Wohlstand für Alle*）。這本書全面地論述了他的社會市場經濟思想及政策，系統地繼承了奧伊肯的「自由秩序」主張。

艾哈德強調，社會市場經濟政策的基本要義是要處理好經濟自由和政府干預之間的關係，即克服漫無限制的自由放任和嚴酷無情的政府管制之間的矛盾，在絕對自由和集權主義之間尋找一條中間道路。而這條中間道路的保障則是「國家」，即國家大法，從而實現社會性的公平與普遍富裕。

縱觀經濟學 300 年歷史，亞當斯密發現了市場的力量，凱因斯發現了政府的力量，但市場與政府都有缺陷，二者互相排擠、對立。到了 1970 年代，新自由主義者們發現了社會的力量（法治的力量、國會的力量）。

這一力量包括布坎南（James M. Buchanan）的公共選擇理論、阿羅（Kenneth Arrow）的社會選擇理論、波斯納（Richard Posner）的法與經濟學、寇斯（Ronald Coase）的新制度經濟學、哈耶克的自由憲章、梯若爾（Jean Tirole）的產業組織理論，以及更早時期的奧伊肯的競爭秩序、艾哈德的社會市場經濟。他們共同主張運用社會的力量，用法律、制度、規則來約束政府公權力與市場私人權力，從而促進資源的有效合理配置；將經濟學命題從單純追求配置效率，拓展到追求經濟效用、社會福利以及個人自由的最大化。

新自由主義是經濟學的 3.0 時代，德國是最佳實踐者；1980 年代後的美國、日本次之，但整體稍微偏右；如今的北歐國家整體稍微偏左。

第二次世界大戰之後，凱因斯主義在歐美世界大行其道，雖然哈耶克努力批判凱因斯主義，但新自由主義依然被後者長期壓制。

不過，由於弗萊堡學派在德國盛行，以及艾哈德實施社會市場經濟政策，凱因斯主義沒能像美軍一樣攻占德國。德國走上了更為理性的第三條道路。

在 1948 年貨幣改革之前，德國成立了德國州際銀行，也就是德國的央行。隨後，艾哈德推動《證券發行法》發表。根據該法，德國州際銀行擁有鈔票壟斷權和調整各類業務銀行最低儲備金的權力。這部法律促使德國央行以及貨幣發行權從美英軍事當局脫離出來。後來，美英軍事統治結束，德國央行完全實現了獨立性。這就避免了政府濫用貨幣發行

權,導致通膨膨脹和債務高企。

奧伊肯極度擔心貨幣政策這一公權力被濫用於牟取私利。他曾經說:「一種非自動虛構的貨幣憲法有被濫用並造成通貨膨脹的巨大危險。」艾哈德透過立法確保了奧伊肯擔心的事情不會發生。

透過經濟改革,德國形成了由中央銀行、全能的銀行系統以及銀行監督局組成的金融體系。德國確立龐大健全的金融法規體系,其中最重要的是《德意志聯邦共和國信用業法》和《德意志聯邦銀行法》。除金融法規以外,銀行業務活動還需遵守其他的相關法律,如《商業交易法》、《股份公司法》等。

表面上看,德國這套金融體系與美國、英國並沒有多大區別,但實際上,德國金融體系與美英存在三大區別:

一是強化金融控制。

從1980年代開始,美國、英國大幅度推進金融自由化、金融混業發展,大幅放鬆了金融監管。2008年爆發金融危機之後,歐巴馬請出年邁的保羅·沃克,試圖以「沃克法則」推進金融改革,強化金融監管。

但是,德國自始至終對金融保持高強度的監管,將金融監管強化為「金融控制」。德國金融混業程度極低,金融自由化受到很多限制,金融企業及銀行的槓桿率被控制。

二是貨幣政策優先。

自1990年代起,西方世界的央行興起了一股單一目標化思潮,即從政府權力體系中獨立,只專注於控制通貨膨脹率。

聯準會的機制具有相當的獨立性,但每當危機爆發時,聯準會與聯邦政府容易達成共識,採用擴張性的政策刺激需求。2008年全球性金融危機爆發,美國、日本、中國的央行採取擴張性貨幣政策救市。次年,

歐債危機爆發，面對如此態勢，德國央行公開反對量化寬鬆。

貨幣政策優先，不僅意味著央行貨幣政策的獨立性，還強調其不服務於總體經濟目標。在貨幣政策優先原則下，政府任何總體經濟目標，如充分就業、財政融資、債務融資、經濟刺激、房地產及資本市場調節，都讓位於貨幣政策。如此，政府無法要求央行為其服務，最大限度地保持了央行的獨立性和政策優先性。

三是貨幣數量被控制。

弗萊堡學派提出貨幣「區間政策」，即為貨幣供應成長率設定一個範圍。自1979年開始，西德央行根據這個理論，採取了貨幣成長率的區間指標。這是德國馬克長期保持穩定且強勢的直接原因。弗萊堡學派還要求央行向大眾公布「貨幣目標」，以穩定市場的預期，並接受大眾監督。自1974年起，西德央行一直實行這種制度，且效果顯著。這兩個政策與傅利曼提出的固定貨幣增量目標且立法的舉措有著異曲同工之妙，只是傅利曼的建議並未被聯準會所採納，聯準會依然採取凱因斯主義的相機選擇貨幣政策。

歷史證明，美元價格的穩定性不如德國馬克。美國還因美元的貶值終結了布列敦森林體系，後來引發了1970年代的停滯性通膨危機。

貨幣是金融的源頭，是金融的活水。若源頭掐死了，金融市場不可能過度繁榮。

我暫且將奧伊肯的貨幣政策優先原則以及弗萊堡學派的貨幣主張定義為「貨幣謹慎主義」。「貨幣謹慎主義」相當程度上抑制了德國金融過度繁榮，同時幫助德國建構了「謹慎」的金融體系——有別於美英的金融體系。

德國的貨幣政策優先原則以及金融體制，相當程度上限制了政府的

財政擴張。

弗萊堡學派不主張透過物價上漲、增加貨幣及稅收籌集資金，而是主張利用銀行信貸、股票、債券這三種自由市場工具融資。

在金融體系中，德國央行不支持德國政府透過財政赤字化融資，更不允許透過多發貨幣、犧牲通膨來增加就業——這一方式符合菲利普曲線，在1960年代的美國極為流行。德國政府只能努力發展實業經濟來實現充分就業，德國央行則一直能夠維持低通膨，避免人為地製造高通膨或高失業。

同時，透過擴張貨幣來實現財政擴張的路被堵死，政府只能靠發展經濟收取更多稅收滿足財政需求。這樣一來，可以避免人為地創造高通膨、高赤字和高槓桿，降低了經濟執行的風險，增強了穩定性。

目前，德國是西方先進國家中經濟槓桿率最低的，遠低於美國、日本、法國、義大利。日本的GDP總值是德國的1.19倍，債務總額卻是德國的4.94倍。

2008年至2016年，美國主動加槓桿。其槓桿率升幅達23%，年均新增債務達1.45兆美元。與美國不同，歐元區年均新增債務為-760億美元，未出現持續的主動加槓桿行為。

2008年之後，美國主動加槓桿沒有造成通貨膨脹，但推升了股票價格，形成一定的資產泡沫。反觀德國，這些年一直維持著低通膨和低泡沫，金融風險遠低於美國。

我們接下來看看製造業。

德國的貨幣政策及金融體製為其提供了一個低通膨、低泡沫、低金融風險的總體經濟環境，有助於製造業發展、房地產良性發展以及解決居住問題。

德國的製造業離不開其原有的工業基礎以及人才儲備。第二次世界大戰後，大量從前線歸來的軍人成為工業快速復興的重要力量。但這些條件，英國、法國都具備，如今德國製造業的實力卻超過英法兩國。

金融過度繁榮容易創傷實體製造業，遏制技術創新。若金融投機盛行，人人炒股票、炒房，則容易抽空實體資金，造成資金空轉，導致社會風氣浮躁，抑制技術創新和製造業投資。美國和中國的實體製造業，某種程度上都受到過度經濟金融化的衝擊。反過來看，合理的金融政策及金融市場有助於金融服務於實體，促進製造業發展和技術創新。

德國的金融體制無法誕生發達、繁榮的金融市場。金融融資受到一定限制，從而降低了整體經濟槓桿，壓制了金融投機，有助於金融回歸實體。

德國法蘭克福是歐洲第三大金融中心，但其實力遠不如倫敦和蘇黎世，更無法與紐約、東京相提並論。2017年德國的股票交易額占GDP的比重為42.38%，遠遠低於美國的205%和英國的95%。德國國內信貸投放額占GDP的比重只有141%，也低於美國的245%和日本的374.2%。

嚴格的金融政策以及不如美國發達的金融市場，降低了德國製造企業的槓桿率，促使企業自主造血和大眾回歸理性。德國製造企業的債務水準低於美國、日本，現金流比較充足，較少盲目借貸，或採用高槓桿擴張。總體上來說，德國製造業的經營更加穩健，資產負債表更加良性。這有利於製造業企業回歸技術創新，培養工匠精神，降低投機之風。

那麼，德國製造企業的資金來自哪裡呢？

股票市場只是德國製造業的融資管道之一。由於德國的金融政策，這一融資管道並不發達。相反的，德國大型製造企業的資金主要來自銀

行。德國的銀行是全能銀行（Universal Bank），可以持有工商企業的股份，不少大型製造企業的股東都是全能銀行。由於金融管控嚴格，德國銀行的金融風險相對較低，不容易感染到實體企業。另一方面，實體製造業發達，進一步增加了全能銀行的信用。

德國公司的治理機構是監事會和董事會，採取「內部管控、分權制衡」的模式。銀行給工商企業提供資金支持，同時派駐董事會和監事會代表，監督管理層。如何避免全能銀行與實體企業股東勾結？

德國公司治理模式的另一大特色是職工參與。在監事會中，職工代表往往占到三分之一到一半的職位。德國公司發行部分「人民股票」，即職工或大眾持有公司股票，使公司成為大眾型公司。如今德國賓士、大眾都類似於大眾型公司，股權分散，股價平穩，獨立董事會穩定。

在這種金融體制和公司治理模式中，德國製造企業事實上是抑制金融工具、重視實體效益的。穩定的董事會和分權監督有利於企業持續穩健經營。資本市場成為賓士公司的大股東的人，未必能夠進入其董事會。這在世界上都是比較罕見的。

這就是「德國製造」稱雄世界的根基。

這種金融制度決定了德國很難出現Google、微軟這樣的資訊科技創新企業。矽谷企業需要繁榮、有效率的融資市場，尤其是風險投資的支持。德國錯失了1990年代的資訊科技的領導權，也是這種金融體制決定的。

不過，德國依然掌握了當今世界最基礎的工業技術，高度精密的製造領域依然是經濟競爭的關鍵技術。真正的挑戰是：在工業高度數位化、智慧化時代，美國製造的優勢可能要強於德國製造，美國在風投支持下的高密度創新是德國不具備的。

最後我們看看房地產。

第二次世界大戰後，德國不僅成功解決了住房短缺問題，還保持了房價的長期穩定。每人住房擁有比率從 1945 年的 0.57 提升至 2016 年的 1.02，人均住房面積達 14.07 平方公尺。1970-2017 年，德國名義房價指數僅上漲 2.3 倍，年均增速只有 1.8%，同期，英國、法國、美國分別上漲 52.8 倍、16.1 倍和 12.5 倍。

在全球波瀾壯闊的房地產泡沫中，德國實屬另類。

如何讓房地產與住房福利相得益彰是全球各國的難題。綜觀全球，除了新加坡等小國，大多數國家或地區諸如日本、美國、英國、香港以及中國，都執行了房地產市場化政策。

房地產市場化的關鍵在於有大規模貨幣支持。在政治需求、房地產經濟的推動下，歐美國家獨立性的央行也無法守住貨幣發行紀律，容易大規模擴張貨幣以支撐房地產。1980 年代，日本採用了低利率的貨幣擴張政策，使房地產業獲得大規模投資，房價快速上漲，最終引發經濟泡沫危機。2000 年後，聯準會擴張貨幣，支持布希政府的「住房美國夢」計畫，華爾街金融異常繁榮，直接導致 2007 年的次貸危機。

如何在促進房地產市場發展的同時解決住房問題？房地產市場本身是解決住房問題的主要手段，但是政府需要考慮的是如何讓普通家庭，尤其是低收入家庭擁有住房。通常的做法是採用稅收轉移支付，比如對商品房，尤其是豪宅徵稅，然後將稅收用於建設社會住宅。這種模式比較普遍，但矛盾也很尖銳，容易激化有房者與無房者之間的矛盾。

我們看看德國是如何解決住房問題的。

在第二次世界大戰後，尤其是從 1950 年代開始，德國政府大量建設公共住房，解決了當時戰後房屋短缺的問題。

1960年代，房地產進入市場化後，由於金融政策及金融監管，德國房地產金融化、槓桿化程度更低，房產投資規模遠不如美日，房產投機被抑制。這就決定了德國房價不會被炒得太高。

德國購房以商業借貸為主，輔以獨特的住房儲蓄，抑制居民盲目加槓桿買房和炒房。德國借貸貸款的首付比例通常在20%～30%，在國際上處於相對較高的水準。住房儲蓄模式為先存後貸、以存定貸，降低了負債率。德國居民房貸占GDP比重僅36%，居民負債占GDP比重僅53%，低於其他先進國家。

德國土地是市場化的，德國政府鼓勵私人自蓋房，以及小集體共同蓋房，採用螞蟻雄兵的方式解決住房問題。這種方式促進了土地及房產充分配置，分散了房源和土地，抑制了投機炒作，同時還低成本地解決了住房問題。

另外，德國鼓勵租屋，打擊炒房。德國政府對交易環節徵收重稅，對租屋進行補貼，對租金上漲進行限制，如三年內租金累計漲幅不得超過20%。全國55%的人口租屋居住，柏林、漢堡等大城市這一比例更高達80%。

德國關於租屋的行政控制手段之所以有效，是因為其應用於非金融化、非貨幣化的房地產市場。換言之，金融政策抑制了房地產投機、炒作，行政控制才能見效。

房地產的問題其實不是市場化，而是貨幣化、金融化。房地產需要市場化，尤其是土地市場化，但要避免貨幣化、金融化。如今日本、美國的房產金融化、貨幣化，都無法兼顧房地產與住房。

在金融管控以及合理的房地產政策下，德國房價一直處於低位且非常穩定，房地產泡沫、債務率以及金融風險都不高，民眾有房可住，屬

於比較理想的房地產模式。

從貨幣政策到金融體制，再到政府債務、製造業、房地產，我們從歷史脈絡和制度建設的角度，看到了一個國家經濟崛起的內在邏輯。

這才是真正的德國模式。

後記

今天，德國問題依然不少，難民問題、伊斯蘭化、低生育率、高齡化、政治分裂、福利民粹主義、逐漸攀升的政府債務以及持續走低的經濟成長，都為德國帶來不小的挑戰。

這些問題根本上源於對當年奧伊肯、艾哈德建立的社會市場經濟的背離。1960年代末，受國際冷戰局勢的影響，德國左翼勢力崛起，凱因斯主義大舉滲透，福利民粹主義大行其道，要求社會公正、擴大社會福利待遇的改革呼聲漸高。

1967年，德國在經濟衰退之際頒布了《促進穩定與成長法》。這部法律試圖用「開明的市場經濟」來替代社會市場經濟，並推行凱因斯主義的反循環調節政策。該法的第一條就規定，各種經濟和財政措施要注意總體經濟的平衡要求，要有利於經濟成長、價格穩定、高就業與外貿平衡。這就意味著，貨幣政策也要服從於總體經濟成長這一目標，或服務於其他目標。這就違反了奧伊肯的貨幣政策優先原則。

之後，德國為了確保經濟成長而實施了擴張性的財政政策，從而導致國家債務迅速增加。

1970年代，受石油危機衝擊，德國經濟陷入高債務、低成長、高失業的困境。所幸的是，調控性的總體經濟政策並未達到預期效果，這部法律最後名存實亡，經濟也得以復甦。

不過，由於左翼的社會民主黨勃蘭特（Willy Brandt）以及施密特（Helmut Schmidt）先後上臺執政，大幅度增加了政府支出，提升了社會保障，導致政府赤字加劇，同時提升了福利預期。德國逐漸演變為一個制度性的高福利國家。過高的福利要求、過度擴張的財政赤字，為日後拖累總體經濟發展埋下了隱患。

左翼勢力執政後，艾哈德建立的社會市場經濟政策遭到了破壞。1970年代，德國經濟政策徘徊於凱因斯主義（擴大政府需求）和供給面財政主義（供給面學派）之間。政策的背離以及搖擺，加劇了市場預期的不穩定，導致德國經濟在此階段陷入停滯性通膨、波動、衰退。

直到1980年代，右翼柯爾（Helmut Kohl）政府施政，德國才真正重回自由主義道路，強調市場自由與競爭，從「對國家和社會保障制度過度的要求」中退回，降低政府支出與債務；同時扛住了美元擴張的壓力，維持了馬克的穩定，避免了類似於日本的經濟泡沫及衰退。

1990年，兩德統一文件《聯邦共和國與德意志民主共和國建立貨幣、經濟與社會聯盟的條約》（即《國家條約》）明確提出德國經濟體製為「社會市場經濟」。但此時的社會市場經濟已經不再完全是艾哈德時代的經濟體制。再加上兩德統一的衝擊，德國被迫加大財政支出，以解決高齡化、東德福利以及東部基礎設施問題。1990年代中期，德國為東部地區投入的資金超過1兆馬克，對西部經濟造成了拖累。。

歐元區成立之後，德國作為歐元區的核心國家，享受了歐元紅利。但如今整個歐洲分裂趨勢加劇，民粹主義氾濫，德國面對重重挑戰。

但不管怎樣，從第二次世界大戰到今天，相比美國、日本、英國以及拉丁美洲國家、新興亞洲國家，德國依然是經濟最為穩健、製造業強勁、社會福利較高的國家。

世上不只有亞當斯密、凱因斯,還有德國的奧伊肯、艾哈德;世上不只有美英模式、東亞模式,還有德國的「第三條道路」——社會市場經濟。

參考文獻

[1] 瓦爾特・歐肯。經濟政策的原則 [M]。李道斌,等譯。北京:中國社會科學出版社,2014。

[2] 路德維希・艾哈德。大眾福利 [M]。祝世康,等譯。北京:商務印書館,2017。

[3] 康拉德・阿登納。阿登納回憶錄 [M]。楊壽國,等譯。上海:上海人民出版社,2018。

[4] 劉光耀。世上不止有亞當斯密系列 [Z]。網易研究局,2019。

◆ 德國三部曲：從 19 世紀至今

德國大選：政治挑戰、歐洲困境與統一之路

2021 年 9 月 30 日，德國大選結果出爐，中左翼的社民黨贏得聯邦議院選舉，得票率為 25.7%；梅克爾所在的基民盟以歷史最低得票率 24.1% 位居第二。10 月 15 日，社民黨、綠黨和自民黨發表聲明，已達成聯合組閣的初步共識。

以往，德國大選單調乏味，但這次大選「刺激、意外，以及備受關注」。

這一次大選後，連續執政 16 年的梅克爾將退出德國政壇，德國乃至歐洲將迎來後梅克爾時代。

在德國，梅克爾始終堅持艾哈德開創的社會市場經濟道路，經濟穩健成長；在歐洲，梅克爾是一位務實的危機應對者，先後歷經全球金融危機、歐債危機、烏克蘭危機、難民危機、英國脫歐危機、能源危機和新冠肺炎疫情危機。

然而，在梅克爾贏得廣泛聲譽身退之際，其所在的基民盟卻遭遇了大選滑鐵盧。這一締造戰後德國崛起歷史的傳統大政黨，正在失去民眾的信任，而左翼綠黨和自民黨、右翼選擇黨、極右另類黨迅速崛起。大選後，德國將面臨三黨組閣的政治局面，德國政治正趨於碎片化和不穩定。

「求變」是本輪大選的民意訴求。穩健、中立、務實的梅克爾主義，在國際大衝突時代已無法應對歐盟內部政治分化，以及歐洲地緣政治邊緣化。這對未來的德國與歐洲構成挑戰。

從兩德統一到歐洲整合,再到當今歐洲之挑戰,德國改變歐洲,還是歐洲改變德國?後梅克爾時代,德國與歐洲整合將如何演變?

01 東西德統一

第二次世界大戰後,德國政治家艾哈德採用經濟學家奧伊肯的思想,實施有效的貨幣、價格、財政與金融改革,開闢了社會市場經濟道路。社會市場經濟模式是德國戰後經濟崛起以及穩健成長的關鍵。艾哈德領導的基民盟因此在德國政壇上贏得了廣泛而穩定的支持。

到1960年代末,這一道路因左翼政黨執政而發生了暫時的偏離。1966年,基民盟內部矛盾和財政危機迫使艾哈德辭職。左翼社民黨勃蘭特執政後不斷擴大社會福利性支出,破壞了貨幣政策的單一目標制。1973年石油危機爆發後,施密特政府採取擴張性財政政策刺激經濟,進一步拉高了通膨率。

1982年,因經濟政策分歧,政黨聯盟倒戈,聯邦議會以「不信任動議」彈劾了施密特,基民盟主席柯爾出任總理。柯爾實施自由主義政策,削減稅收和預算,減少不公平的社會福利,遏制公共支出擴張。同時,聯邦銀行實行緊縮貨幣政策,德國經濟重回正軌。從1983年開始,通膨率回落到4%,失業率下降,出口、消費和投資持續增加,1989年貿易順差高達1350億馬克。這便是兩德統一前夜的聯邦德國。

時間線走到1980年代末,東歐風雲劇變。1989年11月28日,柯爾提出兩德統一的「十點計畫」。當時,很少有人預料到這一計畫能在半年後成功啟動。

1990年1月之前,東西德民眾支持國家統一,但歐洲共同體多數國家持保留態度,英法則明確反對。兩德統一可能促使未來歐洲的形勢複

雜化，也可能促進歐洲整合。柯爾提出兩德統一計畫後，隨即引發了一場經典討論：未來究竟是「德國的歐洲」還是「歐洲的德國」？

從1950年代的歐洲煤鋼共同體，到1970年代以埃居為單位的歐洲貨幣體系，再到1980年代歐洲共同體國家間資源自由流通，歐洲逐漸走向一體化。在馬德里峰會上，歐洲共同體委員會主席德洛爾（Jacques Delors）提出貨幣同盟：建立歐洲共同體經濟和貨幣聯盟，分階段實現歐洲統一貨幣。對此，聯邦德國不置可否，法國則力挺。

1990年前後，法國總統密特朗（François Mitterrand）與柯爾多次會面，達成了「禮尚往來」的交易：法國支持兩德統一，德國推進歐洲（貨幣）聯盟。密特朗強調：「如果德國統一不可改變，那也只有當聯邦德國與歐洲共同體更緊密結合在一起時，法國才願意接受德國統一。」

在隨後的歐洲共同體都柏林峰會上，委員會表示同意德國統一，民主德國可依據歐洲共同體法律在兩德融合過渡階段就融入共同體，再次強調了「歐洲的德國」這一立場。

1990年5月18日，柯爾和德邁齊埃（Lothar de Maizière）簽署了建立經濟、貨幣和社會聯盟的國家條約。從國家條約的內容來看，東西德合併的實質是東德被併入西德。

兩德統一前夜，東德經濟正走向崩潰，這讓它在統一過程中失去話語權。第二次世界大戰後，原本有著世界領先的精密工程、化工生產基礎的東德，在計劃經濟體制下如同一艘輪船撞上了冰山。到1980年代，東德生產停滯，限制進口，物資緊缺，物價大漲，引起民眾不滿。

1983年，東德已無力償還債務。在聯邦德國政府的擔保下，西德銀行向東德貸款19億西德馬克。到1989年，東德對西方國家淨債務達到206億美元。10月，百萬柏林人走上街頭，向政府示威吶喊：「實現統

一。」這一年，東德有 32 萬人口流出。

1990 年 10 月 3 日，國家統一條約正式生效，德國正式統一，柏林圍牆成為歷史。柏林圍牆倒塌改變了無數東德人的命運，梅克爾就是其中之一：「那裡以前只有一道黑牆，突然一道門打開了」，「對我來說也是如此，跨過那道門的時刻已經到來。於是，我拋下了作為科學家的工作，進入政治領域」。此時，35 歲的東德科學家梅克爾果斷放棄了科學事業，投身到兩德統一的政治洪流之中。

身為兩德統一的關鍵人物，柯爾自然成為統一後的首任總理。

在組建新政府時，令人意外的是，柯爾任命了政治新人梅克爾為婦女和青年部部長，這位德國最年輕的聯邦部長幸運地成了「柯爾的小女孩」。

當時，柯爾面臨的難題是，如何將西德社會市場經濟模式成功地複製到東德，如何統一德國的財政、貨幣、價格、產權及社會福利。

價格統一的過程其實是價格雙軌制闖關。柯爾的做法與當年艾哈德類似：放開價格管制。貨幣統一，東德貨幣直接以 1：1 兌換為西德馬克，個人最高可兌換 6,000 東德馬克；剩餘貨幣以 2：1 的匯率兌換。社會福利統一，東德直接採取與西德一致的養老金制度。

其中，貨幣 1：1 兌換策略引發爭議。東西德勞動生產率差距大，根據德國經濟研究所的報告，東德總體的工業水準落後於西德 50%。而且兩邊的商品價格之間有著較大的落差，東德一個麵包的價格在經過補貼後，相當於西德的六分之一，而一臺電視機收過奢侈品稅費後則相當於西德的三倍。這種貨幣兌換策略相當於高估了東德的資產。

所以，兩德統一後，東西部經濟呈現出截然不同的走勢。1991 年，德國西部（原聯邦德國）經濟成長率達到了 1976 年以來的最高水準，大

量原東德人來到西部，就業人數一年內增加了75萬。而東部地區經濟呈斷崖式下跌。1990年7月1日後，原東德工業企業的生產開始呈直線下滑，8月的工業產品生產值只有上年同期的一半。1991年，東部加工製造業增加值只有1989年的40%，第四季度的生產總值同期減少三分之一。

在東德經濟轉換軌道的路上，貨幣與價格的統一引發了短暫陣痛。但是，產權制度的改革阻礙是東德經濟更為深層的問題。

1990年3月，託管局負責對原東德7894家國企實施產權私有化改革。託管局起初設定了諸多限制，如主要透過現金交易，不允許認股收購，還要保證就業；同時，實行「實物歸還」原則。這一定程度上符合「歷史正義」，但是拖慢了程序。大量財產登記缺乏有效證書，在向上追溯所有權的過程中，牽涉到蘇聯占軍、幾代轉賣、財產繼承，歸還過程猶如一團亂麻。到1991年10月，90%關於公司歸還的決策還在討論中，未取得法律有效性。資產所屬權未能釐清讓這些資產遲遲無法進入市場獲得重組或者融資。

大量原東德企業迅速破產，失業人數增加，社會救濟成本大大增加。柯爾政府曾設立「德國統一基金」，向原東德提供了1,150億馬克的專用財政資金。對東部的轉移支付成為聯邦德國財政預算中一筆重要支出，除了統一基金的專項資金援助，還有財政撥款、投資補貼、稅收補貼等。1991年春，聯邦政府啟動「東部復興公共方案」，打算1991-1992年每年增加120億馬克經費，用於投資、就業、住房、生活津貼。從1990年到1994年，西部財政轉移支付用於東部養老保險補助的金額達到279億馬克。據統計，1990-2000年，東部吸收的援助資金總額高達1.2兆馬克。

兩德統一大大增加了德國的稅收和社會福利負擔，擴大了政府財政赤字。從 1991 年起，聯邦政府向西部居民徵收 10% 的附加稅，民間稱其為「團結稅」。1997 年，德國西部社會保障支出占生產總值的 31.9%，東部占比高達 55.6%。1998 年，德國各級財政的公共債務達到了空前的 2.27 兆馬克。

兩德統一後的 1990 年代，德國經濟成長相對緩慢，社會負擔消化週期漫長。高稅賦、高赤字和高福利支出導致企業陷入困境，德國失業率持續上升，1996 年一度高達 10%。不過，德國社會市場經濟道路只是更加艱難，依然沒有走偏。其中的關鍵是聯邦德國確保了其政治、制度力量在東部的實踐。

德國是幸運的！

02　歐洲整合

1998 年，柯爾陷入政治獻金醜聞，基民盟失去了政權，社民黨贏得大選，柯爾時代結束了。這時，「柯爾的小女孩」火速與柯爾切割，保住了自己的政治生命與基民盟的支持率。

柯爾在兩德統一上取得了卓越政績，改變了艾哈德時代基民盟的「德美」政治路線，促成了德法聯合的歐洲路線。同時，東西德統一打造了歐洲統一的經典樣本，實質上加速了歐洲整合。

兩德統一後，歐洲整合的關鍵步驟──統一貨幣加速推進。

1991 年 12 月，歐洲共同體國家首領在馬斯垂克簽署了歐洲聯盟條約（簡稱馬約）。馬約明確，歐洲經濟貨幣聯盟的最終目標是建立歐洲中央銀行，發行統一的歐洲貨幣取代各成員國貨幣。

為了規避風險，馬約對統一貨幣設定了較高的準入門檻：穩定的通

膨率、控制財政赤字與債務及匯率波動幅度、長期利率穩定。這些門檻大多由德國推動設立，也是當時柯爾願意接受統一貨幣的條件。

1998年7月1日，歐洲中央銀行正式取代原歐洲貨幣管理局，地址在德國法蘭克福。歐洲央行的建設其實也是以德國央行為範本，德國央行試圖將其貨幣制度與操作原則複製過去。馬約中明確規定，歐洲央行政策以確保歐元價值為唯一目標，不受各國財政干擾，甚至相對於一國央行有更強的獨立性。在歐元誕生過程中，德國的有意識主導和馬克長期穩定的幣值使馬克最終成為歐元的信用基礎。

1999年1月1日起，歐洲央行上空懸掛起一個巨大的歐元符號，歐元正式啟動，象徵著歐洲統一貨幣時代的到來。

對當時的德國來說，歐元的出現可以說是「火上加油」。兩德統一為德國經濟穩定成長帶來一定的衝擊，德國渴望從歐洲統一市場中獲得突破。歐元是德國主導的超主權貨幣，所以德國可以最大限度地吸收貨幣政策的紅利——鑄幣稅。同時，統一的貨幣還帶來了統一的金融市場，並在實質上實現了統一的貿易市場。

歐元誕生後，歐洲成了德國最直接的出口市場。1999年，德國商品與服務出口額為5,552億馬克，到2008年已躍升至1.12兆馬克，成長超過一倍，其中對歐元區的出口長期占據近一半的份額。1999年，德國對歐元區出口比重為46%，到2008年，由於新興經濟體的發展，德國對歐元區出口比重有所下降，但仍占到德國出口43%的份額。此外，這一期間德國對外貿易順差也呈現逐步擴大的趨勢，至2008年達到高峰值1,547億馬克。從2000年到2008年，德國的經濟穩定成長。德國GDP從1999年的2.19兆美元，成長到2008年的3.73兆美元。

在德國經濟順風的道路上，2005年梅克爾領導基民盟贏得大選，出

任德國總理。

然而，梅克爾的好運與德國經濟的勢頭被全球性金融危機終結。危機爆發後，梅克爾推出總額高達 500 億歐元的振興計畫。這讓梅克爾贏得「危機管理者」的名聲，幫助其在 2009 年連任。

但是，梅克爾連任後，金融危機觸發了歐債危機。其實，這兩場危機對德國的衝擊都有限。可是，作為歐盟最大的經濟體，德國不能像法國那般閃身避讓，它還承擔著「維持歐元存續」的重擔。

為什麼會爆發歐債危機？

當年，馬約對統一貨幣設定了較高的準入門檻，歐洲央行可以堅守貨幣紀律，但是沒有財政干涉權。歐盟缺乏統一有力的中央財政或政治機構去監督各國的財政紀律。根據馬約，加入歐元區的財政標準是：財政赤字不得超過當年 GDP 的 3％，公共債務不得超過 GDP 的 60％。而義大利加入歐元區時財政指標便不合格，希臘更是透過作弊的方式混入。

歐洲央行推行的德式貨幣原則，讓南歐國家難以適應；同時，貨幣政策的調整往往更有利於德國與法國，而經濟落後的南歐顯得力不從心。在取消貨幣權後，歐盟各國更加依賴財政政策，屢屢突破財政紀律，擴張福利，增加就業，刺激經濟，收買選票。於是，分散鬆弛的財政與統一剛性的貨幣構成衝突，接二連三的字黑洞日漸擴大。

危機開始於冰島，而真正的重災區在債務沉重的南歐國家。以希臘為例，希臘加入歐元區的過程本就不怎麼光彩，由於高福利支出、逃漏稅、缺乏財政紀律，希臘政府常年保持著高額財政赤字。為了加入歐元區，希臘採用「作弊」手段矇混過關。

希臘與高盛簽署了一系列貨幣互換協議來幫助希臘掩蓋其赤字問

題。高盛幫助希臘將後者用美元發行的債務換成用歐元發行的債務，債務到期時再由高盛將其換回美元。並且，在債務互換中，高盛為希臘設定了一個優惠匯率，比如希臘發行100億美元國債可獲得74億歐元，然而在優惠匯率下，希臘能獲得84億歐元。這就相當於高盛借給了希臘10億歐元，並且這筆債務不會出現在國家負債率的資料中。這樣，希臘有了這筆現金收入，使國家預算赤字從帳面上看僅為GDP的1.5%。而2004年歐盟統計局重新計算後發現，希臘赤字率事實上高達3.7%。

除了這筆借貸，高盛還為希臘設計了「明股實債」的作弊方式，表面上是股權投資，實際上卻是債務融資。需要注意的是，危機爆發的事後調查中高盛透露，它不僅為希臘這一個歐元區國家提供了這類服務，西班牙跟義大利也都透過這個方式獲得了融資。

2009年是希臘選舉年，民粹福利主義崛起，希臘議員向選民大肆許諾財政恩惠。當巴本德里歐（George Papandreou）領導的泛希臘社會主義運動贏得大選後，這位新任總理發現，當年9月財政赤字占GDP的比例竟然已超過10%，遠超3%的安全上限。若加上原有的財政赤字，希臘的公共債務占GDP的比重將超過110%。當巴本德里歐政府公布這一消息時，資本市場作空希臘主權債，希臘債務危機爆發。除希臘外，義大利、愛爾蘭、葡萄牙、西班牙紛紛陷入主權債務危機，重複著大致上相似的故事。

受金融危機影響，德國2009年實際國內生產總值比去年同期萎縮5.1%，但此後的2010年和2011年，德國經濟開始出現強勢反彈，經濟較去年同期成長率分別達到4%和3.3%，增速為歐盟的2倍。歐債危機拖累了德國經濟，但影響有限。資料顯示，德國失業率從2009年的7.8%下降至2013年的5.3%。

德國面臨的問題主要是政府是否要以不斷增加納稅人的負擔為前提，對負債國進行救助，並且這種救助在短時間內看不到盡頭。

在希臘救助問題上，梅克爾最初有些猶豫，但後來她擔心，如果絕望的希臘人最終決定靠退出歐元區自行發行貨幣來解決債務問題，歐元區也將逐漸分崩離析。投資者將擔心其他南歐債務國會效仿希臘，歐元將失去市場的信任，甚至走向崩潰。

梅克爾呼籲：「歐元輸，歐洲就輸；歐元贏，歐洲就贏。要讓歐元贏，我們就要建立一個名副其實的穩定聯盟，為歐元提供堅實團結的強力支持。」

2010年5月，歐盟和國際貨幣基金組織研擬出希臘救助方案，決定未來三年向希臘提供1,100億歐元貸款，德國分擔歐元區800億歐元中的28％，高達224億歐元。

最終，德國決定以擔保的方式承擔「歐豬五國」（PIIGS）的救助責任。德國對臨時性的歐洲金融穩定工具（EFSF）和永久性的歐洲穩定機制（ESM）的擔保額分別達到2,110億歐元和1,900億歐元，皆以27％的比重承擔了最大擔保責任。

但是，梅克爾此舉似乎兩邊不討好。德國政府認為自己做得已經夠多了，南歐國家卻認為德國太過嚴苛了。梅克爾深知，光給錢無法解決問題，問題在於南歐國家缺乏競爭力，並且它們也需要好好學習財政紀律。

歐洲擁有統一的貨幣、統一的金融市場，卻缺乏統一的財政聯盟和銀行監督機構。在統一剛性的貨幣之下，歐元區缺乏有力的中央財政加以平衡，對南歐國家的財政紀律約束不足。也許，等到歐洲建立起真正的政治聯盟，這一問題才能解決。

正如1999年，曾任德國副總理的菲舍爾（Joschka Fischer）在歐盟議會發言中所說：「歐元的建立不僅是經濟行為，而且涉及主權，說到底是政治行為。從今天起，政治聯盟就是我們的北極星，從經濟聯盟、貨幣聯盟再到政治聯盟，這是一個合乎邏輯的順序。」

03　梅克爾時代

從兩德的統一到歐洲的統一，德國面臨的挑戰越來越大。還是那個經典的問題：是「德國的歐洲」還是「歐洲的德國」？歐債危機促使德國思考：社會市場經濟模式的兩大支柱，即貨幣制度和財政制度，能否成功地複製到歐洲？抑或是，歐洲反過來改變德國？

最初，德國央行成功地將其制度與原則複製到歐洲銀行身上，馬克的信用擴大到歐元。但是，德國的財政紀律無法複製到歐元區。歐元區缺乏統一強勢的財政委員會和南歐國家軟弱的財政約束惡化了歐盟的主權債務。相反的，對這些國家的財政施以援助，實際上是在挑戰著歐洲央行的貨幣制度和德國的財政制度。

這說明：如果沒有歐洲政治聯盟的統一，德國無法在歐洲政治上有更多的作為，德國模式在歐洲整合的道路上阻礙重重，甚至歐盟的政治力量反過來會侵蝕德國模式。

實際上，財政危機只是歐洲政治危機的開端，接下來還有烏克蘭危機、難民危機、英國脫歐危機、歐洲能源危機、新冠肺炎疫情危機。這些危機似乎讓德國難以招架，梅克爾能夠做到的只有堅守底線與維持穩定。

2013年，梅克爾再次連任。這一年，歐債危機的陰霾尚未散去，年底又爆發了烏克蘭危機。此事件起因是烏克蘭親俄總統亞努科維奇

（Viktor Yanukovych）終止了與歐盟的政治和自由貿易協議，試圖擁抱俄羅斯。這一事件到次年如火如荼地更新，引發了克里米亞危機。克里米亞危機導致歐盟、美國與俄羅斯的關係降到冰點。歐洲與美國聯合對俄羅斯實施經濟制裁，不過，梅克爾在華盛頓會見歐巴馬後發表了一段微妙的聲明：「歐盟正在準備一系列的措施。我們將對俄羅斯實施第三階段制裁。我想強調的是，這不一定是出於我們的意願。」

事實上，烏克蘭危機為作為歐盟核心國的德國在處理國際政治事件方面帶來了全新的考驗。最終，梅克爾展現出務實而平衡的政治藝術，但卻顯得缺乏政治遠見與策略轉變。實際上，梅克爾一直是普丁最友好的「對話者」。

緊接著，2015年，中東和北非戰亂頻頻，百萬難民越境進入歐洲，引發難民危機。梅克爾考慮民眾訴求，實施了開放性的難民政策。然而，大量難民湧入引發了一系列問題：接收能力不足、難民融入困難、宗教衝突、犯罪率上升。在遭受德國人以及歐洲人的嚴厲批評時，梅克爾終止了難民政策。難民政策成了梅克爾的執政汙點，助攻了極右勢力崛起。難民危機背後是俄羅斯、歐盟與美國的國際政治賽局。梅克爾沒能從大局著手，僅迎合了選民和嘗試推行多元文化融合。

能源危機長期困擾著歐洲，梅克爾在能源問題上的偏左態度與務實方案限制了德國政治的靈活性，並破壞了德美關係。2011年，日本福島核電廠事故發生後，德國左派政黨立即發起了反核運動。梅克爾迅速妥協，暫停了剛頒布不久的延長核電站使用期限的決定。

此後，歐洲氣候與能源議題政治化日益升溫，德國施行降煤棄核政策，大力發展低碳經濟，但天然氣價格飆漲，能源供給約束對德國製造構成威脅。為了解決能源危機，梅克爾不顧歐洲議會和美國反對，與俄

羅斯共同建設「北溪二號」天然氣管道。美國總統川普就「北溪二號」計畫對德國及歐洲相關企業、個人實施制裁。拜登上臺後推動氣候政治化，與德國展開氣候方面的合作，但「北溪二號」計畫仍是兩國之間的一大障礙。

在能源問題上，梅克爾放任歐洲氣候政治化，向民粹政治妥協，加劇了歐洲能源危機，也加劇了歐洲政治分裂。過度務實的能源解決方案，顯示出梅克爾在國際政治上的不成熟。

在英國脫歐危機上，梅克爾除了過於強硬，並沒有太多可指摘之處。在最後任期內，梅克爾用其身為科學家的嚴謹與理性應對新冠肺炎疫情危機。2020年底，這位曾經的「柯爾的小女孩」，更像是一位苦口婆心的「德國媽媽」，在電視上發表了「哀求演講」。這是梅克爾擔任總理以來發表的最令人辛酸的一次談話，也為其漫長的總理生涯畫上了一個圓滿而典型的句號——守住底線，拒絕變革。

或許，在德國社會市場經濟道路上，務實、中立、穩健的梅克爾是最佳人選。在長達16年的執政生涯中，梅克爾在多次重大危機中都能夠堅守德國的貨幣與財政原則。德國GDP從2005年的2.85兆美元攀升至2020年的3.81兆美元，德國的經濟槓桿率低於美日英法，製造業依然穩健、強勁。

或許，在歐洲政治舞臺上，更大的責任在法國，而不是德國。第二次世界大戰徹底擊潰了德國的政治與軍事力量。戰後，法國的政治與軍事以及德國的經濟與貨幣共同撐起了歐洲。在國際政治上，對梅克爾過多苛責，相當於為馬克宏（Emmanuel Macron）卸責。

然而，在歐洲整合的路上，德國的政治作為已經是不可迴避的問題。成長於梅克爾時代的280萬「首投族」，不再執著於父輩關注的經濟

與就業問題，轉而關注歐洲地緣政治、社會正義、氣候變化等問題。

在梅克爾時代，歐洲地緣政治存在被邊緣化的風險，歐洲內部政治衝突、法制崩潰也在加劇。歐盟沒能抑制東歐的威權主義和西歐的民粹主義，這些威脅著歐洲的價值觀與政治安全。在國際政治上，梅克爾奉行多邊主義，但她沒能在國際政治衝突時代歐洲、美國與俄羅斯的政治賽局中捍衛歐洲的政治利益。

之前，川普政府反覆施壓德國，批評梅克爾在俄羅斯問題上喪失原則，甚至以撤走美駐德軍隊作為威脅。拜登上臺後迅速修復美歐關係，然而在民主黨重返印太的策略轉向中，歐洲的政治地位正在下降。2021年9月，美英宣布支持澳洲海軍建立核子潛艦部隊，將為澳洲建造8艘核子潛艦。澳洲為此撕毀了之前與法國企業簽訂的潛艇大單，令法國顏面盡失，法國外長怒斥此舉是「背後捅刀」。其實，這一事件反映出的更深層的危機是，歐洲在地緣政治中正被邊緣化。

「一個自由、安全、繁榮和社會公正的歐洲現在面臨著來自外部的巨大威脅，而且沒有做好對抗的準備。」

作為歐洲政治與安全防衛的主力，法國始終保持著驕傲的態度，試圖在美俄政治局勢中成為獨立的「第三極」。馬克宏以「歐洲領袖」自居，呼籲打造「歐洲軍隊」。但是，法國沒有足夠的政治與軍事力量建立和捍衛一個龐大的「歐洲合眾國」。

實際上，梅克爾本人也承認，歐盟完全依賴他國的時代已經「一定程度上結束了」，歐洲人需要更多地保障自己的安全並捍衛自己在世界上的利益。然而，歐洲人雖然對德國捍衛歐洲經濟與貨幣利益一事頗具信心，但對德國締造歐洲政治力量感到悲觀。歐洲人甚至擔心，德國薄弱的政治力量與其強大的貨幣、貿易掌控力正在撕裂歐洲，可能導致歐盟解體。

一份民調顯示：超過三分之一的歐盟公民對柏林方面處理經濟問題和捍衛民主價值觀有信心，但只有17%的人認為德國能引領歐盟與中國的關係，僅20%左右的歐洲人相信德國能處理好歐盟與俄羅斯、與美國的關係。甚至，在國防安全方面，德國人比歐洲人更不信任德國。民調顯示：其他歐洲國家有29%的人相信德國在國防安全方面處於領先地位，但只有20%的德國人相信這一點。

「歐洲大多數人仍期望德國在經濟金融問題和民主法治方面繼續領導歐盟，但德國必須拋棄『梅克爾主義』的折衷妥協做法，更加直接果斷地捍衛歐盟內部法治以及歐盟在大國關係中的利益，才能讓梅克爾的政治遺產得以延續下去。」

梅克爾中立、妥協、務實以及謹慎小心的執政理念似乎不足以應對歐洲日益嚴峻的政治衝突，以及國際政治不確定性帶來的挑戰。梅克爾很出色地維持了歐盟內部的最大公約數以及政治底線，但連她也認為，僅做可預測的改變，不實施大刀闊斧的改革，歐盟可能在內外部政治動盪中走向分裂。

因此，在本次德國大選中，最主要的訴求是「求變」，而「梅克爾式穩定」正隨著梅克爾的退出而降溫。最終，社民黨、綠黨、自民黨三黨聯合組閣，蕭茲領導的德國在政治上可能更加偏左。

這次大選推動德國政黨政治格局從「兩大三小」演變為「兩大四小」。中間偏右的基民盟大敗，中左翼的社民黨贏得了大選，同時綠黨和自民黨崛起。這體現了德國政治的碎片化，以及民眾正尋求多元與改變。

社民黨的前身是德國工黨，早期領導人是修正主義者伯恩斯坦（Eduard Bernstein）。新冠肺炎疫情推動全球政治思潮左轉，民眾尋求庇

護與保障，助攻了社民黨的競選。如今的領導人奧拉夫・蕭茲，在對抗新冠肺炎疫情時贏得民眾信任。作為財政部長，他果斷實施1,300億歐元的經濟刺激計畫，努力保障工廠正常運作，避免大面積失業。

需要注意的是，極右翼的政黨另類黨獲得了10%選票。這個政黨反對歐盟、反對歐元、反對移民、反對穆斯林、反對新能源政策，主張民族主義和保護德國。這類政黨的選民多數來自之前的東德地區。

如今的德國，不再是艾哈德時代的聯邦德國，也不是柯爾時代的統一德國，而是「歐洲的德國」。在後梅克爾時代，德國需要走出梅克爾主義的舒適圈，在歐洲內部政治衝突與國際地緣政治邊緣化上更有作為，以更好地延續社會市場經濟，以及將其拓展到歐洲整合之路上。但是，德國人、歐洲人需要防止德意志曾經那股可怕的政治情緒。

參考文獻

[1] 迪特爾・格魯瑟爾。德國統一史（第二卷）[M]。劉宏宇，等譯。北京：社會科學文獻出版社，2016。

[2] 格琳德・辛恩、漢斯-維爾納・辛恩。冰冷的啟動[M]。宴揚，譯。上海：上海三聯書店，2012。

[3] 朱仲羽。德國與歐元[J]。德國研究，1999（1）。

[4] 巴里・埃森格林。鏡廳[M]。何帆，譯。北京：中信出版社，2016。

[5] Piotr Buras，Jana Puglierin。後梅克爾時代：歐洲將何去何從[Z]。Ahsen，譯。歐洲對外關係委員會，2021。

◆ 德國三部曲：從 19 世紀至今

大家治學：經濟學家的世界

治學,「博學之,審問之,慎思之,明辨之,篤行之」。

觀大家治學,如晨鐘暮鼓、拂塵之音,往往雄渾悠遠、激盪人心。

而相對其他學科的學者,經濟學家們往往更有趣、入世。他們關注一個麵包、一棵橘樹的價格變動,也痴迷於絲絲入扣、一絲不苟的邏輯推演。

走近經濟學家,觸碰樂觀、理性的人生之光。

思想家 —— 亞當斯密

西元 1723 年 6 月 5 日，蘇格蘭一座名為柯科迪的小鎮上，一個剛剛出生的嬰兒正在教會接受洗禮。不幸的是，這個嬰兒是個遺腹子，他的父親在五個月前就去世了。

不過，這個嬰兒依然是幸運的，因為他出生在成就斐然的思想啟蒙時代，他及其《國富論》(The Wealth of Nations) 後來成為啟蒙時代的一部分。

這個嬰兒就是現代經濟學之父亞當斯密。

在亞當斯密生活的時代，人類社會正經歷著劇變。美國爆發了獨立戰爭，法國爆發了大革命，英國正快步邁向全新的自由世界。亞當斯密與同時代的休謨 (David Hume)、盧梭 (Jean-Jacques Rousseau)、伏爾泰 (Voltaire)、狄德羅 (Denis Diderot)、康德 (Immanuel Kant)、富蘭克林 (Benjamin Franklin)、艾德蒙·伯克 (Edmund Burke) 等偉大的思想家們一起掀起了近代思想啟蒙的巨浪。

本節從思想啟蒙的歷史視角剖析亞當斯密生平及其自由主義學說。

01　蘇格蘭人亞當斯密

亞當斯密出生在一個富裕的家庭，他的父親是一名律師兼海關官員。雖然沒有親眼見到兒子出世，但他臨終前指定了一批朋友和親人作為他的「導師和保護人」。這些盡職的「導師和保護人」為他的成長鋪平了道路。

亞當斯密一生中最重要的人是他的母親 —— 瑪格麗特·道格拉斯

(Margaret Douglas)。這位年輕的遺孀出身於名門望族，她給予了亞當斯密良好的教育。瑪格麗特相當長壽，亞當斯密終身未婚，常伴母親左右，母子感情至深。

三歲時，亞當斯密差點被一群吉卜賽人拐走。此後，他的一生頗為平順。童年時代，柯科迪已經有完善的基礎教育，亞當斯密在當地學習了拉丁文。

西元 1737 年，亞當斯密 14 歲時，家人安排他前往格拉斯哥大學就讀。

格拉斯哥是當時蘇格蘭最大的城市，海運發達、貿易繁榮。格拉斯哥的貿易橫跨大西洋直到加勒比海和美洲殖民地。這座開放的城市開拓了亞當斯密的人生視野。

更重要的是，當時的格拉斯哥大學正是蘇格蘭啟蒙思想最為活躍的聖地。亞當斯密入學時，這所大學已經設有數學、希臘語、植物學和解剖學、人文學、法學、自然哲學、邏輯學、醫學教席等。

西元 1737 年 10 月 10 日上午 10 時 45 分，在格拉斯哥大學的教職員辦公室裡，尼爾·坎貝爾（Neil Campbell）校長向各系教授問候致意。11 時 15 分，校內高樓上的上課鐘聲響起，身穿紅袍的 400 多名學生和身穿黑袍的教授們一起來到校園東邊的大禮堂進行祈禱。亞當斯密在格拉斯哥大學的第個一學年，以這種傳統的開學方式拉開了帷幕。

亞當斯密入學後就連跳兩級，直接升上三年級。根據格拉斯哥大學現存的資料顯示，亞當斯密和他的同學們每天的課程安排如下：「在各哲學分支教授們的指導下，每天進行兩小時的邏輯學、形而上學、氣體力學方面的閱讀。這一學年他們開始學習幾何學，由數學教授每天授課一小時。學生們或許還參加了希臘文的講座」。

亞當斯密在格拉斯哥大學不僅學習了倫理學、拉丁文、希臘文，還學習了物理學、邏輯學、歐幾里得幾何學以及微積分。數學教授羅伯特·西姆森（Robert Simson）和自然哲學教授羅伯特·迪克（Robert Dick）講授的知識，使亞當斯密對幾何學產生了極大的興趣，並崇拜科學巨人牛頓。

亞當斯密的學生杜格爾德·斯圖爾特（Dugald Stewart）其在亞當斯密的第一本傳記《亞當斯密的生平與著作》中指出：「亞當斯密在大學時最喜歡研究的是數學和自然哲學。」後來，牛頓的研究方法正規化對亞當斯密學說及經濟學的影響極其深遠。

不過，對亞當斯密的學術生涯產生最大影響的，還是他的授業恩師、倫理哲學教授弗蘭西斯·哈奇森（Francis Hutcheson）。哈奇森教授長相英俊，言行優雅，且早已聲名遠播。哈奇森教授習慣在教室裡邊走邊講，他的言辭令人愉悅，他的智慧令人折服。多年後，亞當斯密接任了倫理哲學教授一職，他在教學中努力模仿哈奇森教授當年的授課方式。

哈奇森教授還是18世紀蘇格蘭啟蒙運動的奠基人，是蘇格蘭第一個站出來挑戰絕對基督教教義的人。哈奇森教授秉承斯多葛學派的仁愛與理性傳統，提出人類的情感和道德源自人與生俱來的本性，從而挑戰了上帝賦予人類道德感的傳統。

亞當斯密繼承了哈奇森的理論，創作了《道德情操論》（*The Theory of Moral Sentiments*）。正是這本書讓亞當斯密真正躋身到英國一流學者的行列。

西元1740年6月6日，在格拉斯哥大學學習了三年後，亞當斯密帶著僕人騎馬橫越英格蘭，前往牛津大學深造。

但是，亞當斯密一直認為這是一所非常糟糕的學校。他批判牛津大

學的教授教學態度極為懶散。在這裡，亞當斯密不得不開啟自學模式。正是在這段「自學成才」的時間裡，他閱讀了大衛·休謨的《人性論》(*A Treatise of Human Nature*)。這本書在當時是禁書，亞當斯密也因此差點被學校退學。不過，亞當斯密從此注意到了休謨這位思想大師，後來，休謨成了亞當斯密一生中最為親密的朋友，他是除了哈奇森之外，對亞當斯密學術影響最深的一位學者。

牛津大學的六年學習生涯，為亞當斯密通往頂級學術殿堂鋪平了道路。

西元 1746 年秋天，哈奇森教授突然離世，亞當斯密離開牛津，返回蘇格蘭。他當時面臨的問題與今天大部分大學畢業生一樣：找到一份能夠養活自己的工作。最開始，他在愛丁堡大學找到了一份外聘教師的工作，主要教授修辭學和文學。

在學校教書之餘，亞當斯密還在校外辦培訓班賺外快。亞當斯密的監護人之一凱姆斯勳爵是蘇格蘭啟蒙思想家，也是休謨的堂哥，在愛丁堡哲學學會擔任領導者，他為亞當斯密組織了修辭學講座。亞當斯密的講座一炮而紅，為自己帶來了巨大的名聲。這讓亞當斯密獲得了重返母校任教的機會。

西元 1751 年 10 月，亞當斯密離開愛丁堡大學，前往格拉斯哥大學擔任邏輯學和形上學教授。第二年，亞當斯密成了道德哲學教授，如願以償地接任了哈奇森教授當年的職位。當時，休謨也正好在申請這個大學的教授職位，學校主管就此徵求了亞當斯密的意見。由於休謨在當時是一個另類的學者，亞當斯密擔心大眾反對，不建議學校錄用休謨。但寬宏大度的休謨並未因此嫉恨亞當斯密，相反，此後二人之間的友誼火速升溫。

在西元 1753 年 5 月 26 日從愛丁堡寄出的一封信中，休謨稱亞當斯密為「我的朋友」，並與其深入地探討了學術問題。此後幾十年，兩人信件往來不斷，無話不談。

英屬哥倫比亞大學教授、《亞當斯密傳》(The Life of Adam Smith) 的作者伊安・羅斯 (Ian Ross) 在 1970 年代參與了格拉斯哥大學發起的《亞當斯密著作和通訊集》整理出版專案。羅斯教授整理了大量亞當斯密與休謨的往來書信，向世人還原了經濟學史上的這段佳話。

亞當斯密在格拉斯哥大學任教期間，在學術上獲得了巨大的成就。亞當斯密後來回憶，那是「我一生中收穫最多，也是……最快樂、最光榮的一段時光」。《道德情操論》(The Theory of Moral Sentiments, 1759) 就是在這一時期完成的。

需要注意的是，《道德情操論》並不是一本道德說教的書籍，亞當斯密繼承了哈奇森教授道德哲學中最為成熟的部分。他提出，仁慈、正義、克制等道德情感源自每個人內心深處的「同情共感」。

這本書出版後，亞當斯密將最高榮譽給予了他的老師，他說：「這派學說的所有擁護者當中，不論古今，已故的哈奇森博士無疑是無人可比的，最敏銳、最清晰、最富哲理的，而且更為重要的是，也是最冷靜的和最精明的。」

《道德情操論》出版後，伏爾泰、康德、狄德羅等歐洲大陸學者對這本書讚賞有加。亞當斯密也因此獲得了巴克勒公爵的邀請，陪其一起遊學歐洲大陸。正好，亞當斯密對法國啟蒙學者也仰慕已久，他渴望這次機會。

02　遊歷歐洲大陸

思想家——亞當斯密

西元1764年2月,亞當斯密辭去了格拉斯哥大學教授一職,並在同月抵達法國巴黎。這次旅行改變了亞當斯密的學術生涯,也改變了經濟學的發展進程。

亞當斯密與巴克勒公爵(Duke of Buccleuch)在巴黎一共待了18個月。受益於巴克勒公爵的地位和休謨的引薦,亞當斯密遊刃有餘地穿梭於法國上流社會的各類學術沙龍,以及巴黎名媛們舉行的招待晚宴。他在巴黎見到了眾多名流雅士,包括狄德羅、盧梭、赫爾維蒂斯(Helvétius)以及法國重農學派代表人物法蘭索瓦·魁奈(François Quesnay)、杜閣(Anne-Robert-Jacques Turgot)等。他還於西元1765年秋天前往瑞士日內瓦拜會了伏爾泰。

在法國期間,與法國重農學者相遇,是亞當斯密學術生涯中最為激動人心的篇章。

魁奈向亞當斯密傳授了關於自由競爭及自然秩序的整套商業思想,這讓亞當斯密感到極為震撼。亞當斯密在法國期間,魁奈正好在撰寫兩篇文章,一篇是著名的〈經濟表的分析〉,另一篇是〈經濟問題〉。這兩篇文章分別發表在西元1766年6月和8月的《農業商業金融雜誌》上。當時重農學派的杜邦(Pierre Samuel du Pont)擔任了這一雜誌的主編,亞當斯密收集了這一期刊的十期。這位杜邦就是締造杜邦商業帝國的伊雷內·杜邦(Irénée du Pont)的父親。這兩篇文章後來被收錄到了杜邦編撰並出版的魁奈文集《重農主義》中。魁奈以作者的身分向亞當斯密贈送了這本書。亞當斯密意識到,魁奈學說的完整性要超過他在法學講義中的內容。魁奈是繼哈奇森、休謨之後對亞當斯密學術影響第三深遠的學者。

西元1766年10月,巴克勒公爵的弟弟在旅途中突然病逝,亞當斯密不得不提前結束旅行。很快,亞當斯密就回到了家鄉柯科迪,他希望

花更多的時間陪伴自己的母親。由於巴克勒公爵承諾給亞當斯密提供養老金保障，亞當斯密可以安心啟動下一個偉大而又艱鉅的學術課題——政治經濟學。

在遊歷歐洲之前，亞當斯密對政治經濟學已經有所研究。他在格拉斯哥大學教授的法學講義中就有一部分內容屬於政治經濟學的範疇。西元 1895 年，英國經濟學家愛德溫・坎南（Edwin Cannan）整理並出版了亞當斯密的法學講義 (B) 手稿。扉頁上寫著：「道德哲學教授亞當斯密在格拉斯哥大學所講授的關於正義、警察、歲收及軍備的演講中的法學或講義筆記。」

亞當斯密在格拉斯哥大學的同事約翰・米勒教授指出，在《法學講義》（Lectures on Jurisprudence）中，「亞當斯密思考了與貿易、金融、教會以及軍隊機構相關的政治機制。亞當斯密關於這些主題的授課內容，都寫進了他後來出版的《國富論》一書中」。

當然，最重要的原因是，休謨和亞當斯密都意識到，法國政治經濟學正在散發出啟蒙的光輝。在出遊歐洲大陸前，休謨於西元 1763 年 10 月 28 日在楓丹白露寫給亞當斯密的書信中就指出：「我們可以找到進一步的證據，證明在法國嚴格審查的體制下，有關啟蒙思想的著述仍能在法國得以傳播的商業體系非常有效。」

回到蘇格蘭後，亞當斯密的學術野心開始顯現，他試圖博采眾長，建構一個宏大的學科體系。但是，這個宏大的體系該從哪裡開始？這是亞當斯密遇到的第一個難題。

最終，亞當斯密將研究財富問題作為突破口。「財富是如何增加的」是一個困擾了歐洲學者好幾個世紀的學術問題。

14 世紀至 15 世紀，西歐財富突然快速增加，城市人口也大規模集

中。英國經濟學家安格斯・麥迪森（Angus Maddison）在《世界經濟千年史》(*The World Economy : A Millennial Perspective*)中用直觀的圖形為我們展示了當時歐洲學者們的困惑。在西元後第一個千年裡，西歐經濟幾乎沒有任何成長，被定義為「千年停滯」。從西元 1000 年開始，西歐經濟逐漸成長，到了亞當斯密所處的時代，西歐的經濟、財富、人口、商品及貿易直線拉昇。以愛丁堡城市人口為例，西元 1722 年愛丁堡人口數量只有 3.5 萬人，西元 1755 年增加到 4.7 萬人，西元 1791 年已經突破 8.4 萬人。

人類歷史上第一次出現了財富及城市化的偉大進步。從 16 世紀開始，歐洲學者就一直關注這個「特殊現象」。當時的西歐，城邦衰敗，小鎮興起，貿易興旺。一些負債累累的領主將女兒「下嫁」給有錢的貿易商。這時，威廉・斯塔福、托馬斯・孟（Thomas Mun）等學者認為，是迅速成長的出口貿易帶來了大量金銀，金銀就是財富，而貿易則是財富之源。這一學說被定義為重商主義。

重商主義不僅將金銀視為財富，還主張限制金銀出口、限制國際貿易，這不利於經濟成長和財富增加。之後，重農學派和一些其他經濟學家以書信交流的方式，對重商主義理論進行了長達十年的討論與批判。其中，重農學派大佬魁奈支持自由貿易，並且主張農業才是財富創造的泉源。重農學派另一位代表人物杜閣則認為，商業和製造業也是財富累積的來源。為了闡述這個問題，杜閣還撰寫了〈關於財富的形成和分配的探索〉一文，當時亞當斯密正好在法國。

亞當斯密同時吸收了魁奈與杜閣的思想，並以「財富是如何增加的」為主題開始創作自己理想中的學術體系。一開始，他就將書名確定為《國民財富的性質和來源的研究》，簡稱《國富論》。

英國學者羅伯特‧錢伯斯（Robert Chambers）在西元1827年出版的《蘇格蘭風情》（*Traditions of Edinburgh*）中記錄了這樣一段逸事：在柯科迪母親家中書房內，亞當斯密一邊向抄寫員口述《國富論》的內容，一邊用頭在壁爐上方的牆壁上來回蹭。據說亞當斯密假髮上的潤髮油在牆上都留下了印記。

令亞當斯密沒想到的是，整理這一宏大的學術體系花費了他十年寶貴的時光。西元1773年，在前往倫敦處理出版事宜時，健康狀況不佳的亞當斯密擔心自己一去不復返，便指定休謨為其身後著作的管理人，並負責《國富論》的出版。但這時休謨身體狀況也不好，他渴望在臨終前看到好友嘔心瀝血多年的著作出版。並且，他也將亞當斯密確定為其身後著作的管理人。

03　自由主義學說

西元1776年3月9日，《國富論》正式出版。這本近1,000頁、歷經十年創作的大作問世，對人類來說到底意味著什麼？

亞當斯密當時沒有想過這個問題。因為真正加速這本大作出版的是北美殖民地焦灼的獨立戰爭。從歐洲大陸游歷回國後，亞當斯密就不再是一位藏在書齋裡的學者。他成了馬瑟爾堡議員和愛丁堡議員，試圖學習魁奈、杜閣，用自己的行動改變政府的決策。

在《國富論》創作期間，北美爆發了波士頓茶葉事件，引發了北美殖民地人民反抗英國殖民統治的獨立戰爭。在重大是非面前，亞當斯密勇敢地站在了北美這一方。亞當斯密認為茶葉事件的起因是因為英國東印度公司的貿易壟斷，同時他還批判蓄奴政策和黑奴貿易，指責英國政府限制性的殖民地政策阻礙了財富的增加，帶來了巨大的財政赤字。亞當

斯密這一系列主張，都體現在《國富論》的自由市場理論中。

自由主義是《國富論》的靈魂所在，它是蘇格蘭啟蒙運動的典型產物，帶著強烈的啟蒙精神。

《國富論》出版4個月後，北美發布了《獨立宣言》，宣告美利堅誕生。有間接證據表明，《獨立宣言》的起草人之一、美利堅開國元勛之一富蘭克林於西元1775年在倫敦與亞當斯密有過會面，並看過《國富論》的部分手稿。

亞當斯密將「財富是如何成長的」這一問題的答案總結為四個字：自由市場。

亞當斯密學說正是自由市場學說。自由市場思想是在批判重商主義理論的基礎上建立的，休謨及重農學派對此都有著成熟的見解。亞當斯密全盤吸收了休謨、魁奈、杜閣的自由市場主張。他反對貿易限制，呼籲廢除英國的《穀物法》。

在《國富論》中，亞當斯密提出了一個自由國度的設想，他說：「英國無論如何都應該成為一個自由港⋯⋯來自所有國家的所有商品都在這裡實現自由貿易、自由交換。」

這個自由市場的運作，主要依靠一隻「看不見的手」在推動。關於這隻「看不見的手」，書中是這樣描述的：「每個使用資本和勞動的個人，既不打算促進公共利益，也不知道他自己是在什麼程度上促進那種利益。他受一隻看不見的手的指導，去盡力達到一個並非他本意想要達到的目的。」

後人一般認為亞當斯密用「看不見的手」來隱喻市場規律，但從亞當斯密前後學術思想來看，「看不見的手」更可能指的是自然神學中的上帝創造的規則。美國經濟史學家艾瑪·羅特希爾德（Emma Rothschild）在《經

濟情操論》(*Economic Sentiments*)中描述了「看不見的手」在亞當斯密的作品中的前兩次出現：

「看不見的手」最早出現在亞當斯密的「天文學史」文稿中，指的是「看不見的神物」。第二次出現在《道德情操論》中，亞當斯密這樣描述：「儘管他們生性自私貪婪，僱傭千百萬勞動力為自己勞動，但他們同時分享所獲得的產品。這些地主被一隻『看不見的手』引導著去進行生活必需品的分配，儘管他們沒有打算去做，沒有真正去做，卻不知不覺促進了社會的利益。」這裡表達的意思與《國富論》中應該是完全一致的。

所以，「看不見的手」表示市場規律更可能是之後經濟學家們的過度解讀。不過，「看不見的手」的描述依然為我們打開了探索市場規律之門。

真正推動市場執行的原動力是人的自利之心。亞當斯密在《國富論》中非常經典地寫道：「我們每天所需的食物和飲料，不是出自屠戶、釀酒商或麵包師的恩惠，而是出於他們自利的打算……透過追逐自己的利益，他經常促進了社會的利益。」

在這一段描述中，亞當斯密吸收了休謨、杜閣、曼德維爾（Bernard Mandeville）的自利學說。當時，堅持這一主張最著名的學者就是曼德維爾。他在其暢銷書《蜜蜂的寓言》(*The Fable of the Bees*) 中提出，私慾的「惡之花」能結出公共利益的「善之果」。

19世紀，亞當斯密學說的反對者德國歷史學派提出，亞當斯密在《國富論》中主張的自利立場，與《道德情操論》中的利他立場是相互矛盾的，這意味著亞當斯密前後邏輯難以自洽。經濟學家熊彼得（Joseph Schumpeter）將這一問題概括為「亞當斯密問題」。

但真正讀懂《道德情操論》的人並不會產生這一困惑。在《道德情操

論》的第七卷，亞當斯密回顧了他學術思想的形成過程，同時也解答了德國歷史學派的問題。亞當斯密繼承的是亞里斯多德、斯多葛學派及哈奇森的仁愛及理性主義，同時也吸收了來自霍布斯（Thomas Hobbes）、曼德維爾的自利主張。

所以，在《道德情操論》中，亞當斯密兼收並蓄，從同情心出發，衍生出人類的三種美德——仁慈、正義和謹慎。亞當斯密認為：「出於對他人幸福的關心，我們形成正義和仁慈的美德；出於對自身幸福的關心，我們懷有謹慎的美德。」從這個角度來看，利己和利他在自由市場中其實是可以同時達成的，每個人的自利行為最終會促使公共利益最大化。這個市場法則一直備受爭議，它也是反對者攻擊亞當斯密自由市場學說的關鍵點。

勞動分工是亞當斯密學說最核心的部分。在《國富論》的第一篇中，亞當斯密將社會生產力的提升及財富增加的具體原因歸為自由市場中的勞動分工及交換體系。「分工會產生普遍富裕」是亞當斯密學說的核心思想。

為了證明這個觀點，亞當斯密舉了一個製針廠的案例。他說，製針一共有 18 道工序，如果採用專業分工的方式讓工人合作生產，每人每天可以製造出 4,800 根針，而如果由一位工人獨立完成，他一天所生產的針不會超過 20 枚。

後人都認為這是亞當斯密到工廠實地觀察的案例。但實際上，亞當斯密的這個案例可能是引用的，因為當時英國製針工廠的工序是 25 道，而不是 18 道。這個例子更可能取自西元 1755 年出版的狄德羅主編的《百科全書》（*Encyclopédie*）第五卷中的別針例子。《百科全書》中這個案例提到的法國工廠製造別針的工序正好是 18 道。

亞當斯密有沒有真的去過製針廠其實並不重要，雖然之前的休謨、杜閣、哈奇森都論述過分工，但是亞當斯密的分工學說是首創的。

熊彼得在《經濟分析史》(History of economic analysis)中評論亞當斯密的分工理論時指出，此前沒有任何經濟學家對分工賦予這樣的具有決定重要性的決定性地位。

早在《法理學講義》中，亞當斯密就指出，勞動分工是人類互通有無相互交換的天然傾向的必然結果。

不過，《法理學講義》中沒有亞當斯密分工學說中最為重要的論述，那就是：「市場的規模決定勞動分工的程度。」這一簡潔有力的論述被後人概括為「分工理論」，它從根本上解釋了為什麼要對外開放與推動全球化。

透過勞動分工，亞當斯密將「財富之泉源」的主題引入製造業及勞動分工領域，這份遠見大大超過了之前的重商主義和重農學派。

遺憾的是，亞當斯密的分工理論沒能在國際分工領域繼續有效拓展，後來李嘉圖(David Ricardo)的比較優勢理論彌補了這個不足。另外，亞當斯密也沒有在知識分工上深入探討，雖然亞當斯密發現了熟練工人和知識累積的價值，但沒有沿著這條路徑推導下去。為什麼？

因為亞當斯密發現，技術進步會帶來規模遞增，規模遞增又會引發市場集中，這就與他的自由競爭理論相背離了。後來經濟學家馬歇爾概括了亞當斯密的這一困惑，人們稱之為「馬歇爾悖論」。

亞當斯密所處的時代，英國剛剛爆發工業革命，但是亞當斯密好像並未意識到這一點。「工業革命之父」詹姆斯‧瓦特(James Watt)正是亞當斯密在格拉斯哥大學的同事。從西元1757年開始，格拉斯哥大學資助瓦特進行蒸汽動力的研究。亞當斯密在格拉斯哥大學任教期間，還為瓦

特安排過研究場地和宿舍。就在《國富論》發表的那一年，瓦特成功地發明了第一臺蒸汽機並應用於實際生產，人類從此進入了蒸汽時代。

正如羅斯托（Walt Rostow）在《經濟成長理論史》（*The Stages of Economic Growth*）中所斷言的，「亞當斯密並沒有意識到工業革命的到來」。

這樣，亞當斯密與發現經濟成長之根源失之交臂。此後百年，經濟學家們不但沒能突破亞當斯密的瓶頸，反而誤入了亞當斯密開創的均衡正規化的「完美」陷阱。

後來，奧地利學派經濟學家米塞斯在《人的行為》中用「人的行為」和「經濟過程」糾正了均衡正規化的錯誤。直到第二次世界大戰後，經濟學家們才用制度和科技兩個因素解釋了經濟成長的原動力。

另外，亞當斯密花了大量篇幅探索了貨幣的起源及功用，並由貨幣引申到商品的價格及勞動薪資，再論述了價值論。在這方面，亞當斯密繼承了威廉‧配第以及重農學派的勞動價值論。他雖然也知道勞動難以量化，但依然堅持勞動是所有商品交換價值的真實尺度。

最後，將亞當斯密界定為一個徹底的「自由放任主義者」或許是一種誤判。因為他在《國富論》最後一篇中論述了政府職責及作為，包括國防、司法、公共教育、公共工程及公共財政支出等。

04　通往繁榮之路

雖然亞當斯密一再強調「《道德情操論》是遠比《國富論》更為優秀的作品」——或許亞當斯密總是將自己視為一位道德學家。但是，後人因為《國富論》將「經濟學之父」的美譽送給了他。

不過，熊彼得在《經濟分析史》中整體性地否定了亞當斯密的貢獻，認為亞當斯密將經濟學引入了歧途。奧地利學派的傳人羅斯巴德（Murray

Rothbard）甚至在《亞當斯密前的經濟學》(Economic Thought Before Adam Smith) 中將亞當斯密蔑稱為「一個剽竊成癮的學者」。

這種評價對亞當斯密來說有失公允。亞當斯密是一位傑出的學術綜合者，也是一位偉大的學科開創者。亞當斯密的《國富論》固然有缺陷，但他的自由市場學說啟蒙了世人。他給人類的新時代指明了一條道路——自由市場將帶給我們無盡的財富、真正的自由與永久的和平。

西元1778年1月的一個清晨，亞當斯密離開位於愛丁堡坎農蓋特的家，沿著皇家大道走向交易廣場的海關大樓。這是他擔任海關專員的第一週。晚年的亞當斯密榮譽加身，他成了格拉斯哥大學的榮譽校長和英國皇家學會會員，還繼承了父親的工作，成了一名海關專員。

西元1790年7月11日是一個星期天，自知大限將至的亞當斯密讓他的一位朋友將他所有未出版的手稿燒毀。

被燒毀的手稿可能多達18卷，包括亞當斯密畢生累積的所有講義，以及未完成的「文學、哲學、詩歌、辯術等不同分支的思想史」。這一切都在那個星期天灰飛煙滅。

亞當斯密是一個謹慎而追求完美的學者，他極度在乎身後的聲譽。對於燒毀文稿，他的解釋是：「我想我所能做到的最好的事，就是讓自己已經出版的那些作品，能夠在我身後以最佳、最完美的狀態留存於世。」

就在文稿被燒毀一個星期後的午夜時分，亞當斯密在兩位好友的陪伴下離開人世。斯人已逝，思想永存，亞當斯密留給世人的《國富論》最終改變了人類歷史。

幸運的是，亞當斯密在其晚年看到了他的學說正在改變世界。西元1787年6月的一天，在議員亨利．鄧達斯 (Henry Dundas) 的溫布林登別

墅,當亞當斯密走進會客廳時,小皮特首相(William Pitt the Younger)、阿丁頓(Henry Addington)議員等高官紛紛起身熱情地迎接。亞當斯密請他們坐下,小皮特首相連忙說道:「不,我們會一直站著直到您坐下為止,因為我們都是您的學生。」

托利黨人是亞當斯密自由主義的擁護者,小皮特首相是亞當斯密的忠實粉絲,他推動了自由市場與廢奴運動,解散了東印度公司,與法國簽署了自由貿易協議。在維多利亞女王(Alexandrina Victoria)時代,英國政府廢除了亞當斯密長期批判的《穀物法》以及《航海條例》,使英國成為世界上第一個貨真價實的自由貿易國家。人類正式進入以交易為生的全球化時代。

後來成為議長和代理首相的阿丁頓,在溫布林登別墅聚會後,創作了一首詩歌盛讚亞當斯密:

我熱忱地歡迎您,及您那睿智而充滿愛國情懷的篇章,優美地譜寫了通向富裕和和平的道路。

…………

貿易會讓熙熙攘攘的世界和諧有序!

在亞當斯密去世100多年後的1900年4月27日,英國物理學家克耳文男爵(Lord Kelvin)在英國皇家學會發表了一次著名的演講。克耳文男爵說,自牛頓以來的物理學大廈已經落成。不過,它的美麗而晴朗的天空卻被兩朵烏雲籠罩了。不久後,這兩朵烏雲摧毀了經典物理學大廈。

幾乎在同一時期,嚴格上說是西元1890年,經濟學折衷大師馬歇爾(Alfred Marshall)的經典著作《經濟學原理》(*Principles of economics*)正式出版。這象徵著經濟學和當時的物理學一樣,已經建構起了以亞當斯密

自由市場學說為核心的完美大廈。

然而，這時也有兩朵烏雲從遠處慢慢地向經濟學界飄來：一朵是第一次世界大戰，另一朵是大蕭條。後來，這兩朵烏雲化為暴風驟雨惡狠狠地洗劫了人間。

馬歇爾的弟子凱因斯，在親歷第一次世界大戰及戰後重建工作後，逐漸背叛了他的老師所傳授的自由市場學說。1924年是凱因斯學術思想轉變的關鍵的一年，他在牛津大學做了一次著名的演講，題為「自由放任的終結」。

1929年，一場前所未有的世界性經濟危機爆發，自由市場學說遭遇致命性打擊。在大蕭條期間，凱因斯出版了著名的《就業、利息與貨幣的一般理論》(The General Theory of Employment, Interest, and Money)，干預學說登臺，亞當斯密及其《國富論》跌落神壇。

40年後，美國爆發停滯性通膨危機，傅利曼等自由主義者復興了亞當斯密的自由市場學說。2007年，英格蘭銀行決定將亞當斯密的素描頭像印在20英鎊鈔票上，以紀念這位偉大的啟蒙思想家。然而，第二年，全球性金融危機爆發，亞當斯密及其《國富論》再次成為被質疑的對象：個人自由主義真是通往繁榮與和平之路嗎？

對亞當斯密學說的爭論可能永遠不會停止。亞當斯密在《道德情操論》中的一句話或許已經給出了答案：「每一個人，只要他不違背正義的法律，就有完全的自由按自己的方式追求他自己的利益，以其勞動及資本同任何其他的人或其他階層的人相競爭。」

致敬亞當斯密！

參考文獻

[1] 伊安・羅斯。亞當斯密傳 [M]。張亞萍，譯。杭州：浙江大學出版社，2013。

[2] 杜格爾德・斯圖爾特。亞當斯密的生平與著作 [M]。蔣自強，等譯。北京：商務印書館，1983。

[3] 亞當斯密。道德情操論 [M]。謝宗林，譯。北京：中央編譯出版社，2008。

[4] 安格斯・麥迪森。世界經濟千年史 [M]。伍曉鷹、許憲春，譯。北京：北京大學出版社，2003。

[5] 亞當斯密。國富論 [M]。謝宗林，譯。北京：中央編譯出版社，2011。

[6] 艾瑪・羅特希爾德。經濟情操論 [M]。趙勁松、別曼，譯。北京：社會科學文獻出版社，2019。

[7] 約瑟夫・熊彼得。經濟分析史 [M]。朱泱，等譯。北京：商務印書館，2008。

[8] 羅斯托。經濟成長理論史 [M]。陳春良，等譯。杭州：浙江大學出版社，2016。

[9] 路德維希・馮・米塞斯。人的行為 [M]。夏道平，譯。上海：上海社會科學院出版社，2015。

[10] 喬納森・康林。偉大的經濟思想家 [M]。張雲，譯。上海：東方出版社，2020。

思想市場：現代社會的問題

　　思潮絡繹不絕，觀點川流不息。在以思想為商品的無形「市集」中，「消費」更便捷，也更複雜。那些似是而非的真理，演算法助長的資訊繭房，似野草般瘋長。

　　資訊的牆，該堵還是該疏？

　　我們要思考：思想市場交易的干預邊界在哪裡？如何確保制度有效性、監督不缺席？

　　但，思想拂塵，文明進化，本就是一個個自我與人性低點的一場漫長競賽。

　　正如約翰・彌爾頓所言：「讓她（真理）與謬誤交鋒吧，誰看見在自由而公開的交戰中，真理會敗下陣來？」

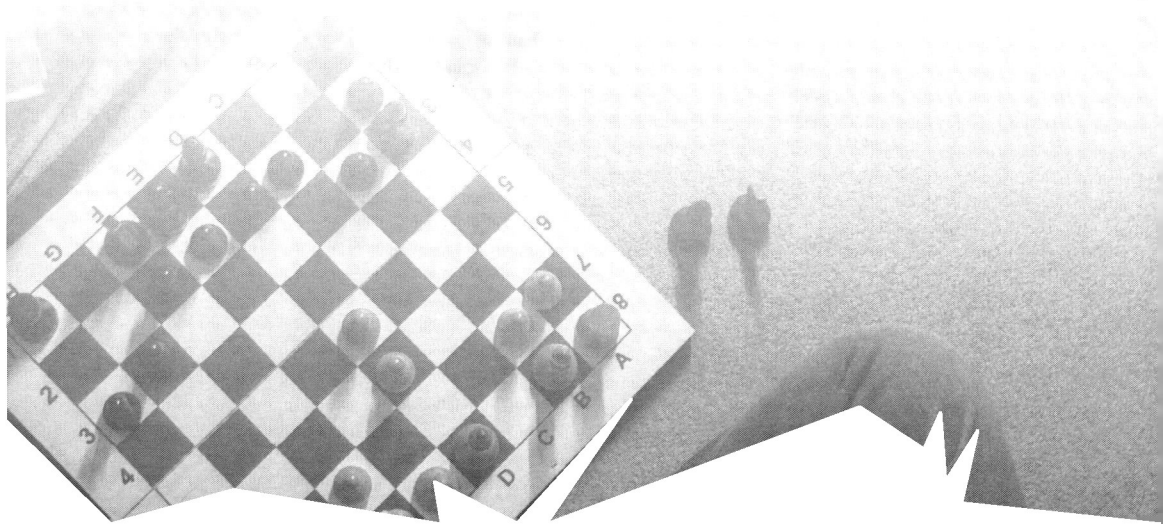

◆ 思想市場：現代社會的問題

資訊繭房時代：偏見、撕裂與群眾

「就在此時此刻，東西方意識形態的對立使全世界陷入了恐慌之中，地球上每一個角落的人們都背負著各自的歷史積怨……即使這無窮盡的對抗中有一些似乎的確是基於現實的利益衝突，我們仍懷疑，大部分對抗是幻想中的恐懼的產物。然而，虛構的恐懼能夠造成真實的痛苦。」

現代個性心理學創始人高爾頓・威拉德・奧爾波特（Gordon Willard Allport）教授以這段話作為他的著作《偏見的本質》（*The Nature of Prejudice*）的開頭。這本書誕生於意識形態激烈對抗的 1950 年代。如今，六七十年過去了，人們的偏見與對抗少了嗎？

網路曾為我們製造出一個資訊海洋，但如今的演算法卻編織了一個個資訊繭房。在自己的資訊繭房中，每個人看自己想看的，聽自己想聽的，宛如回音牆一樣不斷地重複那些悅耳的聲音。然而，這種舒適終將付出沉重的代價：偏見、撕裂與群眾。

本節將探討資訊繭房、人類認知與自由市場的關係。

01　偏見與傲慢

2006 年，哈佛大學的凱斯・桑斯坦（Cass Sunstein）在他的《資訊烏托邦》（*Infotopia*）中提出了資訊繭房的概念。桑斯坦指出，在資訊傳播中，大眾所接觸的資訊是有限的，會選擇令自己愉悅的資訊，久而久之，他們會將自身桎梏於蠶繭般的「繭房」中。

其實，世界之大，資訊無窮，考慮到處理資訊的成本與風險，人們傾向於待在認知的舒適圈。這是一種自我編織的繭房。這種繭房並不可

怕，因為自由競爭的壓力會迫使人們走出舒適圈，懶惰者、安逸者將被懲罰、被淘汰。

真正需要警惕的是他人編織的資訊繭房。

在古代，每一個村落都是獨立的資訊孤島。村落之間除了官道外沒有通行的道路，臨界區域遍布高山、密林及河流，野獸出沒，山賊當道。這是天然的資訊繭房嗎？

其實，使古代村落淪為資訊繭房的並非野獸，而是君王。古代經濟的主要生產方式是農業計劃經濟，中國是小農計劃經濟，歐洲是城邦計劃經濟。計劃經濟的特點是穩定供給與計劃配給。其前提是權力集中，統一指令，資訊封閉，控制言行。古代君主不允許村民隨意遷徙，打探消息，生在村裡，死在村裡，用本地的禮教、習俗構成的「權威信用體系」控制村民的言行。

隨著文字、紙張、印刷、電報電視的問世，知識菁英逐漸掌握了資訊繭房的控制權。世紀交替之際，網路打破資訊孤島，「逆襲」知識菁英。如今，技術菁英藉助演算法悄無聲息地奪權，為每一個人都量身訂製了一個資訊繭房。

美國反科技「狂人」泰德‧卡辛斯基（Ted Kaczynski）曾在〈工業社會及其未來〉（Industrial Society & It's Future）一文中發出警告：「工業化時代的人類，如果不是直接被高度智慧化的機器控制，就是被機器背後的少數菁英所控制。」

在演算法時代，你以為自己擁抱了知識的海洋，其實你看到的資訊只是你想看到的，是技術菁英想讓你看到的。我們每天都生活在回音牆中反覆地收聽那悅耳的音符。然而，這種舒適可能引發災難性後果。資訊、方法論與智慧存在關聯關係。資訊是方法論的原材料，方法論很重

要，但不具有決定性作用。在資訊繭房中，人們即便可以獲得很多想要的資訊，經過科學方法加工，也很難輸出真正的智慧。

所謂真正的智慧，是指自然規律、人的行為規律以及思辨哲學。掌握規律靠什麼？靠抽象邏輯。那麼，如何獲得抽象邏輯？

數學就是一種抽象邏輯。自然科學依靠數學論證建立，現代醫學的可靠性建立在大量樣本隨機對照試驗之上。在大數據時代，實證方法越來越流行，資料越多，研究越充分。這就是英國哲學家波普爾（Karl Popper）的證偽主義。

不過，大多數人都沒有能力透過數學方法來建立抽象邏輯。普通人只能使用經驗歸納法來理解事物。這是一種成本最低的方法。比如，把家裡養的動物歸納為家禽（家畜），把野外跑的動物歸納為野獸。但是，這也是一種極容易犯錯的認知方法。比如，家養的狗跑到野外去了，是家禽還是野獸？為什麼經驗歸納法容易犯錯？原因是經驗歸納法容易建立形式邏輯，而不是抽象邏輯。比如，一個蘋果加一個蘋果，等於兩個蘋果，這是形式邏輯；一加一等於二，這是抽象邏輯。古代人看到太陽每天東昇西落，認為太陽圍繞地球轉，這就是形式邏輯。

形式邏輯與資訊繭房有什麼關係？形式邏輯是不是資訊不充分導致的？資訊是必要條件，但不是充分條件。不管是定量分析還是定性分析，都不可能獲得充分的資訊。形式邏輯的錯誤更多源自資訊源被控制，即資訊繭房。

比如，你從小到大看到的天鵝都是白天鵝，那麼你容易將白天鵝等同於天鵝。這就是形式邏輯。如果你哪天看到了一隻黑天鵝，那麼你的思想可能要遭遇一場「黑天鵝」。當黑白天鵝都看過了，你就不容易陷入「顏色」的形式邏輯，而是從更本質的角度認識天鵝。但是，很不幸的

是，黑天鵝全被人殺了。這就人為地製造了「倖存者偏差」。

在古代，每個國家、每個村落都是一個資訊繭房，人們在狹窄的牆壁中不論怎樣努力都不可能建立抽象邏輯，不可能催生現代科學與制度。

其實，只要資訊是自然流動的，即使存在資訊不對稱，人也可以在經驗基礎上建立抽象邏輯。這就是德國哲學家的「先驗」認知論。經濟學家米塞斯用「先驗」來解釋奧派的方法論。「先驗」其實是在經驗基礎上的抽象邏輯。

比如，在自由市場中，價格上升，需求減少。需求定律可以透過數學論證，也可以透過從經驗中抽離出來形成抽象邏輯。

科學家普遍反對定性、經驗及「先驗」，推崇數學實證。後者更具可靠性，但是實證的假設，就是依靠「先驗」得來的。如果在假設上犯了「形式邏輯」的錯誤，實證研究也無法得出正確的結果，如新古典政治經濟學中的完全市場理論。很多不具備「先驗」能力的經濟學家、科學家，能夠建立複雜的數學模型，但結果可能是錯的，或者毫無價值的。當今世界，出色的數學家、統計學家很多，但是富有智慧的科學家、經濟學家極少。

所以，關鍵問題不是定性或定量，不是證偽主義或「先驗」認知論，而是如何建立抽象邏輯。無法建立抽象邏輯的關鍵，不是資訊不充分，而是人為設定的資訊繭房。在資訊繭房中，人即便可以獲得特定的豐富的知識，也難以建立抽象邏輯。有些人縱然滿腹經綸、博聞強識，也只是個愚不可及的老朽。

在資訊繭房中，形式邏輯占據主導地位，偏見盛行，人們盲目自信。古代地球人普遍認為地球是宇宙的中心，生活在自己的繭房中。馬

雅人、印度人、羅馬人、東亞人均認為自己是地球的中心。他們建立了基於形式邏輯的知識體系，比如所謂的西方經濟學、東方心理學。真正的知識是抽象邏輯的知識，是沒有國別、種族、民族之分的，不可出現西方的質能等價方程式，抑或是東方的需求定律。

在瑞士伯恩的一次統計學會議上，當一個年輕人提到「經濟學自然規律」時，德國學者施穆勒（Gustav Schmoller）打斷他說：「先生，並不存在任何的經濟學自然規律。」

年輕人反問：「先生，你知道伯恩哪裡有吃飯不用付錢的餐廳嗎？」

施穆勒很不高興地說：「沒有，倒是有便宜的。」

這個年輕人就是帕雷托（Vilfredo Pareto）。

帕雷托探索的是經濟的一般規律，而德國施穆勒領導的歷史學派奉行的是典型的形式邏輯學說，它建立在德國特殊論之上，最終導向了希特勒領導的納粹運動。

資訊繭房促使邏輯形式化、思維簡單化、認知標籤化、理論特殊化，導致人愈加封閉、自我、無知、偏執、傲慢。

這是一個更加不穩定的世界。一個個舒適的資訊繭房裡，暗藏著一股股盲目的社會洪流。

02　撕裂與群眾

在英國作家喬治・歐威爾（George Orwell）的《動物農莊》（*Animal Farm*）中，統治者豬為動物們確立了一個簡單粗暴的動物主義原則：「四條腿好，兩條腿壞。」

動物們用以腿的數量來判斷好與壞這種最直接的方式分辨敵我，將

兩條腿的（主要指人，莊園主）打入深淵。每當革命的關鍵時刻，羊都會在動物們的耳邊反覆念著這個原則，動物們聽到後立即就站在了豬這一邊。

雞鴨鵝不也是兩條腿嗎？沒辦法，雞第一個被「歧視」，豬將雞蛋拿去「出口」換農具。後來，「所有動物一律平等」的原則後面加了一句話：「但有些動物比其他動物更加平等。」拿破崙（領袖豬）擺平了政敵雪球後，動物農莊的口號變成了「拿破崙永遠正確」。最後，六個莊園主和六頭豬在屋裡打牌。「外面的眾生靈從豬看到人，又從人看到豬，再從豬看到人；不過他們已然區分不出誰是豬，誰是人了。」

在資訊繭房中，形式邏輯戰勝抽象邏輯，標籤替代思考，偏執引起群眾。腿的數量，就是一種形式邏輯。這種形式邏輯成了好與壞的標準。兩條腿的就是壞蛋，這就是貼標籤、扣帽子。

缺乏抽象邏輯的人容易服從於一種哲學。米塞斯在《人的行為》中揭示了這種哲學的邏輯問題。它認為主觀服從於客觀，真理源自現實而非邏輯，進而推匯出生產力決定論、勞動價值論、身分決定論、立場決定論、動機決定論、歷史決定論。

服從於這種哲學的人，談歷史，使用的是蓋棺定論；談現實，強調「存在即合理」；談國家，但不思考何謂國家。他們不問是非，用折衷主義掩蓋錯誤；不知對錯，用屁股決定腦袋。在公正面前，將妥協視為藝術，將守正視為愚蠢，將標籤視為標準，將立場視為正義。總之，「大即原罪」，資本家等於罪犯，反對我的人一律是賣國賊和資本家的走狗。

美國有一位黑人經濟學家叫華特・威廉姆斯（Walter E. Williams），去世於 2020 年 12 月 1 日，享年 84 歲。他在博士論文《低收入市場》（*The low-income market place*）中指出，最低薪資法對低技術工人不利，尤其是

◆ 思想市場：現代社會的問題

美國黑人。該法律表面上看保護了低收入工人，實際上卻增加了他們的失業率。如果市場的真實薪資低於最低薪資，那麼企業主就會選擇用機器替代工人，抑或以較高薪資僱傭一名更有效率的工人替代兩名低收入工人。

威廉姆斯早在1960年代就指出，民主黨政府的福利政策摧毀了美國黑人社會及家庭，使得黑人更加貧窮。後來的事實正如威廉姆斯所料，福利政策導致黑人單親家庭暴增，大量黑人因沒有受到好的家庭教育而窮困潦倒，黑人犯罪率激增。

但是，黑人根本不相信威廉姆斯，甚至大罵他為種族的「叛徒」。與威廉姆斯遭到同樣待遇的是另外一名黑人經濟學家湯瑪斯·索維爾。他支持威廉姆斯的觀點：「黑人家庭挺過了數個世紀的奴隸制、數代人的種族隔離，但是，隨著自由派（美國左派）所主張的福利國家的擴張，這些家庭已經瓦解。」

黑人經濟學家不多，這兩位都被美國黑人族群列為「黑奸」。索維爾說過一句話：「經濟學的第一課是稀缺性：我們沒有足夠的資源來完全滿足所有人的願望。而政治學的第一課，則是無視經濟學的第一課。」

美國黑人被民主黨政策所害，難道他們不會覺醒嗎？

在資訊繭房中，思想市場的懲罰機制不一定有效。即便錯誤的認知釀成了巨大的代價，但是他們未必能夠意識到惡的根源。

資訊繭房就像一個劫匪，裡面的人容易患上斯德哥爾摩症候群。人在繭房待的時間越長，沉沒成本就越大，即便哪天價值觀受到「暴擊」，也不願意承認和醒來。因為醒來的成本太高、代價太大，心理上接受不了。「裝睡的人叫不醒」就是這個道理。相反，他們會勸你好好配合劫匪才是唯一的生路。

美國黑人吃福利吃上了癮，有些人知道福利破壞了他們的家庭，導

致他們變得懶惰和無能，黑人進入了一個向下的螺旋，但是，他們不願意回頭，「黑命貴」運動還會重現。

這種福利制度其實利用和放縱了人性之惡。身為規則的制定者，民主黨還要為反對者貼上標籤、扣上帽子──種族歧視。

在資訊繭房中，有些人不喜歡邏輯，只想看不用動腦的爽文；不願意思考，只跟隨意見領袖；不是在閱讀，只是在取悅和麻痺自己。

德國大眾傳媒學家伊麗莎白・諾埃爾 - 諾伊曼（Elisabeth Noelle-Neumann）提出一種理論叫「沉默螺旋」。她指出，人們越沉默，特定的看法越會得到強化，就會有越多的人屈於群體壓力加入其中，從而形成一股向下的洪流。

在資訊繭房時代，這一股股洪流可能引發一場場群眾運動。他們跟風、盲從、焦慮、易怒、狂熱、縱慾，拒絕思考及放縱暴力，缺乏獨立意識與思辨能力，在追求「集體靈魂」中迷失，在追逐公共利益中竊取私利。群眾心理學的創始人古斯塔夫・勒龐（Gustave Le Bon）在《烏合之眾》（Psychologie des foules）中指出：「深諳其道的演說家在面對群眾的演說中常常利用這些特質。」

桑斯坦警示：「一些國家就由於這個原因走向災難。對於生活在資訊繭房的領導者和其他人而言，這是一個溫暖、友好的地方。但是，重大的錯誤就是舒適的代價。對於私人和公共機構而言，繭房可能變成大眾一種可怕的夢魘。」

03　邏輯與生意

如何打破這個可怕的夢魘？

奧爾波特教授在《偏見的本質》開篇時說「大部分對抗是幻想中的恐

◆ 思想市場：現代社會的問題

懼的產物」，一切文明的問題都是主觀的問題，解決文明問題的方法也在主觀之中。

主觀思想締造了人類文明，主觀價值打開了自由市場。哈耶克說：「經濟理論的每一次重大進步，都是主觀主義的貫徹運用又向前邁進了一步。」這句話延伸來說就是，人類社會的每一次重大進步，都是主觀思想的進步。這與物質、規律的客觀性不矛盾。

為什麼直到16、17世紀人類才開始現代文明？為什麼不是13世紀？

歷史決定論認為，那是歷史的必然性。何為歷史的必然性？技術與生產力嗎？可是，技術與生產力又是人類主觀創造的。

其實，人類反覆掉入「馬爾薩斯陷阱」，究其根本還是因為思想市場被消滅，主觀思想被抑制，東西方所謂的智者都只掌握了形式邏輯。16世紀，馬丁·路德（Martin Luther）的宗教改革解鎖了思想市場。接著，牛頓、洛克、亞當斯密等建立了抽象邏輯。

當然，思想市場經常失靈。筆者曾在其他著作中指出，知識的延續性導致其產權不完全排他，知識的外部性導致價格機制不靈敏；同時，思想市場的懲罰機制容易失效。如果沒有科學的制度，如智慧財產權法，思想市場將不可避免地被謊言、謠言、謬誤與似是而非的「真理」淹沒。

所以，第一步是用制度打破資訊繭房，第二步是建立抽象邏輯。有人認為，應該在學校教育中引進邏輯學。邏輯學至關重要，理工科、經濟學及社會科學的邏輯訓練也同樣重要。

當然，對於大眾來說，自由競爭或許是打破資訊繭房、削弱偏見與群眾的最有效方式。

奧爾波特教授在《偏見的本質》中介紹了很多心理學實驗，其中有一個拉皮耶設計的巧妙實驗：

這位美國研究人員與一對黃種人夫婦遍訪美國各地。他們曾一同在66個旅館過夜，在184個飯店用餐，總共只有一次被拒絕服務的經歷。之後，他寄給這些地方的經營者一份問卷，調查他們「是否會接待黃種人」。結果93%的飯店與92%的旅館表示不願意為黃種人提供服務。

實驗的結論是：「『紙上』的情境會比真實情境更強烈地喚起受試者的敵意。威脅要實施歧視行為的人實際上可能並不會這樣做。」

拉皮耶的實驗是在美國種族歧視流行的1950年代進行的。當時美國實行種族隔離制度，黑人、白人、印第安人、黃種人生活在各自的資訊繭房之中，資訊繭房強化了種族歧視。

但是，這些美國商家在歧視問題上顯然言行不一，言語上激烈，但行為上卻要溫和得多。這是為什麼？

當時美國經濟學家蓋瑞・貝克（Gary Becker）正在芝加哥大學讀博士，他抓住了這個熱門話題，在1955年撰寫了博士論文《種族歧視的經濟學》(The economics of racial discrimination)。貝克是歧視經濟學的開創者，他指出歧視是一種經濟行為。貝克的研究顯示，歧視需要付出代價，造成經濟效率損失。

美國商家對黃種人在行為上的歧視要遠遠弱於在言語上的歧視，根本上還是出於代價的考慮。當今的網路上流行著各種地域歧視、學科歧視、性別歧視、身分歧視。這些看似「窮凶極惡」的歧視者在現實中「溫和」許多，甚至待人禮貌、溫和、謙遜。考慮到代價與風險，即便對同事、上下級、朋友、同學、客戶、合作夥伴存有偏見與歧視，也會盡量掩飾、避免衝突。

可見，在約束人的言行上，生意比道德教化更有效。因為代價與利益，我們不得不包容對方，硬著頭皮去了解、理解對方。這就打破了自己的資訊繭房，增進資訊交流與情感融合。

市場分工增進了人類的道德與文明，自由交易促進了世界的繁榮與和平。對此，英國古典政治經濟學最後一位大師約翰·彌爾（John Mill）在其《政治經濟學原理》（*The Principles of Political Economy*）一書中有如下表述：

「商業首次教育各個民族滿懷善意地看待彼此的富強與繁榮。過去的愛國者，除了一些受過良好教育、能夠將世界視為自己國家的人外，無不希望本國以外的一切國家都貧弱而且管理不善。如今，他們將其他國家的富裕與進步視為本國富裕與進步的重要來源。正是商業貿易透過鞏固並增加與戰爭天然對立的個人的利益，使戰爭迅速遭到廢棄。毫不誇張地說，作為世界和平基本屏障的國際貿易，其全面開拓與迅速發展，已成為人類思想、制度與素養持續進步的重要且永久的保障。」

有些人用第一次世界大戰第二次世界大戰反駁彌爾的觀點。這種反駁既不符合歷史演進，也不合乎抽象邏輯。

很多人不了解，在沒有自由市場之前，國與國之間、村落與村落之間可謂老死不相往來。封閉的農耕計劃經濟體，千年不變的資源鬥爭，以及統治者為維護政權合法性而製造外敵，這些因素導致國家、部落、民族、種族之間一旦大規模接觸便會發生殘酷的戰爭。我們無法想像，如果沒有自由市場，20世紀初抑或是當今，人類如此密集的交流將上演何種慘劇。

嫉妒是人性中最基本的成分。在農耕時代，沒有自由市場，財富沒有流動，自然萌生貧民對地主的嫉妒。抑制嫉妒的辦法就是道德教

化——聽天命、滅人性，剩下的只有均貧富了。這些辦法都無助於道德與經濟進步。只有交易才能淡化人的嫉妒之心，以財富流動改變認知。真正的市場交易者希望他人有錢。公司有錢才能為自己發薪資，他人有錢才能買自己的產品，富人有錢自己才好融資。

亞當斯密在《道德情操論》中指出：「人的同情心，是隨著人與人之間距離的拉遠而急速下降的。」

今日人類世界如此大規模的陌生人之間的合作，不可能交給同情心來化解衝突，也不可能交給法律來約束行為，更不可能交給國王來調節。只能交給自由市場，每個人評估自己的成本與收益而行動。故步自封者、歧視者、不合作者逐漸被淘汰，而開放、自由、合作的精神得以保留與發揚。這並不是說為自己牟利的人、生意人的道德更高尚，而是自由市場的競爭呈現了這樣一種結果。

反過來說，如果被淘汰者、收租者、壟斷者以及貨幣經濟之外的人故意破壞自由市場，將引發經濟、道德與文明的嚴重退化。當然，離開了公正的制度，自由競爭同樣會引發悲劇。

讓每個人為自己的言行承擔應有的代價，這個世界才能往更好的方向發展。個人言行的「待價而沽」促使人類彰顯謹慎、謙遜、包容、進取的美德。

參考文獻

[1] 戈登·奧爾波特。偏見的本質［M］。凌晨，譯。北京：九州出版社，2020。

[2] 凱斯‧桑斯坦。信息烏托邦 [M]。畢竟悅，譯。北京：法律出版社，2008。

[3] 喬治‧歐威爾。動物農莊 [M]。隗靜秋，譯。上海：上海三聯書店，2009。

[4] 路德維希‧馮‧米塞斯。人的行為 [M]。夏道平，譯。上海：上海社會科學院出版社，2015。

[5] 譚鎮年。紀念華特‧威廉姆斯 [Z]。北京：人文學會，2020。

[6] 古斯塔夫‧勒龐。群眾心理學 [M]。陳璞君，譯。北京：北京師範大學出版社，2018。

[7] 加里‧史坦利‧貝克爾。歧視經濟學 [M]。於占傑，譯。北京：商務印書館，2014。

[8] 約翰‧穆勒。政治經濟學原理及其在社會哲學上的若干應用 [M]。朱泱、趙榮潛，等譯。北京：商務印書館，1991。

[9] 亞當斯密。道德情操論 [M]。謝宗林，譯。北京：中央編譯出版社，2008。

國家轉型中！十一個國家現代化挑戰中的經濟與制度演變：

地緣政治、資源出口依賴症、德國演變史……從新興市場陷阱到歐洲核心復興，國家轉型的經濟邏輯

作　　　者：	智本社
發 行 人：	黃振庭
出　版　者：	沐燁文化事業有限公司
發　行　者：	崧燁文化事業有限公司
E - m a i l：	sonbookservice@gmail.com
粉　絲　頁：	https://www.facebook.com/sonbookss/
網　　　址：	https://sonbook.net/
地　　　址：	台北市中正區重慶南路一段61號8樓 8F., No.61, Sec. 1, Chongqing S. Rd., Zhongzheng Dist., Taipei City 100, Taiwan
電　　　話：	(02)2370-3310
傳　　　真：	(02)2388-1990
印　　　刷：	京峯數位服務有限公司
律師顧問：	廣華律師事務所 張珮琦律師

-版權聲明-

本書版權為中國經濟出版社所有授權沐燁文化事業有限公司獨家發行電子書及繁體書繁體字版。若有其他相關權利及授權需求請與本公司聯繫。

未經書面許可，不可複製、發行。

定　　　價：420元
發行日期：2024年12月第一版
◎本書以 POD 印製
Design Assets from Freepik.com

國家圖書館出版品預行編目資料

國家轉型中！十一個國家現代化挑戰中的經濟與制度演變：地緣政治、資源出口依賴症、德國演變史……從新興市場陷阱到歐洲核心復興，國家轉型的經濟邏輯 / 智本社 著 .-- 第一版 .-- 臺北市：沐燁文化事業有限公司，2024.12
面；　公分
POD 版
ISBN 978-626-7628-09-6(平裝)
1.CST: 國家經濟發展 2.CST: 政治經濟分析
552.15　　　　　113019295

電子書購買

爽讀 APP　　臉書